The Shadow Effect

Titel der Originalausgabe:
The Shadow Effect: Illuminating the Hidden Power of Your True Self

Published and arranged with HarperOne, an imprint of HarperCollins Publisher, LLC.

Chopra, Ford, Williamson:
The Shadow Effect

Projektleitung: Marianne Nentwig
info@j-kamphausen.de

Übersetzung: Jochen Lehner
Lektorat: Hendrik Bönisch
Umschlag-Gestaltung,
Typografie/Satz: KleiDesign
Druck & Verarbeitung:
Westermann Druck Zwickau

www.weltinnenraum.de

Bibliografische Information der Deutschen Nationalbibliothek

Die Deutsche Nationalbibliothek verzeichnet diese
Publikation in der Deutschen Nationalbibliografie;
detaillierte bibliografische Daten sind im Internet
über **http://dnb.d-nb.de** abrufbar.

1. Auflage 2011

ISBN 978-3-89901-376-4

Dieses Buch wurde auf 100% Altpapier gedruckt und ist alterungsbeständig.
Weitere Informationen hierzu finden Sie unter www.weltinnenraum.de

Deepak Chopra
Debbie Ford
Marianne Williamson

The Shadow Effect

Echter! Freier! Glücklicher!

Wie Sie Ihr verborgenes
Potenzial ans Licht bringen

Einführung

Alles menschliche Ringen dreht sich im Kern um den Zwiespalt zwischen dem, was wir sind, und dem, was wir sein möchten. Unsere Erfahrung ist zutiefst von Dualität bestimmt. In jedem von uns sind zugleich Leben und Tod, Gut und Böse, Hoffnung und Resignation vorhanden, und sie wirken in alle Bereiche unseres Daseins hinein. Wenn wir Mut besitzen, dann eben deshalb, weil wir auch die Furcht kennen, und wenn wir Aufrichtigkeit zu erkennen vermögen, dann weil wir auch Falschheit erlebt haben. Dennoch wollen viele nichts von unserer zutiefst dualistischen Natur wissen.

Wenn wir davon ausgehen, dass wir nur innerhalb eines begrenzten Spektrums menschlicher Persönlichkeitszüge entweder so oder so sein können, stellt sich die Frage, weshalb wir nicht mehrheitlich mit unserem derzeitigen Leben zufrieden sind. Alles Wissen der Welt scheint uns zur Verfügung zu stehen – wie kann es da sein, dass wir nicht den Mut aufbringen, unseren besten Intentionen zu folgen und mit aller Entschlossenheit entsprechende Entscheidungen zu fällen? Wieso handeln wir nach wie vor so, dass es gegen unser Wertesystem verstößt und allem widerspricht, wofür wir stehen?

Wir werden in diesem Buch darlegen, dass es an unserem unerforschten Leben liegt, an unserem dunkleren Ich, dem Schatten-Ich, in dem unsere Kräfte im Verborgenen schlummern, die wir uns noch nicht zu eigen gemacht haben. Und eben hier, wo wir das am wenigsten vermuten würden, finden wir den Schlüssel zu unseren Stärken, zu unserem Glück, zu der Fähigkeit, unsere Träume zu leben.

Wir sind dazu erzogen worden, die Schattenseite des Lebens und unsere eigene Schattenseite zu fürchten. Wenn wir uns bei finsteren Gedanken ertappen oder bei einem Handeln, das wir selbst nicht akzeptabel finden, ergreifen wir die Flucht wie ein Murmeltier und verschwinden in unserem Bau – immer in der inständigen Hoffnung, diese Vorstellung möge vergehen, bevor wir uns wieder ans Licht wagen. Warum tun wir das? Weil wir heimlich fürchten, dass wir diesem Teil unserer selbst nie entkommen werden, wie sehr wir uns auch bemühen mögen. So ist das Nichtbeachten oder Verdrängen unserer dunklen Seite zwar zur Norm geworden, doch die ernüchternde Wahrheit lautet, dass wir den Schatten nur noch intensivieren, wenn wir vor ihm fliehen. Wenn wir ihn leugnen, handeln wir uns nur immer mehr Schmerz, Leid, Bedauern und Resignation ein. Wir müssen selbst die Verantwortung übernehmen und uns die unter der Oberfläche unseres Bewusstseins verborgene Weisheit nutzbar machen, sonst reißt der Schatten das Ruder an sich, und dann haben wir nicht mehr ihn in der Hand, sondern er hat uns in der Hand und löst all das aus, was wir hier „Schatteneffekt" nennen. Unsere dunkle Seite entscheidet dann für uns und raubt uns die Fähigkeit, selbst zu bestimmen, was wir beispielsweise essen, wie viel Geld wir für was ausgeben, welcher Sucht wir erliegen. Unser Schatten lässt uns Dinge tun, die wir uns nie zugetraut hätten, er stachelt uns dazu an, unsere Lebenskraft an schlechte Gewohnheiten und immer die gleichen Verhaltensweisen zu vergeuden. Unser Schatten erlaubt uns keinen ungehinderten Selbstausdruck, er lässt uns nicht die Wahrheit sagen, er gestattet uns kein authentisches Leben. Nur wenn wir unsere Dualität bejahen und annehmen, können wir die Verhaltensweisen abschütteln, die uns ernsthaft gefährden. Solange wir nicht alles zur Kenntnis nehmen, was wir sind, wird uns der Schatteneffekt garantiert völlig unvorbereitet treffen.

Und er ist überall. In jedem Teilaspekt unseres Lebens können wir seine Allgegenwärtigkeit beobachten. Das Internet berichtet uns von ihm, wir beobachten ihn in den Abendnachrichten bei seiner Arbeit, wir sehen ihn in unseren Freunden, Angehörigen und sogar Wildfremden auf der Straße. Und am deutlichsten können wir ihn vielleicht in unseren Gedanken und Verhaltensweisen erkennen und in unserem Umgang mit anderen spüren. Wir haben das ungute Gefühl, dass es furchtbare Scham in uns auslöst oder unser schlimmster Albtraum wahr wird, wenn wir Licht in dieses Dunkel bringen. Wir fürchten uns vor dem, was uns womöglich erwartet, wenn wir einen Blick nach innen riskieren. Da schlagen wir lieber die Hände vors Gesicht und verschließen uns dem Schatten.

Dieses Buch möchte – aus drei lebensverändernden Perspektiven – eine neue Wahrheit aufzeigen, nämlich dass uns in Wirklichkeit das Gegenteil all dessen erwartet, was wir befürchten. Statt Scham spüren wir Mitgefühl, statt peinlicher Verlegenheit Mut, statt beengender Einschränkungen Freiheit. Solange wir uns den Schatten nicht erschließen, empfinden wir ihn als Büchse der Pandora voller beängstigender Geheimnisse. Wenn wir sie freilassen, werden sie dann nicht alles zerstören, was uns lieb und wert ist? Beim Öffnen der Büchse zeigt sich dann jedoch, dass ihr Inhalt die Fähigkeit besitzt, unser Leben radikal zum Besseren zu wenden. Das Trugbild, unsere Dunkelheit könnte uns verschlingen, zerfällt, und dafür sehen wir die Welt jetzt in neuem Licht. Das Mitgefühl, das wir uns selbst gegenüber empfinden, entfacht in uns die Selbstsicherheit und den Mut, unser Herz auch für andere zu öffnen. Was wir uns hier an Kräften erschließen, erlaubt uns nicht nur, besser mit den Ängsten umzugehen, die uns bisher zurückgehalten haben, sondern wird uns auch unwiderstehlich zur Verwirklichung unseres höchsten Potenzials drängen. Das Annehmen unseres Schattens hat also gar nichts Erschreckendes, sondern ermöglicht es uns erst, vollkommen und echt zu sein, die eigene Kraft zu bejahen, unserer Leidenschaft ihren Lauf zu lassen und unsere Träume zu verwirklichen.

Dieses Buch entstand aus dem Wunsch, all die Gaben, die der Schatten mit sich bringt und mit denen er das Leben fördern kann, ins rechte Licht zu rücken. Wir, die drei Autoren, werden uns dem Gegenstand auf den folgenden Seiten aus unserer jeweils eigenen Perspektive als Lehrer annähern. Dabei möchten wir möglichst umfassend und facettenreich darstellen, wie der Schatten in uns entsteht, wie er sich auf unser Leben auswirkt und vor allem wie wir unser wahres Wesen mit all seinem Reichtum entdecken können. Wir können Ihnen jetzt schon versprechen, dass Sie Ihren Schatten nach der Lektüre dieses Buchs nie mehr so sehen werden wie bisher.

In Teil I gibt uns Deepak Chopra eine umfassende Einführung in unsere dualistische Natur und weist Wege für die Rückkehr zur Ganzheit. Als ein Vordenker auf dem Gebiet des Zusammenwirkens von Geist und Körper hat er Millionen von Menschen zum Umdenken bewegt. Sein ganzheitlicher Umgang mit den in der

Natur des Schattens liegenden Spaltungstendenzen hat etwas Erdendes und zugleich Erleuchtendes.

In Teil II schöpfe ich aus annähernd 15 Jahren internationaler Erfahrung als Lehrerin und Leiterin des Schattenprozesses, um Ihnen auf leicht zugängliche und doch tief gehende Weise nahezubringen, wie der Schatten entsteht, welche Rolle er in unserem Alltagsleben spielt und wie wir die ursprüngliche Kraft und Klarheit unseres wahren Wesens zurückgewinnen können.

In Teil III wird Marianne Williamson Herz und Geist gleichermaßen ansprechen, wenn sie sich in provokanter Weise mit dem Zusammenhang zwischen Schatten und Seele auseinandersetzt. Als weltweit bekannte spirituelle Lehrerin nimmt uns Marianne an der Hand und führt uns über das zerklüftete Schlachtfeld, auf dem Angst und Liebe miteinander ringen.

Wir alle blicken auf jahrelange Erfahrung zurück und sind angetrieben von der Hoffnung, dass es möglich ist, den Schatten ein für allemal in Licht zu verwandeln. Wir müssen der Macht des Schattens Einhalt gebieten und seine Weisheit einbeziehen, sonst wird er weiterhin Unheil anrichten, in unserem persönlichen Leben und in der Welt insgesamt. Wenn wir uns unsere Schwächen nicht eingestehen und unser Fehlverhalten nicht erkennen, werden wir uns unweigerlich gerade in dem Augenblick selbst ein Bein stellen, in dem ein persönlicher oder beruflicher Durchbruch möglich wäre. Dann bleibt der Schatten Sieger. Er bleibt auch dann der lachende Dritte, wenn wir unangemessen aufgebracht mit unseren Kindern sprechen, wenn wir Menschen täuschen, die uns lieb sind, wenn wir uns weigern, unser wahres Wesen zu akzeptieren, wenn wir das Licht unseres höchsten Selbst nicht in das Dunkel unserer menschlichen Impulse tragen. Solange wir uns nicht mit allem annehmen, was wir sind, wird der Schatteneffekt unserem Glück den Weg verstellen. Der nicht anerkannte und bejahte Schatten lässt uns nicht ganz sein, verhindert die Ausführung unserer sorgfältig ausgearbeiteten Pläne und gestattet uns nur ein halbes Leben. Deshalb hoffen wir, mit diesem Buch Licht in den Schatten zu bringen. Die Voraussetzungen, um ein neues Vokabular zu schaffen, den Schatten auszuleuchten und endlich zu klären, was da so schwer zu sehen und zu verstehen war, sind jetzt so günstig wie nie zuvor.

Schattenarbeit, wie sie in diesem Buch vorgestellt wird, ist mehr als ein psychologischer Prozess oder intellektuelles Geplänkel. Sie zeigt den Weg zur Lösung von bisher ungelösten Problemen auf. Sie ist ein Weg der tiefgreifenden Lebensveränderung, der insofern über alle psychologischen Theorien hinausgeht, als dass er die dunkle Seite als etwas ganz Menschliches ansieht, als eine spirituelle Kernfrage, auf die wir in diesem Leben eine Antwort finden müssen, wenn wir in freiem Ausdruck unserer selbst leben wollen. Wir werden erkennen, dass wir ungeachtet unserer Hautfarbe, unserer Herkunft, unseres Geschlechts oder unserer genetischen Ausstattung weder besser noch schlechter sind als irgendwer sonst. Kein Mensch auf dieser Erde ist ohne Schatten, und wenn er ernst genommen und verstanden wird, kann er eine neue Realität erzeugen, in der vieles anders sein wird: wie wir uns selbst empfinden, wie wir unsere Kinder erziehen, wie wir unsere Partner behandeln, wie wir mit anderen in unserem Lebensumfeld umgehen und wie Staaten miteinander auskommen.

Ich sehe den Schatten als eine unserer größten Kostbarkeiten. Carl Gustav Jung bezeichnete ihn als einen „Sparringspartner"; er ist der Gegenspieler in uns, der unsere Schwächen bloßlegt und unsere Fähigkeiten verfeinert. Er ist der Lehrer, Trainer und Führer, der uns zur Seite steht, wenn es unsere wahre Größe aufzudecken gilt. Insofern ist der Schatten weder ein Problem, dass wir zu lösen haben, noch ein Feind, den wir bezwingen müssen, sondern fruchtbarer Boden, den wir kultivieren. Mit den bloßen Händen werden wir in diesem Erdreich die Saat all dessen finden, was wir gern sein möchten. Wir hoffen sehr, dass Sie sich darauf einlassen, denn wir wissen, was Sie da erwartet.

DEBBIE FORD

DEEPAK CHOPRA

TEIL I

Der Schatten

DEEPAK CHOPRA

Fast niemand, der etwas vom Schatten hört, der dunklen Seite der menschlichen Natur, leugnet seine Existenz, schließlich kommen in jedem Leben Ärger und Angst vor. In den Nachrichten wird die menschliche Natur von ihrer schlimmsten Seite gezeigt, und das Woche für Woche, kein Ende in Sicht. Wenn wir ehrlich sind, haben dunkle Impulse weitgehende Bewegungsfreiheit in unserem Denken, und um gute Menschen zu sein, was wir ja alle wollen, zahlen wir einen hohen Preis: Der schlechte Mensch in uns, der alles verderben könnte, muss unter Verschluss bleiben.

Eine Schattenseite zu besitzen, verlangt anscheinend nach irgendeiner Art von Intervention, vielleicht Therapie oder Pillen, denkbar wäre auch eine Beichte oder mitternächtliche Nabelschau. Sobald man sich eingestanden hat, dass da ein Schatten ist, möchte man ihn loswerden. Nun gibt es zwar im Leben viele Situationen, in denen die „Wir schaffen das"-Haltung und die

Hauruck-Methode funktionieren, nur beim Schatten ist es leider nicht so. Weshalb der Schatten in Jahrtausenden – seit Menschen sich ihrer dunklen Seite bewusst sind – nicht bereinigt worden ist, bleibt ein Mysterium. Deshalb dürfte das einzig sinnvolle Vorgehen darin bestehen, dass wir erst einmal dieses Rätsel lösen, bevor wir fragen, wie mit dem Schatten umzugehen ist. Aus diesem Grund unterteile ich meinen Beitrag in drei Abschnitte, die sich am instinktiven Vorgehen eines Arztes orientieren: Ich erstelle eine Diagnose, dann unterbreite ich einen Behandlungsplan und schließlich kläre ich meine Patienten über ihre Zukunftsprognose auf. Die Titel dieser drei Abschnitte lauten:

Der Nebel der Illusion
Der Ausweg
Eine neue Wirklichkeit, eine neue Kraft

Der erste Abschnitt (Diagnose) handelt von der Entstehung des Schattens. Hier unterscheidet sich meine Anschauung von manchen anderen insofern, als dass ich den Schatten als menschliche Schöpfung und nicht als universale Kraft oder gar kosmischen Fluch betrachte. Im zweiten Abschnitt (Behandlung) erfahren Sie, wie Sie die heimliche Herrschaft des Schattens über Ihr tägliches Leben einschränken können. Der dritte Abschnitt schließlich (Prognose) unterbreitet das Bild einer Zukunft, in der der Schatten demontiert ist – nicht nur bei bestimmten Individuen, sondern bei uns allen. Gemeinsam haben wir den Schatten erschaffen, der uns jetzt verfolgt. Auch wenn wir es scheuen oder geradezu fürchten, uns dieser Tatsache zu stellen, am Ende liegt gerade darin der Schlüssel zum Wandel. Wenn Sie und ich nicht unmittelbar am Problem beteiligt wären, bestünde keine Hoffnung, dass wir auch Bestandteil der Lösung sein können.

Der Nebel der Illusion

Wenn Sie Ihren Schatten nicht sehen können, müssen Sie sich auf die Suche machen. Er versteckt sich schamhaft in den dunklen Seitengassen, Geheimgängen und gespenstischen Winkeln Ihres Bewusstseins. Einen Schatten zu besitzen – das belegt Sie nicht mit einem Makel, sondern macht Sie einfach vollständig. Und diese Wahrheit ist oft schwer zu verdauen. (Vielleicht haben Sie schon einmal jemandem eine Wahrheit über ihn oder sie mitzuteilen versucht und bekamen dann so etwas wie „Ich brauche keine Psychoanalyse" zurück. Das Reich des Unbewussten wird als so bedrohlich empfunden wie die Tiefe des Meeres, beide sind dunkel und voller unsichtbarer Ungeheuer.) Stehen wir nicht alle vor den Trümmern gescheiterter Ideale, die einst nach der perfekten Lösung aussahen? Jede Lösung bietet uns ein Bild dessen, was tatsächlich die dunkle Seite ausmacht.

Wenn man Schattenaspekte wie Angst, Ärger, Befürchtungen oder Gewalttätigkeit als Ausdruck der Besessenheit von Dämonen ansieht, liegt es nahe, den Besessenen einer Läuterung zu unterziehen. Dämonen lassen sich mit Ritualen, körperlichen Reinigungsübungen, Fasten und härtester Askese austreiben. Und das ist durchaus kein primitiver Ansatz. Abermillionen Menschen wählen ihn noch heute. An jedem Zeitschriftenkiosk versprechen Ihnen die Hochglanzillustrierten ein neues Ich, wenn Sie sich nur irgendwie läutern, sei es durch eine Ernährungsform, mit der Sie Ihr Verlangen nach Ungesundem endlich überwinden, oder eine Checkliste, nach der Sie den richtigen Ehepartner finden können, indem Sie die ungeeigneten Kandidaten aussondern. „Das Leben auf die Reihe bringen", das ist die moderne Form der Dämonenaustreibung.

Mit dieser Sicht der Dinge verwandt ist die Vorstellung, irgendetwas Böses von kosmischen Dimensionen sei auf die Welt losgelassen worden. Wenn man diesem Glauben anhängt, ist Religion die naheliegende Antwort. Religion verbündet uns mit dem kosmischen Guten in seinem Kampf gegen das kosmische Böse. Und das ist für Millionen von Menschen ein sehr realer Krieg, der sich in allen Bereichen ihres Lebens abspielt, seien es sexuelle Versuchungen oder die Abtreibung, sei es das Um-sich-Greifen des Atheismus oder der Niedergang des Patriotismus. Hinter allem menschlichen Leid und Fehlverhalten steht der Teufel. Nur Gott (oder die Götter) besitzt (oder besitzen) die Macht, Satan zu überwinden und uns von der Sünde zu erlösen. Fraglich bleibt allerdings, ob Religion den Schatten überwindet oder ihn mit den von ihr erzeugten Sünde-, Schuld- und Schamgefühlen und der Angst vor drohenden Höllenqualen eher noch stärker macht.

Nun bilden wir uns ja heute viel darauf ein, dass unser Leben nicht mehr vom Aberglauben beherrscht ist und wir inzwischen über Alternativen zu diesen altehrwürdigen Erklärungen des Dunklen verfügen. Wir können uns vom kosmischen Bösen abwenden und selbst die Verantwortung übernehmen. So hat der Schatten jetzt den Status einer Erkrankung bekommen und fällt damit ins Fachgebiet der geistigen Gesundheit. Entsprechend beeindruckend ist die Zahl der inzwischen entwickelten Behandlungsformen. Für Süchtige gibt es Rehabilitationsprogramme. Menschen mit unkontrollierbaren Wutausbrüchen landen in Kursen für Wut- und Aggressionsbewältigung, nachdem sie auf der Autobahn ausgerastet sind und jemanden gerammt haben.

Nur: Warum bleibt der Schatten nach wie vor unbesiegt, wenn wir doch über so viele Erklärungen verfügen, die alle zu konkreten Lösungen führen?

Das mögen düstere Aussichten sein, aber um tatsächlich mit dem Schatten umgehen zu können, muss man erst einmal seine Kraft begreifen. Die menschliche Natur besitzt auch eine selbstzerstörerische Seite. C. G. Jung bezeichnete den Schatten als einen Archetypus und sagte über ihn, er erzeuge einen Nebel der Illusion, der das Ich umgibt. In diesem Nebel tappend nehmen wir unseren eigenen Schatten nicht mehr wahr, und dadurch gewinnt er immer mehr Macht über uns. Es ist kein Geheimnis, dass Jungs Archetypenlehre sehr schnell ins Intellektuelle abgleitet und dann kompliziert wird. Die beharrliche Kraft des Schattens dagegen ist überhaupt nicht komplex. Ich habe beim Schreiben dieses Abschnitts eine kleine Pause eingelegt und den Fernseher eingeschaltet. Es lief gerade ein Interview mit dem bekannten Milliardär Warren Buffett über die Aufschwünge und Einbrüche im Konjunkturzyklus.

„Glauben Sie", fragte der Interviewer, „dass es wieder eine konjunkturelle Blase und dann eine gewaltige Rezession geben wird?"

„Das kann ich Ihnen garantieren", sagte Buffett.

Der Interviewer schüttelte den Kopf. „Weshalb lernen wir einfach nicht aus der letzten Rezession? Man sieht doch, wohin die Habgier uns bringt."

Buffett setzte ein kaum sichtbares hintergründiges Lächeln auf. „Eine Zeitlang macht Habgier einfach Spaß. Man kann dem kaum widerstehen. Die Menschheit mag weit gekommen sein, aber innerlich sind wir kein bisschen erwachsener geworden. Wir sind wie eh und je."

Da haben wir, auf den Punkt gebracht, den Schatten und seine Problematik. Im Nebel der Illusion erkennen wir das Selbstzerstörerische unserer niedrigsten Impulse nicht. Sie sind einfach unwiderstehlich, sie machen Spaß. Daher die enorme Beliebtheit all der Rachedramen auf dem Unterhaltungssektor, seien es Shakespearestücke im Theater oder Italowestern auf der Kinoleinwand. Was könnte schöner sein, als all die aufgestaute Wut endlich rauszulassen, den Gegner fertigzumachen und in Siegerpose umherzustolzieren? So übt der Schatten seine Macht aus: Er lässt das Dunkle wie Licht aussehen.

Die Weisheitstraditionen der Welt haben einen Großteil ihrer Energie und Gedankenkraft für ebendieses Dilemma eingesetzt. Die Schöpfung hat eine dunkle Seite. Das Zerstörerische liegt in der Natur. Der Tod setzt dem Leben ein Ende, allmählicher Verfall lässt die Vitalität schwinden. Das Böse besitzt Anziehungskraft. Da ist es kein Wunder, dass man sich irgendwann im Nebel der Illusion am besten aufgehoben fühlt. Wenn man der Realität ganz schutzlos gegenübertritt, wird das Dunkle überwältigend und unerträglich. Aber es gibt eine Gegenkraft, die das Dunkle nach und nach doch überwindet. Allerdings verhindert das von fehlgeschlagenen Lösungen zurückbleibende Trümmerfeld, dass wir diese Gegenkraft sehen. Der Nebel der Illusion schottet uns dagegen ab. Wenn man die Katastrophen und Gräuel des Fernsehabends an sich vorbeiziehen lässt, kommt man kaum auf den Gedanken, dass dem Menschen schon immer die Kraft gegeben war, Frieden, tiefe Begeisterung und ein vom Dunklen befreites Leben zu finden.

Das Geheimnis liegt in dem Wort „Bewusstsein“. Bei diesem Wort breitet sich Enttäuschung auf den Gesichtern aus. Bewusstsein, das ist doch ein alter Hut. Haben wir nicht seit dem Aufkommen des Feminismus und anderer Befreiungsansätze von Bewusstseinserweiterung gehört? Und die unzähligen spirituellen Bewegungen – alle versprechen sie uns ein höheres Bewusstsein.

Man könnte versucht sein, das Bewusstsein mit auf den Haufen zu Bruch gegangener Ideale zu werfen, denn trotz aller aufrichtiger Bemühungen, unser Bewusstsein auf ein höheres Niveau zu heben, sucht der Schatten die Welt nach wie vor mit Krieg, Kriminalität und Gewalttätigkeit und das Leben des Einzelnen mit Schmerz und Angst heim.

Wir stehen am Scheideweg: Entweder ist das Bewusstsein eine von vielen falschen Antworten oder es ist noch nicht richtig eingesetzt worden. Ich neige zu der Ansicht, dass Letzteres zutrifft. Höheres Bewusstsein ist die Lösung, die einzig dauerhafte Lösung für die dunkle Seite der menschlichen Natur. In diesem Fall ist an der Lösung selbst nichts auszusetzen, aber bei der Anwendung muss noch nachgebessert werden. Es gibt unzählige Ansätze zur Heilung der Seele, wie es ja auch für Krebs unzählige Behandlungsalternativen gibt. Niemand verfügt jedoch über die Zeit und Energie, sie alle auszuprobieren. Entscheidend ist, dass Sie den Weg wählen, der Sie dahin bringt, wohin Sie möchten. Dazu bedarf es aber eines weitaus tieferen Verständnisses des Schattens. Bei nur oberflächlicher Betrachtung wird das Dunkle bestehen bleiben – der Schatten ist einfach kein so simpler Gegner wie eine Krankheit, ein Dämon oder selbst der Teufel. Er ist ein so grundsätzlicher, so tief in der Schöpfung verwurzelter Aspekt der Realität, dass ihm nur mit wirklich tiefgehendem Verständnis beizukommen ist.

Die Wahrheit der einen Wirklichkeit

Der erste Schritt zur Überwindung des Schattens besteht darin, dass man alle Vorstellungen vom „Überwinden“ ablegt. Die dunkle Seite der menschlichen Natur lebt von Krieg, Kampf und Konflikt. Wer vom Gewinnen spricht, hat schon verloren. Er hat sich in die Dualität von Gut und Böse hineinziehen lassen. Wenn es so weit gekommen ist, gibt es nichts mehr, was die Dualität aufheben könnte. Das Gute vermag sein Gegenteil nicht ein für allemal niederzuringen. Das ist schwer zu akzeptieren, ich weiß. In jedem Leben gibt es zurückliegende Taten, derer wir uns schämen, und es bestehen auch gegenwärtig Impulse, gegen die wir ankämpfen. Überall ringsum spielt sich unvorstellbare Gewalttätigkeit ab, Krieg und Kriminalität verwüsten ganze Gesellschaften. Verzweifelt flehen die Menschen höhere Mächte an, wieder Licht einkehren zu lassen, wo Finsternis herrscht.

Der Realist hat längst die Hoffnung aufgegeben, dass sich die gute Seite des Menschen jemals gegen die schlechte durchsetzen wird. Das Leben Sigmund Freuds, der im Hinblick auf die Psyche des Menschen sicher zu den großen Realisten zu zählen ist, endete, als die Gewaltherrschaft des Nationalsozialismus über Europa hereinbrach. Er war zu dem Schluss gelangt, dass Zivilisation einen hohen und tragischen Preis fordert. Wir müssen unsere wilden, atavistischen Instinkte verdrängen, um sie in Schach zu halten, und so sehr wir uns auch bemühen mögen, wir werden damit immer wieder Schiffbruch erleiden. Die Welt erlebt Gewaltausbrüche großen Stils, aber auch im kleinen, persönlichen Bereich flammt immer wieder Gewalt auf. Diese Analyse beinhaltet etwas furchtbar Resignierendes. Das „gute Ich“ hat nur Aussicht auf ein friedliches, liebevolles, geordnetes Leben, solange das „böse Ich“ ins Dunkel verbannt und dort hinter Schloss und Riegel in Einzelhaft gehalten wird.

Realisten räumen ein, dass Verdrängung in sich selbst ein Übel ist. Wer seine Wut, seine Angst, seine Unsicherheit, seine

Eifersucht oder seine sexuellen Regungen zu knebeln versucht, versorgt seinen Schatten mit immer mehr Energie, und der Schatten wird diese Energie gnadenlos für seine eigenen Zwecke nutzen. Wenn das Dunkle in Ihnen losbricht, regieren Chaos und Zerstörung.

Letzte Woche bekam ich den Anruf einer Frau, die verzweifelt einen sicheren Unterschlupf suchte. Ihr Mann war gewalttätig und alkoholabhängig, und das Problem bestand schon seit Jahren. Nach nüchternen Phasen kam es immer wieder zu Rückfällen, und dann ging er auf Sauftour. Das belastete nicht nur die Familie und seine Arbeitssituation enorm, sondern ließ auch ihn jedes Mal total erschöpft und beschämt zurück. Diesmal war er wieder für eine ganze Woche abgetaucht, und als er zurückkam, musste er feststellen, dass seine Zerknirschtheit und alle reumütigen Beteuerungen auf taube Ohren stießen. Seine Frau hatte genug und wollte nur noch weg. Er reagierte mit Gewalt. Er schlug sie, was nach ihren Worten noch nie vorgekommen war. Jetzt musste sie zusätzlich zu all dem Frust und all den Tränen auch noch um ihre Sicherheit fürchten.

Kurzfristig kann man in so einem Fall nichts weiter tun, als nach bestem Wissen Frauenhäuser und Selbsthilfegruppen zu empfehlen. Aber beim Auflegen klang der ganze Gefühlsaufruhr der Frau in mir nach und rief Gedanken über den langfristigen Gesamtzusammenhang wach. Sucht und Rückfall sind ja ein fester Bestandteil der psychologischen Landschaft geworden, aber für was stehen sie eigentlich? Ich glaube, sie sind die extreme Ausprägung eines weit verbreiteten Phänomens, nämlich des gespaltenen Ich. Ein Süchtiger vermag die Kluft zwischen dem „guten Ich“ und dem „bösen Ich“ nicht zu überbrücken. Die Taktiken des Umgangs mit der dunklen Seite sind im Normalfall mühelos zu finden. Es ist nicht schwierig, schlechtes Handeln zu verleugnen, boshafte Impulse zu vergessen, sich zu entschuldigen, wenn man böse oder zornig geworden ist, oder nach Fehlverhalten Reue zu zeigen. Bei Süchtigen jedoch greifen solche einfachen Mechanismen nicht. Die dunklen Impulse ergreifen Besitz von ihnen, und die normalen Hemmungskräfte wirken nicht. Selbst ganz schlichtes Vergnügen ist ihnen verwehrt, die inneren Dämonen untergraben und verderben es, sie spiegeln ein Wohlgefühl vor, sie erinnern den Süchtigen immer wieder an seine Schwäche und Schlechtigkeit.

Nehmen wir einmal an, diese Darstellung treffe einigermaßen zu. Es fehlen jedoch noch ein paar wichtige Zutaten. Für Süchte jeder Art spielt Gewohnheitsbildung eine große Rolle. Wichtig sind außerdem die physiologischen Veränderungen im Gehirn: Durch den Missbrauch bestimmter Substanzen werden die Rezeptoren im Gehirn durch körperfremde Stoffe so verändert, dass die normale Reaktion auf Lust und Schmerz im Laufe der Zeit zerstört wird. Allerdings ist dieser körperliche Aspekt der Sucht stark überbewertet worden. Wenn Sucht in erster Linie ein physisches Phänomen wäre, wie kann es dann sein, dass Millionen von Menschen unbeschadet Alkohol trinken oder gelegentlich Drogen nehmen? Die langfristigen Schäden sind bei ihnen geringfügig, und ein Suchtrisiko besteht offenbar so gut wie nicht. Ich möchte nicht in die hitzige Diskussion um die Sucht und ihre Ursachen einsteigen, aber mit ein bisschen Abstand betrachtet ist sicher zu erkennen, dass es sich um kein isoliertes Problem, sondern um eine Ausprägung des Schatteneffekts handelt.

Suchtbehandlung wird wenig bringen, solange wir uns nicht des Schattens annehmen und ihn entwaffnen. Genau das wollen wir alle, und deshalb möchte ich mich jetzt noch einmal dem trunksüchtigen Ehemann zuwenden, der von seiner Sauftour zurückkommt. Wir nehmen ihn hier als Beispiel für andere Ausdrucksformen des Schattens, etwa die Bereitschaft zu Wutausbrüchen, Rassenvorurteile, Sexismus und dergleichen. Deren gemeinsamer Nenner ist vielleicht nicht auf den ersten Blick zu erkennen. Ein sexuell zudringlicher Chef zeigt ja kein so völlig aus dem Ruder gelaufenes Verhalten wie etwa ein Schwulenhasser, der in blinder Gewalttätigkeit Verbrechen begeht. Aber in beiden agiert der Schatten. Überall da, wo eine Seite des Ich abgespalten und als schlecht, gesetzwidrig, beschämend, schuldhaft oder falsch bezeichnet wird, gewinnt der Schatten an Kraft. Ob die dunkle Seite als brutale Gewalttätigkeit oder in milder und gesellschaftlich akzeptierter Form zum Ausdruck kommt, spielt keine Rolle. Entscheidend ist, dass ein Teil des Ich abgespalten wurde.

Ist der „schlechte" oder „böse" Teil einmal abgespalten, geht ihm der Zusammenhang mit dem Ich-Kern verloren, mit dem, was wir „gut" nennen, weil es von Gewalttätigkeit, Zorn und Angst frei zu sein scheint. Es ist das erwachsene Ich, das sich an die Welt und die anderen Menschen angepasst hat. Der trinkende Ehemann hat natürlich auch ein gutes Ich. Vielleicht ist sein gutes Ich sogar besonders nett und akzeptabel. Je stärker die dunkle Seite unterdrückt und verdrängt ist, desto leichter wird eine Persona oder Maske angelegt, die vor Güte und Licht nur so strahlt. (Daher immer wieder das von Fernsehteams so gern eingefangene Staunen von Nachbarn nach einem Amoklauf oder einem ähnlich abscheulichen Verbrechen, dass der Täter doch „so ein netter Mann" gewesen sei.)

Ich wusste von der Frau, die sich in ihrer Verzweiflung an mich gewandt hatte, dass ihr Mann schon etliche Entzüge hinter sich hatte. Mitunter hielt das eine ganze Weile vor. Aber auch in den nüchternen Zeiten war er in sehr schlechter Verfassung. Er musste ständig aufpassen, dass ihn die Sucht nicht wieder packte. Er fürchtete den nächsten Rückfall, aber so sehr er auch dagegen ankämpfte, die Sucht holte ihn doch wieder ein. Auch in solchen Zeiten seiner scheinbaren Niederlage brauchte der Schatten nur zuzuschauen und abzuwarten.

Als ihr Mann sich einmal in der schlimmsten Phase des Delirium tremens befand, bettelte die Frau beim Arzt um ein Mittel, das die Entzugserscheinungen abmildern sollte. Dieser Arzt war jedoch ein eingefleischter Realist und sagte zu ihr: „Er muss völlig auf null kommen, das ist die einzige Hoffnung für ihn. Wenn Sie ihm jetzt seine Qualen erleichtern, helfen Sie ihm nicht."

Das ist in Ihren Ohren vielleicht ein etwas hartherziger Ratschlag. Aber das Phänomen, „ganz auf null", also am absoluten Tiefpunkt angekommen zu sein, ist im Suchtmilieu bestens bekannt. Das kann schrecklich riskant werden, denn wenn es dem Schatten ernsthaft ans Leder geht, verlegt er sich gern auf Selbstzerstörung. Dem Vermögen des Unbewussten, Leid zu erzeugen, sind praktisch keine Grenzen gesetzt, aber unserer Leidensfähigkeit sehr wohl. Ein Süchtiger – und jeder, der unter der Fuchtel der Schattenenergien steht – tappt im Nebel der Illusion. In diesem Nebel existieren nur das Verlangen und die entsetzliche Angst, es nicht befriedigen zu können.

Wenn diesem gefahrenvollen Weg zum Nullpunkt Erfolg beschieden ist, dann deshalb, weil der Nebel sich hebt. Endlich kommen dem Süchtigen Gedanken, die wirklich realistisch sind: „Ich bin mehr als meine Sucht. Ich möchte nicht alles verlieren. Die Angst ist überwindbar. Es muss jetzt ein Ende haben." Es sind Augenblicke der Klarheit, und das Heilende geht aus dieser

Klarheit selbst hervor. Der Mensch durchbricht die große Versuchung der Selbstzerstörung und erkennt das Unsinnige daran. In dieser Klarheit fügt sich das Ich wieder zusammen und sieht sich ohne Scheuklappen.

Sie haben nur ein einziges Ich. Es ist Ihr wahres Ich. Es ist jenseits von Gut und Böse.

Wenn die Gespaltenheit des Bewusstseins aufhört, verliert der Schatten seine Macht. Ohne die Spaltung ist weit und breit nichts als das eine Ich zu sehen. Es gibt keine Geheimverliese und Folterkammern mehr, keine moosbewachsenen Felsen, unter denen etwas zu verstecken wäre. Das Bewusstsein sieht sich selbst. Das ist sein eigentlicher Grundzustand, und aus diesem Grundzustand können, wie wir noch sehen werden, ein neues Ich und eine neue Welt geboren werden.

Der kollektive Schatten

Jungs große Leistung besteht nicht in der Identifizierung des Schattens oder in seiner Archetypenlehre. Er zeigte auf, dass uns Menschen ein Ich gemeinsam ist, und das ist seine größte Leistung. Das „Wer bin ich?“ setzt ein „Wer sind wir?“ voraus. Menschen sind die einzigen Lebewesen, die sich ein Ich erschaffen. Kleinkinder besitzen noch kein Ich und bauen es erst im Laufe der ersten drei Jahre auf, und in dieser Zeit bilden sich die Persönlichkeit, die Vorlieben, das Temperament und die Interessen heraus. Jede Mutter kann bestätigen, dass die Zeit, in der ihr Kind ein „unbeschriebenes Blatt“ ist, sehr schnell vergeht, falls es sie überhaupt gab. Wir treten nicht als passive Empfänger von Sinnesdaten in die Welt, sondern als begierige Schöpfer. Und wenn wir erst einmal ein Einzel-Ich mit Bedürfnissen, Überzeugungen, Impulsen, Antrieben, Wünschen, Träumen und Ängsten geworden sind, ergibt die Welt plötzlich einen Sinn. Dieses „Ich, mir und mein“ hat einen einzigen Zweck, nämlich den eigenen Platz in der Welt abzustecken.

Wir alle haben ein Ich, und wir scheuen keinen Aufwand, um sein Daseinsrecht zu verteidigen. Aber unsere Schöpfung ist angreifbar. Wir alle erleben persönliche Krisen, etwa den plötzlichen Tod eines geliebten Menschen oder die Diagnose, dass wir ernsthaft krank sind. Und alles, was unser persönliches Wohlbefinden infrage stellt, wird auch als Angriff auf unser Ichgefühl empfunden. Wenn Sie Ihr Haus oder Ihr ganzes Geld oder Ihren Ehepartner verlieren, breiten sich von diesem äußeren Ereignis her Wellen der Angst und des Zweifels in Ihnen aus. Immer wenn Sie das Gefühl haben, dass Ihre Welt in die Brüche geht, sind es in Wirklichkeit das Ich und sein Glauben, es verstünde die Welt, die zerfallen. Nach einem körperlichen oder seelischen Trauma braucht die zerbrechliche Ich-Persönlichkeit Zeit, um sich wieder zu erholen. (Und zum Glück stimmt der alte Spruch, dass Seelen nicht zerbrechen, sondern zurückfedern.)

Da wir nicht wissen, wie wir dieses Ich aufgebaut haben, an dem wir so hängen, kann es uns manches Überraschende und Erstaunliche bieten. Freud tischte uns solch eine Überraschung auf, als er sagte, das Ich habe einen verborgenen Anteil voller Beweggründe und Wünsche, derer wir uns kaum auch nur bewusst sind. Jung, Freuds bekanntestem Schüler, fiel auf, dass seinem Lehrer ein Irrtum unterlaufen war. Das Unbewusste handelt nicht in erster Linie von mir. Es handelt von uns. Die unbewussten Impulse und Beweggründe eines Menschen entstammen der gesamten Menschheitsgeschichte. Wir alle, so Jung, sind an ein von ihm so genanntes „kollektives Unbewusstes" angeschlossen. Damit entpuppt sich der Gedanke, dass jeder von uns sein gesondertes, isoliertes Ich kreiert, als Illusion. Vielmehr haben wir dabei aus dem gewaltigen Reservoir aller menschlichen Strebungen, treibenden Kräfte und Mythen geschöpft. Und dieses gemeinsame Unbewusste ist auch der Ort, an dem der Schatten lebt.

Manche Menschen sind von eher sozialer, andere von eher unsozialer Natur, aber niemand steht außerhalb des kollektiven Ich. Das „Wir" ruft uns ständig in Erinnerung, dass niemand eine Insel ist. Jung trug die soziale Oberfläche ab, um die verborgene Dimension des Wir freizulegen. Der Ausdruck „kollektives Unbewusstes" mag nach Fachterminus klingen, aber das Ich, das Sie und ich mit allen anderen gemein haben, ist grundlegend für unser Leben und Überleben. Überlegen Sie einmal, in wie vielen Situationen Sie sich auf das Kollektive beziehen. Um nur ein paar Beispiele zu nennen:

Wenn Sie den Rückhalt Ihrer Familie oder besten Freunde benötigen;

wenn Sie in eine politische Partei eintreten;

wenn Sie ehrenamtlich für eine Wohltätigkeitseinrichtung oder Ihre Wohngemeinde arbeiten;

wenn Sie den Entschluss fassen, für Ihr Land zu kämpfen oder auf andere Art dafür einzutreten;

wenn Sie sich mit Ihrer Nationalität identifizieren;

wenn Sie in den Begriffen von „wir gegen sie" denken;

wenn Sie auf Katastrophen anderswo in der Welt betroffen reagieren;

wenn Sie von kollektiven Ängsten ergriffen werden.

Der Glaube, man könnte aus dem Wir aussteigen, ist reine Einbildung, auch wenn wir es alle dann und wann probieren. Wir möchten als Amerikaner oder Deutsche gesehen werden, aber nicht als hässliche Amerikaner oder Deutsche. Wir haben Sympathien für andere Ethnien, aber fühlen uns doch anders, von ihnen gesondert und für gewöhnlich besser. In einer Krise ist uns die Nähe der Familie sehr willkommen, aber ansonsten bestehen wir darauf, als Individuen mit einem eigenen Leben außerhalb der Familie zu gelten. Das Bündnis von „ich" und „wir" ist nicht unbedingt immer angenehm und behaglich.

Und Jung schürte das Unbehagen noch. Wenn es um den kollektiven Schatten geht, möchte keiner dazugehören, schließlich laufen in der Gesellschaft immer ein paar Dinge ab, die wir missbilligen. Aber sich zu distanzieren, ist hier sogar noch schwieriger als im Kreise der Familie. Die Familie ist die Grundeinheit oder Grundebene des kollektiven Ich, das wir hier noch relativ leicht erkennen. In der Familie kann man schon mal verlauten lassen, dass man kein verwöhntes Kind und kein rebellierender Teenager mehr ist und auch nicht so behandelt werden möchte. Da kann es dann sein, dass man sich nicht so recht gehört fühlt, vielleicht liegt der Familie auch viel daran, dass alle in den vertrauten Schubladen bleiben. Die Gesellschaft jedenfalls hat für dergleichen überhaupt kein Verständnis und duldet es nicht.

Mit unsichtbaren Klettenhaken ist die Gesellschaft in uns allen verankert. Man kann in Kriegszeiten Pazifist werden, das steht jedem frei, aber es hebt einen nicht automatisch aus dem kollektiven Schatten heraus, und in dem liegen die eigentlichen Kriegsgründe: Vorverurteilungen, Ressentiments, alte unbeglichene Rechnungen und das Gespenst des Nationalismus. Das von Jung als Bestandteil des kollektiven Unbewussten postulierte „Rassengedächtnis" ist in Misskredit geraten, aber vielleicht existiert es doch noch, obwohl uns das Wort großes Unbehagen bereitet. Millionen finden nämlich überhaupt nichts dabei, von „typischen Männerreaktionen" oder „Frauen am Steuer" zu reden. Das Geschlecht ist eine Art Glaubensbekenntnis geworden, um das hitzig gestritten wird. An solchen Erscheinungen ist zu erkennen, wie sehr uns das kollektive Unbewusste am Wickel hat. An der Oberfläche mag Bürger X einer ganz anderen Fraktion angehören als Bürger Y, aber auf der Ebene des Unbewussten hängen sie zusammen wie die beiden Seilenden beim Tauziehen.

Sich dazugehörig oder nicht dazugehörig zu fühlen, ist eines der Kernthemen des kollektiven Schattens geworden. Es zeigt sich in Fragen wie:

Welche Pflichten habe ich gegenüber der Gesellschaft?
Welche gegenüber meinem Land?
Wie weit soll ich mit der Gesellschaft konform gehen oder mich abgrenzen?
Wie und wie stark bin ich mit anderen verbunden?
Was bin ich denen schuldig, denen es weniger gut geht?
Kann ich die Welt verändern?

Ihr Verstand kann nicht die ganze Antwort auf eine dieser Fragen geben, nicht einmal die am meisten zutreffende. Unter der Oberfläche rumort nämlich das kollektive Unbewusste mit Beweggründen, Vorurteilen, Frustrationen, Ängsten und Erinnerungen, die zu Ihnen gehören, weil das Wir ebenso Ihre Identität ist wie das Ich.

Wo ist der Beweis?

Lange Zeit war das kollektive Unbewusste eine faszinierende Theorie, die aber nicht viel Beweiskräftiges vorweisen konnte. Niemand bestreitet, dass es eine dunkle Seite der menschlichen Natur gibt, aber bringt Jungs Darstellung wirklich etwas oder ist sie nur ein brillantes intellektuelles Gebilde? Erst in neuerer Zeit sind ein paar Beweisstücke zusammengetragen worden, aber sie vertiefen das Rätsel eher noch. So ist seit Jahrzehnten bekannt, dass sich das Erkrankungs- und Sterberisiko bei vereinsamten Menschen, etwa bei verwitweten Frauen, gegenüber Menschen mit starken sozialen Bindungen erhöht. Eine glückliche Ehe dient auch der Gesundheit. Dieser Befund war zunächst schwer einzuschätzen, denn die medizinische Forschung kannte keinen nachweislichen Zusammenhang zwischen der seelischen Verfassung und der Gesundheit des Körpers. Wie kann das Herz oder eine zu Krebs tendierende Zelle wissen, wie sich der Mensch fühlt? Es bedurfte der Entdeckung der sogenannten Botenmoleküle, um zu zeigen, dass unser Gehirn jede Gemütsregung in chemische Äquivalente übersetzt. Diese Botenstoffe gelangen dann über den Blutkreislauf zu den Abermilliarden Zellen des Körpers, und so teilen sich glückliche und unglückliche Gefühle auch dem Herz, der Leber, dem Darm und den Nieren mit.

Damit besaß die Geist-Körper-Medizin plötzlich eine „reale“ Basis, denn was könnte realer sein als Chemikalien? Nun sagt Jung aber, glückliche und unglückliche Gefühle könnten gemeinsames Gut ganzer Gruppierungen von Menschen sein. Warum bricht im Irak oder in Ruanda massenhaft brutale Gewalt aus? Wir können alte Stammesfehden oder religiöses Sektendenken als Erklärung anführen. Werden diese im kollektiven Unbewussten verwahrt oder hetzen die Eltern ihre Kinder von Generation zu Generation immer wieder neu dazu auf, den uralten Hass lebendig zu halten? Da hilft es nichts, den Kopf zu schütteln und etwas von unzivilisiertem barbarischem Verhalten zu murmeln. Nie hat es auf der Welt größere Blutbäder als die beiden Weltkriege gegeben. Millionen zivilisierter Soldaten marschierten in den Tod – es waren Menschen, die Gedichte schrieben und Klavier spielten, die Griechisch und Latein beherrschten. Rückblickend wurde das Gemetzel dann als Wahnsinn bezeichnet, nur dass lauter grundvernünftige Leute für diese Kriege verantwortlich gewesen und in ihnen gestorben waren, während man Leute, die ernste Einwände erhoben, entweder einsperrte oder als Kanonenfutter an die Front schickte – eine tragische Ironie, die so viele von denen tötete, die am entschiedensten gegen den Krieg waren und ihn gern verhindert hätten.

Das Unbewusste hat ein Ziel, nämlich uns im Unbewussten zu halten. Aber manchmal scheint etwas durch. Psychologen der Universität Stanford haben ein bekanntes Experiment zum Sozialverhalten durchgeführt, bei dem Gefängniszustände simuliert wurden. Es ging darum, die Behandlung von Gefangenen durch die Wärter besser zu verstehen. Man teilte Studenten der Anfangssemester in zwei Gruppen ein, Insassen und Wärter, und räumte für das Rollenspiel völlige Freiheit ein. Die verantwortlichen Psychologen rechneten durchaus mit deutlichen Verhaltensänderungen in beiden Gruppen, aber was sich dann tatsächlich abzeichnete, bewog sie schon nach einigen Tagen zum Abbruch des Experiments. Die in die Rolle von Wärtern geschlüpften Studenten fingen an, die „Häftlinge“ schwer zu misshandeln, und es kam zu Erniedrigungen und sexuell motivierten Übergriffen. Dieser gewaltige Fehlschlag ließ die Theorie von „guten Äpfeln in einer schlechten Kiste“ entstehen.

Der herkömmliche Denkansatz besagt ja, ein schlechter Apfel verderbe die ganze Kiste, und nach diesem Muster gingen die Psychologen davon aus, dass ein schlechtes Vorbild eine ganze Gruppe zu Fehlverhalten verleiten kann. Es leuchtet einem ohne Weiteres ein, dass ein Bandenführer seine eher passive Gefolgschaft zu Verbrechen verleiten kann, und schikanöse Einführungsrituale unter College-Studenten werden deshalb so extrem, weil es einigen „faulen Äpfeln" gelingt, andere entsprechend unter Druck zu setzen. Aber das Gefängnisexperiment an der Stanford University erzählt eine ganz andere Geschichte. Alle beteiligten Studenten waren gute Kerle, die an einer prestigeträchtigen Universität studierten. Zu den Entgleisungen kam es nicht wegen fauler Äpfel, sondern aufgrund von Rahmenbedingungen, die dunkle Kräfte mobilisierten. Die Psychologen sahen sich mit einem Brutkasten für den Schatten konfrontiert, und immerhin konnten sie vor dem Abbruch des Experiments noch katalogisieren, welche Bedingungen Gruppengewalt begünstigen.

Der Schatten kann zum Vorschein kommen, wenn völlige Anonymität gegeben ist, etwa wenn man es nicht mit identifizierbaren Individuen zu tun hat, sondern einfach mit Gesichtern in der Menge. Der Individualitätsverlust kann zusätzlich dadurch verstärkt werden, dass keine Strafen für Fehlverhalten zu erwarten sind. Der Effekt verstärkt sich also, wenn Recht und Ordnung keine Rolle spielen oder die Erlaubnis gegeben wird, sich außerhalb der herkömmlichen Moral zu bewegen. Wenn von Autoritätspersonen zu unmoralischem Verhalten aufgefordert und außerdem noch Straffreiheit zugesichert wird, kommt der Schatten sehr schnell zum Vorschein. Wir brauchen dann keine besonders schattenfördernden Rahmenbedingungen wie Armut, Analphabetismus oder alte Stammesbindungen mehr, aber natürlich können solche Dinge das Bild noch verschlimmern. Das gilt auch für jegliches Wir-gegen-sie-Denken.

Wenn ich sage, dass der Schatten auftauchen kann, ist damit Massenpathologie jeglicher Art gemeint. Das Gefängnisexperiment wurde wieder aktuell, als es darum ging, die Misshandlungen im Gefängnis Abu Ghraib im Irak zu erklären. Würden wir jedoch bedenken, dass Ghettos und Slums ebenfalls Beispiele für „schlechte Kisten" sind, in denen sich „gute Äpfel" befinden, käme es uns nicht in den Sinn, die dort lebenden Menschen als moralisch minderwertig oder Schlimmeres anzusehen. Die Zerstörung des Ökosystems ist ein Akt der Gewalt gegen die Erde, und daran sind gute Menschen beteiligt, die sehr schlechte Dinge tun, weil es ihnen nicht verboten wurde und weil sie keine Strafen zu befürchten haben – außer durch den langfristigen Schaden, den wir alle zu tragen haben, der sich aber heute noch ignorieren oder sogar leugnen lässt und mit dem wir frühestens morgen konfrontiert werden. Wenn die Leute aus ihrem Fehlverhalten hochschrecken, wirken sie erst einmal wie benommen und desorientiert. Ihre Gewaltausbrüche kommen ihnen wie ein Traum vor, obwohl sie aktiv an Gräueln wie Krieg und Völkermord beteiligt waren. Der Schatten stellt uns eine doppelte Falle: Er hält uns unbewusst, und wenn ihm danach ist, bricht er mit übermächtiger Gewalt aus.

Nun fragen Sie vielleicht: „Aber was hat das mit mir zu tun?" Die meisten von uns waren nie an Schattenausbrüchen wie in Abu Ghraib beteiligt. Anstatt Verständnis für die misshandelnden Soldaten aufzubringen, suchen wir lieber nach Sündenböcken, die wir bestrafen können, denn mit der Mär von den faulen Äpfeln lässt sich viel leichter leben. Aber wenn Sie ganz unschuldig mit Ihrem Wagen fahren, blasen Sie eine Menge Kohlendioxid in die Luft, das Treibhausgas, das unsere Erde ganz besonders stark bedroht. Als Gesellschaft könnten wir diese Verhaltensentgleisung innerhalb weniger Jahre aus der Welt schaffen, würden wir uns nur ganz darauf konzentrieren und entschlossen handeln. Die Lösungen bestehen bereits: abgasarme Autos, Ausbau der öffentlichen Verkehrsmittel, alternative Treibstoffe. Warum nutzen wir sie nicht in vollem Umfang? Weil es leichter ist, gar nicht erst ein Bewusstsein für diese Dinge aufkommen zu lassen.

Den Skeptikern steht es zu, all das noch nicht als schlüssigen Beweis für ein kollektives Unbewusstes anzusehen. Wie lässt sich aber nachweisen, dass Mitglieder einer Gesellschaft auch noch anders als über Worte und Gruppendruck miteinander verbunden sind? Es gibt ein neues Spezialgebiet der Soziologie, das sich mit der „sozialen Ansteckung" befasst. Das ist ein überaus geheimnisvolles Phänomen, das alles über den Haufen werfen könnte, was wir bisher über menschliches Verhalten geglaubt haben.

Wie Moden und Trends funktionieren, erleben wir alle. Ohne erkennbare Ursache tun plötzlich alle etwas Neues, sei es, dass sie SMS (oder MMS) verschicken, von MySpace zu Twitter wechseln oder sich einem neuen Videospiel hingeben. Moden sind ansteckendes Verhalten. Man „holt" sie sich bei anderen. Nur weiß niemand, *wie* Verhalten so virulent, also übertragbar, werden kann. Wie kommt es dazu, dass in einer Gruppe plötzlich alle das Gleiche tun?

Das kann eine medizinische Frage von großer Tragweite werden, wenn es um schädliche Verhaltensweisen geht und man beispielsweise die Jugend vom Rauchen abbringen oder die Gesellschaft insgesamt vor den Gefahren von Übergewicht und Fettleibigkeit warnen möchte. Am energischsten ist die Arbeit bezüglich dieser Fragestellung von zwei Forschern der Harvard

University vorangetrieben worden, Nicholas Christakis und James Fowler. In ihrem unlängst erschienenen Buch *Connected! Die Macht sozialer Netzwerke und warum Glück ansteckend ist* haben sie Daten der größten amerikanischen Herzstudie analysiert, die sich über drei Generationen von Einwohnern des Städtchens Framingham in Massachusetts erstreckt. Sie sahen sich das Verhalten der über 5.000 erfassten Menschen unter dem Gesichtspunkt ihrer dokumentierten 51.000 sozialen Verbindungen zu Angehörigen, Freunden und Arbeitskollegen an.

Als Erstes fiel ihnen folgender Zusammenhang auf: Wenn jemand zunahm, anfing zu rauchen oder krank wurde, erhöhte sich die Wahrscheinlichkeit, dass andere im engeren Familien- oder Freundeskreis ihm darin folgten, um 50 Prozent. Das bestätigte ein in den Sozialwissenschaften bereits seit Jahrzehnten bekanntes Prinzip, nämlich dass Verhalten einem Gruppeneinfluss unterliegt. Wir alle kennen das als Gruppendruck oder haben diese Verhaltenseigentümlichkeiten, die für eine ganze Familie typisch zu sein scheinen, schon beobachtet. Und das Gegenteil trifft ebenfalls zu. Wer sich an einer gesunden Gruppierung orientiert, wird dazu neigen, gesunde Verhaltensweisen zu übernehmen. Da gilt natürlich nicht nur für Gesundheitsfragen. So gut wie jedes Verhalten kann ansteckend sein. Wenn man etwa im Studentenwohnheim zufällig mit jemandem zusammenwohnt, der zielstrebig studiert und gute Noten bekommt, hat man gute Chancen, dass es abfärbt und man selbst auch bessere Noten bekommt.

Aber Christakis und Fowler stellten noch etwas fest, und das war wirklich geheimnisvoll: Soziale Zusammenhänge können auch schon mal ein Glied überspringen. Beispielsweise kann Person A übergewichtig sein, und sein Bekannter B ist es nicht, aber bei Freunden von B ist die Wahrscheinlichkeit von Übergewicht um 20 Prozent erhöht und bei Freunden dieser Freunde immer noch um 10 Prozent. Und diese „drei Verbindungsgrade“ gelten für Verhaltensweisen jeder Art. Ein Freund eines Freundes kann bewirken, dass Sie eher dazu neigen zu rauchen oder auch unglücklich oder einsam zu sein. Das vorliegende statistische Material beweist sogar, dass dies passieren kann, auch wenn Sie diesen Freund eines Freundes nie getroffen haben.

Christakis' und Fowlers Befunde lassen vermuten, dass es unsichtbare Verbindungen gibt, die eine ganze Gesellschaft durchziehen. Stellen Sie sich einmal vor, was diese Befunde für Auswirkungen haben, sofern sie stichhaltig sind. Jung entwickelte die Theorie des kollektiven Unbewussten vor annähernd hundert Jahren. Hat er damals schon unsichtbare Verbindungen aufgespürt, lange bevor sie durch empirische Daten bestätigt werden konnten? Nun, eigentlich ist das ein Untergesichtspunkt der Kernfrage: Was können das für unsichtbare Verbindungen sein zwischen Leuten, die nie miteinander gesprochen haben, nie Gelegenheit hatten, das Verhalten des anderen zu beobachten, ja vielleicht nicht einmal um dessen Existenz wussten?

Das sind komplexe Zusammenhänge, und ich kann hier nur andeuten, wie geheimnisvoll sie sind. Was die neuere Forschung auf dem Gebiet der sozialen Ansteckung so spannend macht, ist der Gedanke, dass vielleicht *ein* Geist hinter allem steht und alles koordiniert – nicht nur, wie wir auf Modeströmungen anspringen oder einander nachahmen, nicht nur, wie weit voneinander entfernte Gehirnzellen wissen können, was die andere gerade tut, sondern buchstäblich „weit hergeholte“ Phänomene, etwa dass Tausende Kilometer voneinander entfernte Zwillinge plötzlich wissen, was dem anderen gerade widerfährt. Über solche unsichtbaren Verbindungen wirkt das kollektive Unbewusste in sehr viele Bereiche des Lebens hinein. Soziale Ansteckung gelangt bis in die Medien, weil sie Daten vorweisen kann, und wir lieben Daten; aber die Möglichkeit, dass wir alle an ein und demselben Geist teilhaben, wirft Fragen auf, die Religion und Philosophie und den Sinn des Lebens überhaupt betreffen.

Kurzum, der Schatten ist ein Gemeinschaftsprojekt. Jeder kann sich an seinem Aufbau beteiligen und braucht dazu nichts weiter als die Fähigkeit, unbewusst zu bleiben. Wer Ängste schürt und Panik macht, glaubt daran, dass er es nur gut meint. Wer sein Vaterland verteidigt, erwartet, dass er gelobt und geachtet wird. Und wenn Stamm gegen Stamm kämpft, sind beide zutiefst überzeugt, dass ihnen nichts anderes übrig bleibt, wenn sie überleben wollen. Wir wehren uns gegen unseren Schatten und leugnen ihn, weil wir gründlich indoktriniert worden sind oder uns einfach unter der Hypnose der gesellschaftlichen Konditionierung befinden. Unsere Erfahrungen und Erlebnisse aus der Kindheit verursachen später endlose Mahnungen: „Dies ist gut, das ist schlecht; dies ist göttlich, das ist teuflisch." Alle Gesellschaften sind nach diesem Muster gestrickt. Wir übersehen dabei nur, dass wir gleichzeitig auch ein gemeinsames Ich erschaffen. Gesellschaftliche und Umweltschäden könnten weitaus geringer ausfallen, wenn schon Kinder lernen würden, wie man sich des Schattens bewusst wird, wie man auch die finsteren Gefühle mitteilen kann, wie man sich selbst verzeiht, dass man nicht immer „gut" ist, und wie man Schattenimpulsen gesunde Ventile schafft.

Die Schöpfer des Schattens

Selbst wenn Sie noch nie einen Blick auf Freuds oder Jungs Werk geworfen haben: Sie sind ein anderer Mensch, als Sie ohne diese beiden wären. Die menschliche Natur kann seit Freud und Jung nur noch als ein tiefes Mysterium gesehen werden. In der äußeren Welt ist nur ein Bruchteil von Ihnen zu sehen, nur die Spitze des Eisbergs. Die menschliche Seele, größtenteils nicht sichtbar oder nicht beachtet, ist ein Ort der Uneindeutigkeit, der Widersprüche und des Paradoxen. Das ist auch gut so, denn das Leben ist die Manifestation der Seele, und Erfahrung kommt nur aufgrund von Gegensätzlichkeit zustande. Ohne Gegensatz keine Erfahrung: Licht und Schatten, Lust und Schmerz, auf und ab, vorwärts und rückwärts, heiß und kalt. Ohne diese Zweiteilungen könnte sich nichts manifestieren. Das Bewusstsein wäre ein weites flaches Feld, eine Art Wüste. Ihr Bewusstsein würde das Ganze, aber nichts im Besonderen erfassen.

Wenn sich etwas manifestieren soll, sind gegensätzliche Energien notwendig. Deshalb sind erklärte Feinde auch heimliche Verbündete. So haben sich Osama bin Laden und George Bush gegenseitig erzeugt – äußerlich waren sie Feinde, im Tieferen jedoch Verbündete. Das ist ein generelles Prinzip. Wir brauchen unsere Feinde, um das zu sein, was wir sind. Jung besaß den Mut zu erkennen, dass jeder Mensch eine dunkle Seite braucht, um sein zu können, was er ist. Das kollektive Unbewusste ist sogar das, was die Evolution der Menschheit erst ermöglichte, da es alle neuen Entdeckungen in unsichtbarer Form weiterzugeben erlaubt. Hier sind natürlich vor allem Entdeckungen gemeint, die das Ich betreffen.

Es gehört zu den Grunderkenntnissen der physischen Anthropologie, dass beim Homo sapiens ein sehr großer Anteil des Gehirns, nämlich der Kortex oder die Großhirnrinde, höheren Funktionen dient. Die Großhirnrinde ermöglicht uns das logische Denken und ist von entscheidender Bedeutung für Liebe und Mitgefühl. Religion ist hier entsprungen und mit ihr die Vorstellung von Himmel und Hölle. Ohne diese höheren Gehirnanteile wäre es nicht zur Entstehung der Schrift gekommen, es gäbe keine Mathematik und keine Künste.

Wie groß war dann das Erstaunen, als man feststellte, dass die Großhirnrinde beim Neandertaler noch größer war als bei uns und diese Menschen trotzdem 100.000 Jahre lang – doppelt so lange, wie der Homo sapiens bereits existiert – Europa durchstreiften, um Großwild zu jagen, und dabei nur eine einzige Waffe verwendeten, nämlich einen schweren Speer mit einem daran festgebundenen spitzen Stein? Trotz ihres riesigen Kortex haben die Neandertaler offenbar nie eine zweite Jagdwaffe entwickelt, nicht einmal einen leichteren Speer, den man hätte werfen können. Stattdessen ließen sie sich mit ihren schweren Speeren auf den Nahkampf mit Mammuts und Höhlenlöwen ein. Fast alle bis heute aufgefundenen männlichen Neandertalerskelette weisen etliche Knochenbrüche auf. Die Jagdtiere wehrten sich natürlich ihrer Haut, und trotzdem kam das Neandertalergehirn über Jahrtausende nicht auf die Idee, dass die Jagd mit Waffen, die geschleudert werden können, viel sicherer wäre.

Die menschliche Evolution hängt weniger von der Größe des Gehirns als vielmehr von dem Geist ab, der sich dieses Gehirns bedient. Auf der Ebene des Unbewussten fanden Lernprozesse statt, still und unsichtbar. Deshalb wusste der Homo sapiens sein Gehirn für weitaus komplexere Dinge einzusetzen als alle seine Vorfahren. Irgendwann kam dieser Geist darauf, wie man bessere Waffen anfertigt, und damit wurde das Leben leichter. Dann kam der Ackerbau auf, und die Jäger und Sammler wurden sesshaft. Das Leben wurde nicht nur leichter, sondern auch vielschichtiger, und es entwickelte sich eine immer differenzierter werdende sprachliche Kommunikation, die einen Gedankenaustausch ermöglichte.

Jung muss wohl auf den heimlichen Ort gestoßen sein, an dem sich all das abspielte. Das kollektive Unbewusste ist die Bibliothek des Geistes, ein Speicher aller früheren Erfahrung, auf den wir jetzt und jederzeit zurückgreifen können. Die Frage „Wer bin ich?" kann keine ein für allemal feststehende Antwort haben. Das Ich ist fließend und ändert sich ständig – unser persönliches Ich ebenso wie das kollektive Ich, das wir mit allen Menschen gemeinsam haben. So wurde anhand wissenschaftlicher Untersuchungen festgestellt, dass sich in den Gehirnen von Menschen, die den Umgang mit Computern erlernen oder Videospiele spielen, neue Nervenverbindungen bilden, die bei Menschen ohne diese Computerfertigkeiten nicht vorzufinden sind.

Wenn wir das wahre Ich finden wollen, müssen wir in die Welt des Schattens eintauchen, die sich in ständigem Fluss befindet. Das kann einem als ein gefährliches Unterfangen erscheinen, das nur die besonders Wagemutigen nicht erblassen lässt. An den Beginn seines berühmten Hamlet-Films stellte Laurence Olivier die Worte: „Dies ist die Tragödie eines entschlusslosen Mannes." Hamlet erfährt vom Geist seines verstorbenen Vaters, dass dieser von seinem Onkel (dem Bruder des Vaters) ermordet worden ist, der es auf die Krone Dänemarks abgesehen hat. Hamlet hat allen Grund, auf Rache zu sinnen, bleibt darin jedoch seltsam unentschlossen. Der gefahrvolle Weg in das Reich des Schattens, wo das Töten und Rächen gang und gäbe sind, stellte seine gesamte Existenz infrage, seine hohe Geburt, seine ganze Zivilisiertheit. Dennoch nimmt er es auf sich, was ihn zu Abscheu, Selbstekel und Liebesverlust und schließlich zu Selbstmordgedanken führt – ganz typische Reaktionen, wenn man den Monstern der Tiefe begegnet. Als er schließlich selbst tödlich verletzt wird, nimmt er sein Schicksal mit unheimlicher Gelassenheit, ja Erleichterung an. Die Worte am Beginn des Films hätten lauten sollen: „Dies ist die Tragödie eines Mannes, der seinen Schatten fürchtete."

Deshalb ist es so wichtig zu wissen, dass wir den Schatten selbst erzeugen. Er wird im kollektiven Unbewussten geformt. Hass auf einen Feind (gestern die Kommunisten, heute die Terroristen) liegt nicht in der menschlichen Natur, sondern Sie und ich haben die Feind-Seligkeit geerbt. Der Schatten liefert sie, und seine Inhalte sind von Menschen angelegt worden. Insbesondere bestimmt der Schatten, wer „sie" sind, die anderen, die so ganz anders sind als „wir" und die uns etwas antun oder rauben wollen. Mit uns verglichen sind sie nicht wirklich menschlich, und so haben wir das Recht, sie zu bekämpfen und sogar zu vernichten. Das ist das Hauptanliegen des Schatten-Archetypus, solche unsichtbaren Feindbilder zu liefern, die Generation für Generation wider alles rationale Denken überleben und nicht nur Einzelne, sondern ganze Gesellschaften prägen.

Die Menschheit erschafft sich Zivilisationen, die das Umfeld ihrer Evolution bilden, doch was wir auf der unbewussten Ebene an Historie zusammentragen, geht weit über den Erfahrungshorizont einzelner Personen oder auch ganzer Epochen hinaus. Was Sie „ich" nennen, ist tatsächlich in weitaus größerem Umfang, als Sie wissen, „wir".

Hinweise darauf finden Sie bereits in Ihrem Körper. Das Immunsystem ist ein Gemeinschaftsunternehmen. Hinter dem Brustbein liegt eine Drüse, die Thymusdrüse, und hier werden die Antikörper produziert, die sie benötigen, um Viren und Keime abzuwehren. Bei der Geburt ist die Thymusdrüse noch unentwickelt, weshalb Ihr Immunsystem im ersten Jahr auf die Antikörper angewiesen ist, die Sie mit der Muttermilch aufnehmen. Dann wächst die Thymusdrüse und entwickelt sich, bis sie mit zwölf Jahren ihr Größen- und Funktionsmaximum erreicht. Danach schrumpft sie wieder. In ihrer Wachstumszeit stellt Ihnen die Thymusdrüse Antikörper für die Krankheiten zur Verfügung, die die gesamte Menschheit durchgemacht hat. Sie müssen nicht selbst jede Infektion gehabt haben, denn die Vererbung der Abwehrkräfte ist ein kollektives Phänomen und mit jeder neuen Krankheit wird der kollektive Fundus an Abwehrmöglichkeiten entsprechend erweitert.

An diesem Beispiel wird deutlich, dass bereits Ihr Körper kein gesondertes Phänomen ist, sondern Bestandteil eines Gemeinschaftsprojekts, das einen nie endenden Prozess darstellt. Ich könnte noch andere Beispiele anführen, etwa die Evolution des Gehirns, aber alle laufen eigentlich auf die DNA hinaus. Ihre Gene erfassen die Geschichte der menschlichen Entwicklung auf körperlicher Ebene. Die Genetik hat zwar noch nicht alle Geheimnisse des Genoms lüften können, aber ich glaube, der nächste Sprung wird kein physischer sein, er wird auf der Ebene der Seele stattfinden. Und wenn es so weit ist, wird es als Erstes darauf ankommen, die Seele selbst zu erneuern. Das Zeitalter des Schattens könnte zu Ende gehen, wenn wir uns für die Einheit und gegen die Trennung entscheiden. Das Schicksal des gespaltenen Ich liegt in unserer Hand.

Der Weg geht weiter

Woher kam der Schatten? Der Trennungsimpuls schuf den Gegensatz von Licht und Dunkel und ließ es zum Kampf zwischen ihnen kommen. Wird die Gespaltenheit pathologisch, manifestiert sie sich als Zorn, Angst, Neid und Feindseligkeit, als der Schatten. Die menschliche Seele fühlt sich dann als ebenso göttlich wie diabolisch, als heilig und zugleich gottlos – Heiliger und Sünder. In den östlichen Weisheitstraditionen sind der Sünder und der Heilige eigentlich gute Bekannte. Der Sünder hat möglicherweise eine Zukunft und der Heilige eine Vergangenheit, in der sie die Rolle des jeweils anderen spielen. Verbotene Lust und bedingungslose Liebe sind die zwei Seiten derselben Medaille. Eine Münze, die nur Kopf oder Zahl zeigt, gibt es ebenso wenig wie einpolige Elektrizität.

Das Leben und die Steckdose – beide haben keinen „Saft", wenn die Energie nicht von Pol zu Pol läuft. Wenn das einmal klar ist, begreifen Sie sofort, dass es normal ist, einen Schatten zu haben. Der Schatten ist der Trennungsimpuls, während der göttliche Impuls die Einheit sucht. Die Möglichkeit, einen Schatten zu erzeugen, ist erwiesenermaßen unwiderstehlich. Der Schatten gab uns das, was wir als normale menschliche Persönlichkeit ansehen, ein vertrautes Ich, das gut und böse sein kann. Daran ist eigentlich nichts Geheimnisvolles. Das kommt erst, wenn wir fragen, ob diese Fähigkeit, unser Ich zu erschaffen, für etwas Neues eingesetzt werden kann, nämlich für Einheit anstelle der Gespaltenheit.

Das Leben in der Getrenntheit war ein faszinierender Wegabschnitt, auf dem unser Ego eine Achterbahnfahrt durch höchste Glückseligkeit und tiefste Tragödien mit uns unternahm. Unsere

Seele – dieser Ort der Widersprüche, Uneindeutigkeiten und Paradoxa – war von göttlichen und diabolischen Impulsen hin- und hergerissen. Wir sehen nicht ein, weshalb eine der beiden Seiten zugunsten der anderen verschwinden sollte. Heimlich lieben wir den bösen Buben, das böse Mädchen in uns. Wenn jemand ein „Teufelskerl" genannt wird, ist das ja eher ein Kompliment, nicht wahr?

Aus einem anderen Blickwinkel betrachtet, sind wir in einem Nebel der Illusion umhergetappt. Anstatt unsere Kräfte einzusetzen und das Ich zu erschaffen, das wir uns wünschen, haben wir nur passiv ein gespaltenes Ich übernommen, mitsamt den Konflikten und all dem Elend, das es mit sich bringt. Wenn Sie einmal zugelassen haben, dass Sie von diesem „Ich, mir und mein" bestimmt werden, sind die Spaltung und alles, was sie an Gefahren birgt, unvermeidbar. Dann ist Gott nicht mehr ohne einen Teufel zu haben.

Was ist der Teufel? Er ist der mythische Schatten, der gefallene Engel, aber ebenfalls von göttlicher Geburt. Eine andere Interpretation des Wortes „Teufel" lautet „das Göttliche, das sich unwohl fühlt". Und das zwingt zu einem etwas schockierenden Schluss: Es kann ohne den Kampf des Dunklen gegen das Licht kein Universum geben. Gegensatz oder Kontrast klingt erst einmal nicht so aufregend, doch als er einmal zum sichtbaren Universum explodiert war, wuchs er sich zu schier unglaublicher Dramatik aus und wurde ein lebendiges Hologramm von Gut und Böse. Es gibt kein einziges Atom oder subatomares Teilchen im Universum, das nicht im großen Drama der Gegensätze mitspielt, einem Drama, das bei elektrischen Ladungen beginnt und bis hinauf zum Kampf zwischen Satan und Gott reicht.

Das sichtbare Universum ist gleichsam der Bühnenhintergrund für die Evolution, während uns das Reich des Unsichtbaren die Seele gab. Die beiden gehen Hand in Hand, sie sind sogar eins. Was sich auf der Ebene der Seele ändert, gibt den Anstoß zu Veränderungen in der Außenwelt, denn die Außenwelt ist der Spiegel der Seele. Wir sind nicht dazu verurteilt, endlos das gleiche alte Drama weiterzuspielen, in dem eine sündige Seele dem Licht zustrebt und es erreicht oder eben nicht. Das spirituelle Drama entspricht der wilden Reise des Ich, es macht die Welt zum Austragungsort des Kampfs von Gut und Böse und allem, was dazugehört – Sünde und Erlösung, Versuchung und Gerechtigkeit. Die Vorstellung, eine neue Seele und mit ihr einen neuen Verlauf der Geschichte zu erschaffen, ist ebenso befremdlich wie spannend.

Der Trennungsimpuls lieferte uns die Realität, die wir kennen. Welcher Impuls wird uns eine neue Wirklichkeit verschaffen? Wir können ihn als „holografischen" Impuls bezeichnen. Der holografische Impuls meidet die Details und hat es auf Ganzheit abgesehen. Er erzeugt ein dreidimensionales Umfeld, in dem das Innere und das Äußere in eins verschmelzen. Die meisten haben schon einmal ein mittels Laserlicht erzeugtes Hologramm gesehen. Ausgehend von irgendeinem kleinen Teil eines Fotos oder Objekts kann der Laser wie von Zauberhand den gesamten Bildinhalt oder das Objekt wiederherstellen. Statt eines Bruchstücks wird das Ganze sichtbar. Ebenso projiziert der Geist im Grunde ein Hologramm, das Sie bewohnen, auch wenn Sie vielleicht gänzlich mit den „Bruchstücken" des Alltagslebens – Besorgungen, Kochen, Arbeit, Freizeit, Vorlieben, Abneigungen und hundert kleinen Entscheidungen zwischen Alternativmöglichkeiten – beschäftigt sind. Sie leben in einem Ganzen. Der holografische Impuls ist weder abzuschalten noch zu zerstören. Wenn Sie sich in Ihrer persönlichen Welt umsehen und Ihnen dort vieles nicht gefällt oder sie sich anderen Menschen und schwierigen Situationen ausgeliefert fühlen, bleibt Ihnen doch die Fähigkeit, ein gänzlich neues Hologramm zu erschaffen. Zu einem neuen Hologramm gehört ein neues Ich. Und beide werden nicht nach und nach erzeugt. Ganzheit zu erschaffen ist einfacher, als Ihre Wirklichkeit stückweise zu erneuern.

Um einen solchen ganzheitlichen Wandel herbeizuführen, müssen Sie von der Ebene der ganzheitlichen Schöpfung ausgehen. Hier eine faszinierende kleine Übung, die Ihnen zumindest anzudeuten vermag, wie das aussehen könnte. Schließen Sie die Augen und stellen Sie sich eine visuelle Erfahrung, wie einen tropischen Sonnenuntergang oder einen Hochgebirgsgipfel, möglichst anschaulich vor. Jede bildhafte Vorstellung erfüllt diesen Zweck, solange sie nur Tiefe und Farbigkeit besitzt. Stellen Sie sich dazu jetzt einen Geschmack vor, den Sie besonders mögen, dunkle Schokolade oder Kaffee. Lassen Sie sich so weit darauf ein, dass sich die Geschmacksempfindung wirklich einstellt. Weiter geht es mit Lauterfahrungen, die Sie besonders lieben, etwa mit Ihrer Lieblingsmusik, dann folgt der Tastsinn, das heißt eine stoffliche Beschaffenheit wie etwa bei Samt, und schließlich ein berauschender Duft, etwa von Rosen oder Lilien.

Wenn das alles Ihren fünf Sinnen lebhaft gegenwärtig ist, öffnen Sie die Augen. Sie werden überrascht sein. Die ganze Welt ist so viel lebendiger! Die Farben sind leuchtender, die Luft pulsiert geradezu. Jeder, der dieses Experiment macht, berichtet von solchen verblüffenden Veränderungen, und wir können dem entnehmen, dass die Außenwelt sogar einer kleinen Verwandlung Ihrer Innenwelt automatisch folgt. Und darin liegt der Zugang zu einem der tiefsten spirituellen Geheimnisse, nämlich dem Vermögen, die Wirklichkeit insgesamt auf einen Schlag zu verändern. An der Oberfläche des Lebens ist dieses Vermögen nicht zu finden, was wir schon daran erkennen, dass die Menschen sich von den äußeren Umständen bestimmt und herumgestoßen fühlen. Es gilt, die Ebene der Seele zu finden, wo der holografische Impuls *alles* erschaffen kann.

Aus ebendiesem Grund sprach Jung vom kollektiven *Unbewussten* und nicht vom kollektiven *Bewusstsein.* Wir Menschen haben Hand in Hand diese Welt erschaffen, ohne zu merken, was da vor sich geht. Ich werde Ihnen jetzt die wichtigsten Instrumente nennen, die wir dabei verwendet haben. Beachten Sie bitte, dass sie eine Bewegung nach unten darstellen, vom relativ harmlosen ersten Glied bis zum hohen Selbstzerstörungspotenzial des letzten:

Heimlichkeit: Wir haben gelernt, unsere elementaren Antriebe und Wünsche nicht mehr zu zeigen.

Schuld und Scham: Als die elementaren Antriebe und Wünsche einmal in sicheren Verstecken verwahrt waren, fingen sie an, sich unangenehm anzufühlen.

Verurteilung: Was sich schlecht anfühlte, wurde falsch oder böse.

Vorwurf: Etwas oder jemand sollte schuld an unserem Schmerz sein.

Projektion: Ein Sündenbock musste her. Wir erfanden dämonische Kräfte oder erklärten irgendwen zum verhassten Feind.

Trennung: Wir unternahmen alles nur Erdenkliche, um die dämonischen Kräfte nach außen abzudrängen. Auch der Feind war immer „der andere"; man musste sich vor ihm hüten und ihn bekämpfen.

Kampf: Da Projektion den Schmerz nur vorübergehend beschwichtigen konnte, kam es zum fortwährenden Krieg von Innen gegen Außen.

Wie leicht zu erkennen ist, bekommt der Schatten immer noch Antrieb, denn wir sind Meister im Umgang mit diesen verschiedenen Inhaltsstoffen. Wir sind geradezu süchtig nach ihnen, auch wenn sie auf Krieg, Gewalt, Verbrechen und endloses Ringen hinauslaufen, ganz zu schweigen von der lähmenden Wirkung, die vom Glauben an das Vorhandensein eines kosmischen Bösen in der Welt ausgeht. Die Lösung besteht darin, den Schatten wieder zu beseitigen. Er ist kein Frankenstein-Monster, eine Kreatur, die von ihrem Schöpfer nicht mehr zu beherrschen ist. Der Schatten ist eine Region der Psyche. Er beinhaltet nichts, was sich nicht wieder auflösen ließe – es steht in unserer Macht. Wir dürfen uns nicht als Opfer des Schattens sehen, wir müssen das Ruder selbst wieder in die Hand nehmen und uns auf unser wahres Schöpfertum besinnen.

Der Ausweg

Ich möchte den bisherigen Gedankengang in drei Sätzen zusammenfassen: *Sie befinden sich in der Dualität. Der Schatten hat Sie in den Nebel der Illusion gehüllt. Ihr gespaltenes Ich ist die erste und schädlichste Illusion.* Lassen Sie uns aber nun das Problem ganz persönlich angehen, indem wir feststellen, ob die Diagnose tatsächlich zutrifft.

Wenn Sie sich heute oder an irgendeinem anderen Tag umsehen, ist der Schatten vielleicht nicht unbedingt leicht zu erkennen. Unser Alltagsleben ist in den meisten Fällen nicht offensichtlich pathologisch. Auch wenn häusliche Gewalt und sexueller Missbrauch nach Auskunft der Fachleute erheblich weiter verbreitet sind, als uns lieb sein kann. Depressionen und Angststörungen nehmen in alarmierender Weise zu, aber den meisten Menschen gelingt es doch, die dunkle Seite der menschlichen Natur zu leugnen. Machen Sie sich also klar, dass der Schatten nicht als Buhmann auftritt. Aber alles, was Sie im Unbewussten hält, geht vom Schatten aus. Der Schatten ist das Versteck von Angst und Stress. Massenausbrüche von Gewalt treten dann auf, wenn soziale Spannungen nicht länger unterdrückt werden können. Zu Ausbrüchen von häuslicher Gewalt kommt es meist dann, wenn der persönliche Stress nicht mehr zu beherrschen ist. Unbewusst zu bleiben, hat einen sehr hohen Preis.

Aber bringen wir das jetzt auf eine persönlichere Ebene. Die Kräfte, die schon immer an der Erzeugung des kollektiven Schattens beteiligt waren, werden auch von Ihnen heute genutzt. Das Unbewusste mag uns wie eine gewaltige amorphe Masse erscheinen, ein dunkles Chaos von ineinander verfilzten Impulsen, Antrieben, Geheimnissen und Tabus. Tatsächlich sind aber doch ein paar Stränge zu erkennen und in ihrer Bedeutung zu erfassen. Das wollen wir im Folgenden versuchen.

„Ich und mein Schatten“

Der Schatten entsteht wie alles im Leben in einem Prozess. Niemand ist darauf aus, den Schatten stärker zu machen, aber wir tun es alle. Hier die wichtigsten Dinge, die den Schatten vergrößern:

Geheimnisse vor sich selbst und anderen haben: Heimlichkeiten versorgen den Schatten mit Material, das ihn aufbaut. Das kann unterschiedliche Formen annehmen: Leugnen, bewusste Täuschung oder auch die Angst, sein wahres Ich zu zeigen, bedingt durch all das, was man in einer nicht funktionierenden Familie mitbekommen hat.

Schuld- und Schamgefühle: Wir sind alle fehlbar, niemand ist vollkommen. Wenn Sie sich jedoch Ihrer Fehler schämen und angesichts Ihrer Unvollkommenheit Schuldgefühle haben, bekommt der Schatten immer mehr Macht.

Sich und andere ins Unrecht setzen: Wenn Sie Ihre Schuld- und Schamgefühle nicht ablegen können, gelangen Sie nur allzu leicht zu dem Schluss, dass Sie – oder andere – solche Gefühle verdient haben. Verurteilung ist schlechtes Gewissen, das eine moralische Maske aufsetzt, um den Schmerz, den es mit sich bringt, zu vertuschen.

Jemanden brauchen, dem man die Schuld geben kann: Sobald Sie zu der Überzeugung gelangen, dass Ihr eigener Schmerz etwas mit moralischen Fragen zu tun hat, werden Sie mühelos jemanden finden, dem Sie die Schuld geben können, weil er in Ihren Augen moralisch unter Ihnen steht.

Ihre eigenen Schwächen übersehen, aber andere ringsum kritisieren: Dieses Vorgehen bezeichnet man als „Projektion", was aber von vielen kaum gesehen oder verstanden wird. Sie projizieren beispielsweise immer dann, wenn Sie in einer Situation Gott oder den Teufel am Werk sehen. Genauso ist es, wenn Sie „denen" etwas in die Schuhe zu schieben versuchen, den Bösewichten, die für alle Probleme verantwortlich sind. Immer wenn Sie das Problem bei „denen" wähnen, haben Sie Ihre eigenen Ängste projiziert, anstatt sich selbst für diese Ängste zuständig zu fühlen.

Sich von anderen absondern: Wenn es bei Ihnen so weit kommt, dass Sie die Welt als in „wir und sie" aufgeteilt wahrnehmen, werden Sie Ihre Seite als die gute ansehen und sich bewusst zu ihr bekennen. Diese Abgrenzung schürt Angst und Argwohn, und genau davon lebt der Schatten.

Abwehrkampf gegen das Böse: Auf der untersten Ebene ist man davon überzeugt, dass überall das Böse lauert. Tatsächlich geschieht aber nichts weiter, als dass die Schöpfer der Illusion ihrer eigenen Schöpfung auf den Leim gehen. Das alles führt jetzt dazu, dass der Schatten geradezu übermächtig wird.

Wir haben jetzt den Prozess beleuchtet, der den Schatten mit Nahrung versorgt, und das ist der erste Schritt zur Überwindung des Schattens. Wir haben eine Abwärtsspirale erkannt: Zuerst reden Sie sich ein, es gebe bestimmte Dinge, die Sie geheim halten müssen, aber diese Geheimnisse bleiben dann nicht still im Verborgenen, sondern werden zum Auslöser für Scham und Schuldgefühle. Damit kommt Selbstverurteilung ins Spiel. Sie ist zu schmerzhaft, als dass Sie mit ihr leben könnten, deshalb brauchen Sie jetzt jemanden da draußen, der an allem schuld ist. Die Spirale führt von hier aus in die Isolation, und Sie leugnen jegliche eigene Beteiligung an dem ganzen Unglück. Wenn es so weit kommt, dass Sie sich als Kämpfer gegen die Sünde und das Böse sehen, haben Sie die Grundtatsache, die Sie erlösen könnte, längst aus den Augen verloren und glauben, es ginge darum, von Satan befreit zu werden. Die simple Grundtatsache besteht darin, dass Sie sich willentlich auf diesen ganzen Ablauf eingelassen haben, indem Sie bestimmte Entschlüsse gefasst haben. Deshalb müssen Sie zum Ausstieg nur gegensätzliche Entscheidungen treffen und andere Alternativen wählen.

Ich möchte diese Entscheidungen und die zu ihnen gehörigen Schritte unter vier Überschriften abhandeln:

1. Mit dem Projizieren aufhören
2. Sich distanzieren und loslassen
3. Die Selbstverurteilung beenden
4. Den eigenen emotionalen Körper neu aufbauen

Die grundsätzlichen Lebensentscheidungen stehen jedem zur Verfügung, schließlich treffen wir ja ständig die gegenteiligen Entscheidungen. Der Schatten hat uns dazu überredet, nicht selbst die Verantwortung zu übernehmen, sondern anderen aufzubürden. Er sagt uns, dass uns Liebe und Achtung nicht zustehen. Er redet uns ein, Ärger und Angst seien ganz natürliche Reaktionen auf das Leben. Wir alle sind in solch desaströse Fehlentscheidungen verwickelt. Sie ersticken unser Leben und rauben ihm jegliche Freude. Nichts könnte also wichtiger und dringender sein, als diesen Prozess umzukehren – je schneller, desto besser.

1. Mit dem Projizieren aufhören

Der Schatten, sagt Jung, verleitet uns dazu, die eigenen Schwächen zu übersehen und sie auf andere zu projizieren. Um zu vermeiden, dass wir uns selbst als nicht gut genug empfinden, erkennen wir lieber andere ringsum als nicht gut genug. Unzählige Beispiele drängen sich geradezu auf, manche banal, während es bei anderen um Leben und Tod geht. Irgendeine junge Filmschauspielerin gerät in die Kritik, weil sie zu sehr abgenommen hat, während Übergewicht immer mehr zum nationalen Problem wird. Initiativen von Kriegsgegnern werden als unpatriotisch verteufelt, während alle Steuern für Waffen zahlen, mit denen Menschen eines Landes getötet werden, das Amerika nie etwas getan hat. Jeder schützt sich mittels Projektion vor der Notwendigkeit, einmal einen Blick nach innen zu werfen.

Machen wir uns klar, dass es sich dabei um einen unbewussten Abwehrmechanismus handelt. Das Grundmuster der Projektion sieht so aus: „Ich kann meine eigenen wahren Gefühle nicht eingestehen, deshalb bilde ich mir ein, dass *du* so fühlst." Wenn Sie also Ihren eigenen Zorn nicht fühlen möchten, werden Sie irgendeine Gruppierung der Gesellschaft als gewalttätig und gefährlich einstufen. Oder wenn Sie unbewusst sexuelle Regungen haben, die Sie andererseits als Tabu ansehen, etwa gleichgeschlechtliche Liebe oder den heimlichen Wunsch nach einem Seitensprung, werden Sie sich vielleicht als Zielscheibe solcher Impulse bei anderen sehen.

Projektion ist sehr überzeugend. Sie reden sich ein, Sie seien mit sich selbst ganz im Reinen, und das lautet dann folgendermaßen: „Ich bin in Ordnung, aber du bist es nicht." Echte Bejahung Ihrer selbst würde sich jedoch auf andere ausdehnen. Wenn Sie sich in Ordnung fühlen, haben Sie keinen Anlass, andere zu beanstanden.

Projizieren Sie?

Hier ein paar typische Formen der Projektion:

Überlegenheit: „Ich weiß, dass ich besser bin als du. Sieh es ein und erkenne es an."

Ungerechtigkeit: „Wie unfair, dass so etwas mir passiert", oder: „Das habe ich nicht verdient."

Arroganz: „Mit so etwas wie dir gebe ich mich gar nicht erst ab. Deine bloße Anwesenheit ist mir ein Dorn im Auge."

Abwehr: „Du greifst mich an, deshalb höre ich dir gar nicht erst zu."

Schuldzuweisung: „Ich tue doch überhaupt nichts. Du bist selber schuld."

Idealisierung anderer: „Mein Vater war mein Gott, als ich klein war", „Meine Mama war die beste Mutter der Welt", oder: „Der Mann, den ich heirate, wird mein Held sein."

Vorurteil: „Er ist einer von denen, und du weißt ja, wie die sind", oder: „Pass bloß auf, das ist einer der gefährlichen Sorte."

Eifersucht: „Du willst mich betrügen, das spüre ich doch!"

Verfolgungswahn: „Die sind hinter mir her", oder: „Das ist eine Verschwörung, warum sieht es außer mir keiner?"

Immer wenn derartige Verhaltensweisen auftauchen, steckt ein im Schatten verborgenes unbewusstes Gefühl dahinter, das Sie nicht eingestehen können. Hier ein paar typische Beispiele:

Überlegenheitsgefühle kaschieren das wahre Gefühl, dass Sie ein Versager sind oder andere Sie ablehnen würden, wenn sie wüssten, wer Sie wirklich sind.

Mit *Ungerechtigkeit* vertuschen Sie das Gefühl, ein Sünder oder eigentlich immer der Schuldige zu sein.

Unterdrückter Zorn, unter dem noch tief sitzender Schmerz liegt, kann sich als *Arroganz* zeigen.

Hinter einer *Abwehrhaltung* verbirgt sich das Gefühl, unwürdig und schwach zu sein. Sie verteidigen sich entweder gegen andere oder attackieren sich selbst.

Schuldzuweisungen verschleiern das Gefühl, dass der Fehler bei Ihnen liegt und eigentlich Sie sich schämen sollten.

Mit der *Idealisierung* anderer verheimlichen Sie sich selbst das Gefühl, ein schwaches, hilfloses Kind zu sein, das schutzbedürftig ist und versorgt werden muss.

Hinter *Vorurteilen* verbirgt sich das Gefühl, selbst minderwertig zu sein und Ablehnung verdient zu haben.

Eifersucht verdeckt Ihren eigenen Impuls zu flirten und Spaß zu haben oder ein Gefühl der sexuellen Unzulänglichkeit.

Verfolgungswahn steht stellvertretend für tiefe, überwältigende Angst.

Wie Sie hier sehen, kann Projektion weitaus subtiler ablaufen, als wir es uns vorstellen. Dennoch ist sie das geöffnete Tor zum Schatten, auch wenn es mit Schmerzen verbunden ist, denn was Sie als die Fehler anderer sehen, verdeckt nur die Gefühle, die Sie sich selbst gegenüber haben. Schön wäre es, wenn wir Schuldzuweisungen und Verurteilungen einfach einstellen könnten, doch in der Realität ist die Auflösung des Schattens immer ein Prozess. Um Projektionen zu beenden, müssen Sie erst einmal sehen, was Sie da tun; Sie müssen das unter der Oberfläche verborgene Gefühl aufspüren und Frieden mit ihm schließen.

Sehen, was Sie tun: Woran erkennen Sie, dass Sie projizieren? Negativität ist ein deutlicher Hinweis, denn Projektion ist nie neutral. Projektion zeigt sich als negative Energie, weil das, was sie kaschiert, negativ ist. Und genau das hilft Ihnen letzten Endes, schließlich wissen Sie ja, wann Sie verärgert oder ängstlich und besorgt sind. Das sind Schattengefühle. Wenn Sie ihren Ärger auf jemanden oder etwas richten oder überall Gründe sehen, sich zu ängstigen, dann können Sie sicher sein, dass Sie projizieren. Ich hoffe, Sie erkennen den Unterschied zwischen den Gefühlen selbst und ihrer Projektion. Verärgert zu sein, ist eine Sache; den

Ärger in gezielte Vorwürfe umzumünzen, ist eine andere. Die Gesellschaft würde Sie gern in diesem Modus der Schuldzuweisung halten, denn „wir gegen sie" gehört zu den Dingen – den verwerflichen Dingen –, die gesellschaftlichen Zusammenhalt stiften. Deshalb möchte die Stimme in Ihrem Kopf es „denen" geben – den Terroristen, den gottlosen Kommunisten, den Drogendealern, den Verbrechern oder Kinderschändern. Die Liste ist beliebig erweiterbar. Gründe, sogar stichhaltige Gründe, „denen" Vorwürfe zu machen und sie zu verurteilen, mag es viele geben, aber wählen Sie lieber den anderen Weg. Richten Sie den Blick auf sich selbst, und fragen Sie, was dieses Spiel der Schuldzuweisungen über Sie selbst aussagt.

J. Krishnamurti, der große spirituelle Lehrer des vorigen Jahrhunderts, wurde einmal während eines Vortrags von einem Zuhörer gefragt: „Ich wünsche mir Frieden in der Welt. Ich verabscheue den Krieg aus tiefster Seele. Was kann ich tun, um Frieden herbeizuführen?"

Krishnamurti erwiderte: „Hören Sie auf, Krieg auszulösen."

Betroffen wandte der Fragesteller ein: „Aber ich bin nicht für Krieg. Ich will nur Frieden."

Krishnamurti schüttelte den Kopf. „In Ihnen liegt der Anstoß zu allen Kriegen. Ihre eigene verkappte und verleugnete Gewalttätigkeit führt Kriege jeder Art herbei, im eigenen Haus oder gegen andere in Ihrer Gesellschaft oder zwischen Staaten."

Das ist sicher keine angenehme Antwort, aber ich glaube, sie trifft zu. Schon die vedischen Rishis (Seher) Indiens sagten: „Du bist nicht in der Welt, die Welt ist in dir." Wenn das zutrifft, dann ist die Gewalttätigkeit der Welt in uns allen. Solange es den Begriff des Schattens noch nicht gab, mochte solch eine Aussage mystisch klingen, doch sobald Sie feststellen, dass Sie Teil eines übergreifenden

Ich sind, liegt es auf der Hand, dass jede Regung von Zorn, Angst, Feindseligkeit und Aggression auf direktem Wege von Ihnen ins kollektive Unbewusste gelangt und von dort zu Ihnen zurückfließt.

Sicher, es ist nicht einfach, sich bei jeder Projektion von eigenen negativen Empfindungen zu ertappen. Dabei ist immer die machtvolle Schranke der Verleugnung zu durchbrechen. Der Schatten ist ein Heimlichtuer. Wenn Sie beispielsweise jemanden idealisieren, ihn als Helden ins Rampenlicht stellen und für vollkommen erklären, ist es schwer, darin etwas Negatives zu erkennen. Es ist aber vorhanden, denn diese einem anderen zugeschriebene Vollkommenheit verschleiert Ihre eigenen tief liegenden Minderwertigkeitsgefühle. Greifen Sie häufig auf unsere Liste der Projektionen zurück, dann wird es Ihnen leichter fallen, diesen Abwehrmechanismen bei sich selbst auf die Spur zu kommen.

Die verborgenen Gefühle aufspüren: Sobald Sie erkennen, dass Sie ein eigenes untergründiges Gefühl projizieren, ist der Augenblick gekommen, sich dieses Gefühl anzuschauen. Schieben Sie es nicht auf, das Zeitfenster schließt sich sehr schnell. Aber in diesem ersten Augenblick ist die Chance gegeben: Bevor Ihre automatischen Abwehrmechanismen greifen, können Sie das unerwünschte Gefühl tatsächlich spüren.

Hier ein Beispiel, das ich einem jungen Mann verdanke. Während des Promotionsstudiums waren seine Geldmittel sehr beschränkt, aber er hatte wohlhabende Freunde, die ihn häufig zum Essen einluden. Einmal kam ihm beim Abendessen ein zurückliegendes Erlebnis in den Sinn, das er erzählte.

„Erinnerst du dich“, fragte er seinen Freund, den Gastgeber, „wie wir letzten Sommer einmal in der Stadt waren und du auf der Straße einen Streit mit deiner Frau angefangen hast? Es ging ganz schön laut zu, und ich stand nur so dabei. Du warst derart in Fahrt, dass dir der Lieferwagen nicht auffiel, der hinter dir anhielt und auf dem ‚Krach & Co.' stand. Also, wenn das keine Synchronizität war."

Die übrigen Gäste nickten und murmelten, und dann ging das Gespräch weiter. Später nahm die Gastgeberin diesen jungen Mann beiseite und fragte: „Weshalb wolltest du uns bloßstellen?"

„Wollte ich doch gar nicht", beteuerte er. „Ich habe nur eine Geschichte erzählt, die ich interessant fand."

„Dann geh noch einmal zurück", sagte sie. „Versetz dich in den Moment, in dem dir der Gedanke kam, diese Geschichte zu erzählen. Was war da?"

Der junge Mann hob die Schultern. „Nichts. Die Geschichte kam mir einfach in den Sinn."

Sie schüttelte den Kopf. „Nein, sie entsprang einer gewissen Boshaftigkeit. Dir fiel nicht irgendeine Geschichte ein, sondern eine für uns peinliche."

Nicht viele Menschen besitzen den Mut oder den klaren Blick, einem flüchtigen Augenblick auf diese Weise auf den Grund zu gehen. Für diesen jungen Mann spricht, dass er aufhorchte. Mir erzählte er später: „Ich war nicht imstande, das einfach abzustreiten. Ich machte mir den Augenblick noch einmal ganz bewusst, und sie hatte Recht. Ich war in dem Augenblick neidisch. Dieser reich gedeckte Tisch und dazu der Wein – so etwas konnte ich mir nicht leisten. In gewisser Weise empfand ich es als demütigend, dabei zu sein und zu wissen, dass ich meinerseits nichts dergleichen bieten konnte." Und um die eigene Demütigung nicht wahrnehmen zu müssen, drehte er den Spieß um und erzählte eine Geschichte, die andere demütigen musste.

An diesem kleinen Beispiel erkennen Sie die Eigenschaften, die Sie benötigen, wenn Sie dem im Inneren Verborgenen auf die Spur kommen wollen: Wachheit, Bereitschaft, Offenheit, Aufrichtigkeit und Mut. Oder mit anderen Worten: Wenn Sie nicht innehalten, um sich zu fragen: „Was fühle ich gerade tatsächlich?“, dann kehren Sie Wachheit, Bereitschaft, Offenheit, Aufrichtigkeit und Mut den Rücken. Sie überlassen dem Schatten den Sieg.

Schließen Sie Frieden mit Ihren Gefühlen: Sobald Sie dann spüren, was wirklich vorhanden ist, haben Sie die Wahl. Sie können das Gefühl sofort wieder verdrängen, Sie können sich Vorwürfe wegen dieses Gefühls machen, sie können es attackieren, sich darüber beklagen oder dafür entschuldigen. Das alles führt zu nichts. Sie spielen damit nur dem Schatten in die Hände, weil Sie das unerwünschte Gefühl noch unerwünschter machen und damit verstärken.

Es mag seltsam klingen, aber auch Gefühle haben ihre Gefühle. Sie gehören zu Ihnen und wissen demnach, wann sie unerwünscht sind. Angst fügt sich dann und taucht unter, Ärger fügt sich, indem er so tut, als sei er nicht vorhanden. Das ist bereits der größte Teil des Problems. Wie wollen Sie unerwünschte Gefühle heilen, die eine Zusammenarbeit verweigern? Es geht nicht. Sie müssen mit negativen Gefühlen Frieden schließen, sonst bleiben sie untergründig bestehen. Mit Ihren negativen Regungen können Sie nur ins Reine kommen, wenn Sie sie zur Kenntnis nehmen und anerkennen. Mehr ist nicht nötig, keine dramatischen Konfrontationen, keine Katharsis. Fühlen Sie einfach, was Sie fühlen, sei es Ärger, Angst, Neid, Aggression oder was auch immer, und dann sagen Sie: „Ich sehe dich. Du gehörst zu mir.“ Sie müssen von solchen Gefühlen nicht begeistert sein. Es ist ein Prozess, Ärger und Angst werden wiederkehren, alles tief Verborgene wird erneut auftauchen. Wenn etwas auftaucht, nehmen

Sie es einfach nur zur Kenntnis. Mit der Zeit wird klar werden, was Sie damit sagen wollen, und Ihre unerwünschten Gefühle werden sich immer weniger unerwünscht fühlen.

Und dann werden Sie anfangen, den Geschichten, die sie erzählen, zu lauschen. In jedem Gefühl ist eine Geschichte verpackt, die lautet: „Dass ich da bin, hat seinen Grund." Öffnen Sie sich diesen Geschichten, was sie auch beinhalten mögen. Jedes alte Trauma, vom Autounfall bis zum Liebesentzug, vom Jobverlust bis zum Versagen in der Schule, hat im Schatten Rückstände hinterlassen. Sie haben einen Berg von „emotionalen Schulden" angehäuft, wie es manche Psychologen nennen. Und Sie zahlen diese Schulden einfach dadurch ab, dass Sie sich die hinter dem Gefühl steckende Geschichte anhören. Die kann beispielsweise lauten: „Ich habe nie verwunden, dass ich nicht in die Baseballmannschaft aufgenommen worden bin", oder: „Mir geht heute noch nach, dass ich Geld aus Mamas Handtasche gestohlen habe." Die meisten Geschichten gehen in die Kindheit zurück; die Kindheit ist das Lernumfeld für Schuldgefühle, Scham, Missgunst, Minderwertigkeitsgefühle und all die Grundformen des Negativen, die wir in uns tragen.

Wenn Sie die Geschichte gehört haben, seien Sie verständnisvoll. Sagen Sie sich, dass Sie durchaus Grund hatten, am Negativen festzuhalten. Was hätten Sie denn tun können, nachdem es heimlich irgendwo „deponiert" worden war und dann verborgen blieb? Nein, Sie haben nichts Unrechtes getan. Die alten Gefühle blieben einfach bestehen, um Sie vor einem erneuten Auftreten der gleichen Verletzung zu bewahren. Schließen Sie jetzt Frieden damit, und Sie haben Negatives in Positives verwandelt. Die Angst blieb nicht da, um Ihnen das Leben schwerzumachen; sie war nur der Ansicht, Sie sollten vor weiteren Verletzungen dieser

Art – noch eine Abfuhr eines Mädchens, noch mehr Elternschelte, noch einen Hinauswurf durch einen Chef – geschützt sein.

Das Bereithalten und Wiederverwerten dieser alten Gefühle für verletzende Eventualitäten jeder Art ist schlimmer als solche Verletzungen selbst, und wir lassen uns viel zu bereitwillig darauf ein. Kaum tritt irgendeine frustrierende Situation ein, neigen wir alle dazu, in den Fundus alter Emotionen zu greifen und Ärger herauszuziehen. Und wenn irgendeine angespannte Lage entsteht, ziehen wir mulmige Gefühle hervor. Aber wenn Sie Gefühlsregungen der Vergangenheit wiederverwerten, verstärken Sie am Ende nur das, was längst vorbei ist.

Niemand muss sich noch als Erwachsener vor den Fährnissen der Kindheit schützen. Und selbst wenn es noch einmal zu ähnlichen Situationen kommen sollte, sind wir bereits mit Schutzmaßnahmen jeder erdenklichen Art versehen. Wir speichern ja nicht nur einen Grund, uns zu ängstigen, sondern jede Menge solcher Gründe, und um sie nur ja nicht zu vergessen, klinken wir uns auch noch in kollektive Ängste vor Feinden, Verbrechen, Naturkatastrophen und so weiter ein. Es wird Ihnen nicht schaden, mit so viel Angst, Ärger und Aggression Frieden zu schließen, wie Sie nur eben können. Die Psyche wird dann immer noch wissen, was zu tun ist.

Wenn Sie im Umgang mit Projektionen sicher geworden sind, können Sie die nächste Frage stellen. Weshalb müssen Sie sich überhaupt verteidigen? Das wird jetzt die Kernfrage, in der es darum geht, weshalb der Schatten überhaupt existiert.

2. Sich distanzieren und loslassen

Weshalb können wir von negativen Gefühlen so schwer lassen? Da findet sich nicht nur ein Grund. Zunächst ist jede negative Regung nur die Spitze eines Eisbergs; wenn Sie beispielsweise ärgerlich oder nervös werden, können Sie davon ausgehen, dass der Schatten noch sehr viel mehr von diesem Gefühl gespeichert hat. Außerdem ist das Negative extrem beharrlich. Es klebt genauso an uns wie wir an ihm. Bei dieser Beharrlichkeit handelt es sich um einen Überlebensmechanismus. Gefühle glauben an ihre Existenzberechtigung. Sie rechtfertigen ihr Vorhandensein – wie Sie es auch tun. Sie führen Gründe an und fügen sie zu einer überzeugenden Geschichte zusammen. Trotzdem, Sie können vom Negativen lassen, Sie müssen nur wissen, wie das geht.

Als Erstes, wie gesagt, müssen Sie Ihre Gefühle, wie unerwünscht sie auch sein mögen, zur Kenntnis nehmen und an die Oberfläche kommen lassen. Danach geht es darum, sich vom Negativen zu lösen. Dies ist ein wahrer Balanceakt, denn einerseits möchten Sie die Verantwortung für Ihre Gefühle übernehmen („Dies *gehört zu* mir"), aber zum anderen dürfen Sie nicht zu weit gehen und sich damit identifizieren („Das *bin* ich"). Ihr wahres Ich liegt jenseits des Schattens und ist folglich nicht mit dem Negativen identifiziert. Betrachten Sie also die jetzt noch vorkommenden negativen Reaktionen einfach als so etwas wie eine Allergie oder Erkältung – lästig, aber nur vorübergehend. Sie haben die Allergie, aber Sie sind sie nicht. Bei einer Erkältung fühlen Sie sich erbärmlich, aber deswegen sind Sie noch längst kein erbärmlicher Mensch.

Wenn es Ihnen gelingt, die klebrige Beharrlichkeit des Negativen zu reduzieren, werden Sie Abstand dazu bekommen. Die folgenden Aussagen können das fördern:

„Ich überstehe das, es wird nicht ewig dauern.“

„Ich habe mich schon früher so gefühlt, ich komme damit zurecht.“

„Wenn ich es bei jemand anderem ablade, fühle ich mich dadurch nicht besser.“

„Mit Schuldzuweisungen und Vorwürfe ist keinem geholfen.“

„Sich abreagieren – das bedauert man später doch und bekommt ein schlechtes Gewissen.“

„Ich kann durchaus geduldig sein. Warten wir mal ab, ob ich mich von selbst wieder beruhige.“

„Ich bin nicht allein. Ich kann jemanden bitten, mir durch diese scheußliche Phase zu helfen.“

„Ich bin so viel mehr als meine Gefühle.“

„Stimmungen kommen und gehen, sogar die ganz üblen.“

„Ich weiß, wie ich gefasst bleiben kann.“

Jede dieser Aussagen, die Sie für sich wahr machen können, verbessert Ihre Aussichten, die Wechselfälle des Lebens zu bewältigen. Wie macht man sie wahr? Dadurch, dass man sich wünscht, sie mögen wahr sein. Fassen Sie die Intention, distanziert, gefasst, geduldig und Ihrer selbst bewusst zu sein. Allein durch die Intention bringen Sie sich in Einklang mit dem Intendierten. Auf der anderen Seite können Sie so stark an Ihren Zuständen haften, dass Sie die Beharrlichkeit des Negativen noch verstärken. Dazu kommt es durch Gedanken der folgenden Art:

„Ich fühle mich miserabel. Womit habe ich das verdient? Warum passiert das ausgerechnet mir?“

„Irgendwer muss dafür aufkommen. Ich habe mir das nicht selbst zugefügt.“

„Bei wem kann ich das abladen?“

„Es macht mich noch wahnsinnig.“

„Niemand kann mir helfen.“

„Wie kann ich mich ablenken, bis das Gefühl wieder vergeht?“

„Ich brauche meine Lieblingsdroge, um das hier durchzustehen.“

„Wenn ich mich so fühle, sollen sich die anderen bloß in Acht nehmen.“

„Ich will, dass man mich hier rausholt.“

„Irgendwer hat es auf mich abgesehen.“

„Das muss jetzt sofort in Ordnung gebracht werden.“

„Ich kann nicht anders fühlen, als ich fühle. So bin ich nun mal.“

Ich weiß, dass die meisten bei „Distanzierung“ oder „Nicht-Anhaften“ gleich an östlichen Fatalismus, wenn nicht sogar an Gleichgültigkeit denken. Machen Sie diesen Begriff zu dem ersten, den Sie innerhalb eines positiven Bedeutungsrahmens neu ausrichten. Distanz heißt nicht Gleichgültigkeit. Sie möchten einfach nicht, dass das Negative an Ihnen klebt, und das zeigen Sie mit Ihrer Distanzierung.

3. Die Selbstverurteilung beenden

Sie haben die Gefühle, die Sie Ihrer Meinung nach verdienen. Das sind aber oft nicht die Gefühle, die Sie sich wünschen. Ganz im Gegenteil. Jeder ist in der Lage, „schlechte“ Gefühle als „gute“ auszugeben, und das läuft auf Selbstverurteilung hinaus. Kern aller „schlechten“ Gefühle – Ärger, Angst, Neid, Feindseligkeit,

Opferbewusstsein, Selbstmitleid, Aggression – ist ein Selbstbild, das solche Gefühle braucht. Bei jedem ist die Mischung etwas anders. Die Identität, die wir uns aufbauen, ist unverwechselbar. Bei manchen Menschen ist Angst das, was ihnen den Anstoß gibt, Herausforderungen zu bestehen; anderen dient die Angst dazu, abhängig zu bleiben und sich als Opfer zu fühlen. Mit Zorn kann man die Menschen in seiner Umgebung unter der Fuchtel halten, aber es gibt auch Menschen, die ihren eigenen Zorn fürchten und ihn nie zeigen. Doch in jedes Ihrer Gefühle ist Ihr Selbstgefühl und daher auch Ihr Selbst*wert*gefühl eingebettet.

Jedes Gefühl ist irgendwo verständlich und berechtigt, aber mit Selbstverurteilung gekoppelt kann jedes Gefühl auch zerstörerisch wirken. Sogar Liebe hat schon Leben zerstört, in Fällen, in denen sie unangebracht war oder entstellt oder zurückgewiesen wurde. „Ich wollte doch nur helfen" – das klingt erst einmal fürsorglich und positiv, aber wie oft vertuscht es ein unangenehmes Einmischen oder Eindringen? Viele möchten das Urteilen hinter sich lassen, und es stehen entsprechend viele Experten bereit, um ihnen zu zeigen, wie das geht, aber solange negative Gefühle vorhanden sind, wird unser Ich einfach nicht so werden, wie wir es uns wünschen. Wer könnte sich so richtig wohl in seiner Haut fühlen, solange er Urgefühlen wie Wut oder Angst ihren Lauf lässt. Was also ist zu tun? Wenn Verdrängung und Unterdrückung nichts bringen, ist das Ausleben negativer Emotionen erst recht keine Lösung.

Ich lege großen Wert auf Mitgefühl. Wenn Sie sich betrachten und sagen können: „Ist schon in Ordnung, ich verstehe", dann tun Sie zweierlei: Sie nehmen Ihren Gefühlen das Urteilende, und Sie geben sich die Erlaubnis, so zu sein, wie Sie sind. Mitgefühl und Sympathie sind Regungen, die wir eher in die Außenwelt transportieren. Wir vergessen, uns selbst Mitgefühl entgegenzubringen. Das wurde mir bei der Begegnung mit einer jungen Frau, die mir eine Frage stellte, wieder sehr bewusst.

„Ich habe für alle Leute ein offenes Ohr“, sagte sie. „Jetzt frage ich mich, ob dieses Einfühlungsvermögen oder Mitgefühl auch zu weit gehen kann.“

Ich bat sie zu schildern, wie es für sie ist, wenn sie Menschen zuhört.

„Das ist ganz eigenartig“, erzählte sie. „Wenn ich am Morgen aufgestanden bin, höre ich meiner Familie zu und fühle mit. Ich bin schon als Kind so gewesen. Bei der Arbeit kommen die Leute mit ihren Nöten zu mir, weil sie wissen, dass ich sie verstehe. Aber neuerdings kommen sogar auf der Straße wildfremde Leute auf mich zu und erzählen mir von ihren Sorgen. Da höre ich Geschichten jeder erdenklichen Art.“

„Und Sie nehmen sich immer die Zeit, verständnisvoll zuzuhören?“, fragte ich nach. Sie nickte.

Ich sagte: „Ich glaube nicht, dass Sie sich damit schaden.“ Sie wirkte erleichtert.

„Ich glaube sogar“, fuhr ich fort, „dass Sie da etwas sehr Wertvolles tun und es gar nicht wissen. Wie schön, dass es Sie gibt.“

Das kam wohl für sie überraschend und machte sie verlegen. Nicht viele können von sich sagen, ihr Hauptproblem liege in zu viel Mitgefühl.

„Natürlich gibt es da Stolperfallen“, erläuterte ich. „Sympathie und Mitgefühl können gleichbedeutend mit Mitleid sein, und Sie müssen sich davor hüten ‚mit zu leiden‘. Wenn Ihr Mitgefühl Sie ermüdet, dann stimmt etwas nicht. Es darf Sie nie so in seinen Bann ziehen, dass Sie selbst so trübsinnig werden wie derjenige, dem Sie Ihr Mitgefühl schenken.“

Echtes Mitgefühl ist für den, der es schenkt, so wertvoll wie für den anderen, der es empfängt. Später musste ich darüber nachdenken, wie man das auf das Ich anwenden kann. In jedem von uns gibt es eine Stimme, die zu Gericht sitzt. Wir nennen sie „Gewissen“ oder „Über-Ich“, jedenfalls ist es nicht die Stimme eines äußeren Richters oder Elternteils. Trotzdem agiert sie unabhängig: Sie bewertet uns in dem, was wir sind oder denken. Nehmen wir an, Sie seien einem anderen gegenüber wütend geworden, und später bereuen Sie Ihren Ausbruch. Dann sagt die Richterstimme in Ihnen: „Du warst im Unrecht. Wahrscheinlich wirst du Schwierigkeiten bekommen, und es geschieht dir recht.“ Die Zurechtweisung kann sogar in gewisser Hinsicht hilfreich sein. Die richtende Stimme ist eben Ihre eigene, Sie sind es selbst! Und wenn sie ein Urteil gegen Sie spricht, dann verurteilt sie eigentlich sich selbst. Es kann im Innern keinen unabhängigen, objektiven Richter geben. Die Stimme, die Sie ins Unrecht setzt, gehört einer fiktiven Gestalt, und es wird Ihnen auffallen, dass diese Gestalt nie mitfühlend ist. Sie möchte Sie in ihrer Gewalt haben, und das gelingt ihr nur durch Einschüchterung.

Was würde geschehen, wenn Sie anfingen, Sympathie und Mitgefühl für sich selbst aufzubringen? Der innere Richter würde sich allmählich in Wohlgefallen auflösen. Bei dieser jungen Frau war für mich zu spüren, dass ihr Mitgefühl nicht eigennützigen Zwecken diente nach dem Muster: „Wenn ich sehe, wie schlecht es meiner Freundin geht, fühle ich mich selbst gleich viel besser.“ Nein, sie hörte wirklich zu, sie ließ ihrem Mitgefühl freien Lauf, und alle Wege standen offen. Das Gleiche müssen wir auch für uns selbst tun. Und noch besser ist es, wenn diese Wege zu Gott führen. Reines Mitgefühl besitzt Heilkraft. Durch Ihr Mitgefühl fühlt der andere sich mit seinen Nöten gehört und kann sie einer höheren Bewusstseinsebene überlassen.

Ich sage nicht, dass Sie Ihr Gewissen einfach ablegen sollen. Aber wenn das Gewissen zum Strafrichter wird, der Ihnen ein Gefühl von Wertlosigkeit vermittelt, geht das zu weit. Jetzt wird es Zeit, die Urteile loszulassen, die Sie in einer allzu engen Ich-Vorstellung festhalten. Im Reich des Geistes oder Gottes, der Name spielt keine Rolle, kann alles Leid geheilt werden. Durch Mitgefühl öffnen Sie einen Verbindungsweg zu den heilenden Kräften. Möchten Sie nicht selbst so ein Verbindungsweg sein? Es ist eine der größten Freuden des Lebens und sicher die reinste.

4. Den eigenen emotionalen Körper neu aufbauen

Sie können jede negative Regung, die auftaucht, durch etwas Neues ersetzen. Ich nenne das „den eigenen emotionalen Körper neu aufbauen“. Wir alle haben ja Vorstellungen davon, wie der physische Körper aussehen sollte: schlank und rank, gepflegt, gesund, jugendlich, frisch – eine Augenweide. Aber für unsere Gefühle, unseren „emotionalen Körper“, haben wir keine solchen Kriterien. Dabei muss der emotionale Körper genauso gut ernährt werden wie der physische Körper. Er kann müde und schlaff werden, wenn sich die Reaktionen auf die Welt nicht ändern, sondern nur endlos wiederholt werden. Auch für den emotionalen Körper gibt es giftige und ungesunde Einflüsse, die ihn krank werden lassen.

Immer wenn Sie sich einem negativen Gefühl ergeben, fühlt sich Ihr emotionaler Körper unwohl und wund. Mattigkeit und Schmerzen machen ihm zu schaffen. Achten Sie auf solche

Symptome genauso, wie Sie bei Ihrem physischen Körper darauf achten würden. Wenn Sie einen Stein im Schuh haben, holen Sie ihn doch sofort heraus, oder? Aber wie lange haben Sie nun schon die emotionalen Steine in Ihrem Schuh geduldet? In so mancher Hinsicht wäre es besser, andere Prioritäten zu setzen. Überlegen Sie nur, wie viel Zeit und Geld vergeudet werden, um das Altern zu verlangsamen. Wir scheuen keine Mühe, um unseren Körper bis ins hohe Alter gesund und fit zu halten. Welche Ironie, dass beim emotionalen Körper überhaupt keine Gefahr des Alterns besteht. Emotionen müssen nicht alt werden, die Quelle der Erneuerung und Frische ist immer verfügbar. Deshalb sollte Ihr emotionaler Körper eigentlich immer energiegeladen, munter und flexibel bleiben und Ihnen ein reines Wohlgefühl verschaffen. Wenn ich das alles in einen Begriff fassen sollte, würde ich es „die Leichtigkeit des Seins" nennen.

Kinder empfinden diese Leichtigkeit von Natur aus. Sie spielen und lachen, und wenn etwas Schlimmes passiert, vergessen sie es bald und sind rasch wieder auf den Beinen. Was sie fühlen, zeigt sich sofort auch an der Oberfläche. Manchmal hält diese sorgenfreie Zeit der Leichtigkeit nicht lange an. Schon bei kleinen Kindern erkennt man in manchen Fällen die Ansätze künftiger Leiden; man sieht, wie der Schatten ihnen Projektion und Schuldzuweisung, Scham und Schuld und alles Weitere beibringt. Deshalb ist der Wiederaufbau des emotionalen Körpers für jeden von uns die beste langfristige Strategie – unsere Zukunft hängt davon ab, dass wir uns von unserer Vergangenheit lösen. Entscheidend ist, dass wir eine Vision haben, die wir dann jeden Tag in die Tat umsetzen können. Detaillierte Anleitung dazu gibt es in diesem Buch und in zahlreichen anderen Quellen. Aber ohne eine Vision bleibt jeder Ratschlag planloses Stückwerk.

Zu einer Vision für den Neuaufbau des emotionalen Körpers werden zumindest einige der folgenden Aspekte gehören:

Mehr Ganzheit verwirklichen

Elastischer, das heißt weniger verletzlich werden

Die Dämonen der Vergangenheit austreiben

Alte Wunden und Verletzungen heilen

Für sich selbst mit dem Besten und Höchsten rechnen

Sich realistische Ideale zu eigen machen

Mehr von sich selbst geben

Großzügig sein, vor allem im geistigen Sinne

Die eigenen Ängste durchschauen

Selbstbejahung lernen

Mit Gott oder dem eigenen höheren Selbst kommunizieren

Ganz werden, das ist das Wichtigste beim Neuaufbau des emotionalen Körpers. Gefühle lassen sich nicht isoliert umgestalten. Sie mischen sich und verschmelzen mit Gedanken, Handlungen, Bestrebungen, Wünschen und Beziehungen. Jedes Ihrer Gefühle strahlt unsichtbar in Ihre Umgebung aus, es kommt bei den Menschen in Ihrer Nähe an und erreicht letztlich die Gesellschaft und die Welt insgesamt. Ich habe im Laufe der Jahre mit Tausenden von Menschen zu tun gehabt und erkannt, dass wir ohne Ganzheit nur oberflächliche Veränderungen bewirken können. Sehen wir also zu, wie wir Ihr Leben als eine einzige Realität begreifen können, als einen Prozess, in den Ihre sämtlichen früheren und künftigen Gedanken und Handlungen eingebunden sind.

Das klingt vielleicht nach einem allzu hoch gesteckten Ziel, aber der einzige Ausweg aus dem Nebel der Illusion ist Realität. Tatsächlich existiert nur eine einzige Realität. Es ist gar nicht möglich, sich von ihr zu trennen. Und wer die gewaltigen Vorteile eines Lebens in Ganzheit einmal gesehen hat, wird das auch gar nicht mehr wollen. Ihr gesondertes Ich, das die Welt so enorm wichtig nimmt, ist gar nicht das, was Sie in Wirklichkeit sind. Vielleicht ist es sogar durch und durch Illusion, wie der Buddha sagte. Dieses Ich, das Sie alle Tage als Ihren ganz eigenen Standpunkt verteidigen, ist eine Fiktion, die dem Ego sehr gelegen kommt. Dem Ego entgeht freilich, dass es sich noch besser fühlen würde, wenn es sein engstirniges, nur auf den eigenen Nutzen bedachtes Interesse an der Welt ablegen könnte. Wenn das geschieht, kann das wahre Ich hervortreten. Und nur dann ist Ganzheit möglich.

Eine neue Wirklichkeit, eine neue Kraft

Ganzheit absorbiert den Schatten und überwindet ihn so. An früherer Stelle habe ich die Umweltzerstörung als ein Beispiel für unter den Teppich gekehrtes Fehlverhalten angeführt. Die Einstellung hat sich gewandelt, und wir haben erkannt, dass im Ökosystem alles mit allem verbunden ist. Das Verhalten jedes Einzelnen hat Auswirkungen auf alle anderen. Kein Teil der Erde besteht isoliert für sich, so als wäre er gegen anderswo angerichtete Schäden gefeit. Das ganzheitliche Denken hat unser Weltbild grundlegend verändert.

Wir müssen das Wort „Ökosystem" jetzt zu seinem vollen Bedeutungsumfang ausweiten. Ganzheit muss die Gesetze einschließen, nach denen Umweltverschmutzung, gesellschaftliche Auseinandersetzungen, die globale Erwärmung, die persönliche Einstellung zum Recycling, ja letztlich sogar das Glücklichsein funktionieren und geregelt sind. Können wir weiterhin mit einer Lebensweise zufrieden sein, die langsam aber sicher die Natur zerstört? Zum Ökosystem gehört alles, was Sie sich nur denken können. Es ist das Beziehungsgeflecht, in dem wir alle existieren. Wenn Sie das Beziehungsgeflecht als etwas Unteilbares auffassen, einen unsichtbaren Ort, an dem alles zusammenkommt, werden Sie zunehmend Ganzheit sehen, wo einst Spaltung und Trennung waren.

In der gegenwärtigen Umweltdebatte stehen uns zwei Wege offen: Wir können die Probleme weiterhin abstreiten oder uns ihnen stellen. Ersteres ist natürlich nur eine Scheinlösung, denn sie kann an den Ängsten und Gewissensbissen angesichts der bereits angerichteten Zerstörungen und zu erwartenden Katastrophen nichts ändern. Die zweite Lösung schaltet Angst und Gewissensbisse auf die einzig mögliche Art aus, nämlich durch Aufarbeitung der Probleme, die überhaupt erst zu diesen Gefühlen geführt haben. Dasselbe gilt für den Schatten. Das Problem verlangt einen ganzheitlichen Lösungsansatz. Mit der Leugnung der Probleme ist nichts gelöst.

Wenn Sie Ihren Schatten erkennen und annehmen, wird er etwas, das Sie fördert, einfach weil das Leben als Ganzes nährend ist – Leben ist darauf aus, sich selbst zu erhalten. Solange wir auf der Ebene des Kampfs zwischen Gut und Böse bleiben, haften wir ausschließlich an unserer persönlichen begrenzten Sicht der Dinge. Denn bedenken Sie: Wenn jemand ein Gewaltverbrechen begeht oder in den Krieg zieht oder andere schikaniert, versagen seine Zellen und Organe trotzdem nicht den Dienst. Der Körper bleibt einfach dem Leben verpflichtet, wie zwiespältig und wirr der Geist auch werden mag.

Ein neues Weltbild

Die an Festtagen aufgeführten Mysterienspiele des Mittelalters demaskierten den Bierernst des Bösen gern, indem sie es einer kosmischen Ironie auslieferten. Der Teufel ist eigentlich eine komische Gestalt. Er scheut vor keiner Missetat zurück, um die Seelen zu versuchen und ihnen Qualen zu bereiten, nur übersieht er dabei, dass Gott am Ende doch der Stärkere ist. Und sogar Satan selbst wird einmal Erlösung finden. Am Ende ist er selbst der Dumme; niemand ist außer Reichweite Gottes. Im tieferen spirituellen Sinne sagen diese Mysterienspiele, dass Ganzheit immer am Ende alles Trennende überwindet. Solange Sie die Welt unter dem Gesichtspunkt des Kampfes von Gut und Böse sehen, haben Sie den kosmischen Witz noch nicht verstanden.

Was Sie an sich selbst als mangelhaft empfinden und aus Furcht vor Schmerz lieber gar nicht in Angriff nehmen, lässt sich auch anders sehen. Das Leben – Ihres und meines – steht über allen Fragen von Gewinn und Verlust, und Ganzheit umfasst mehr als alle vereinfachenden Kausalerklärungen. Im Geflecht der Beziehungen sind Sie und Ihr Leben in einen weitaus größeren Wirkzusammenhang eingebunden, und diese neue Erkenntnis reift in Ihnen, sobald Sie sich als Teil eines Ganzen zu sehen lernen. Sie brauchen sich und andere dann nicht mehr als Protagonisten im Drama von Gut und Böse oder Recht und Unrecht zu betrachten. Sie können das Urteilen gegen echtes Mitgefühl, echte Liebe und echtes Verzeihen eintauschen. Das ist die Heilwirkung des Ganzseins.

Und der ganzheitliche Ansatz ebnet auch dem tieferen intuitiven Erkennen den Weg: Sie sehen, weshalb die Dinge sind, wie sie sind. Die Leute sagen gern, alles habe seinen Grund, aber wenn man nachfragt, wissen sie letztlich doch nicht, wo die Gründe liegen. Der Verstand forscht vergeblich nach einfachen Kausalerklärungen. Das kann zu ganz merkwürdigen Überlegungen führen: „Ich habe meine Frau mal betrogen, und meine Pleite ist wohl jetzt die verdiente Strafe"; „Ich war mein Leben lang wütend, und jetzt habe ich Krebs"; „Die Leute in dieser Gegend halten sich nicht mehr an Gottes Gebote, deshalb zwingt sie jetzt der Hurrikan in die Knie." Selbst wenn Sie solchen krassen Konstruktionen nicht folgen mögen, irgendwo in Ihnen ist doch ein abergläubisches Denken dieser Art – wir haben es alle. Man hat uns nie andere Erklärungen für das unsichtbare Wechselspiel der Kräfte nahegebracht.

Lassen Sie mich einen anderen Ansatz vorschlagen. Was, wenn sich alles Existierende, sei es sichtbar oder unsichtbar, in einen einzigen Plan einfügt? Für diesen Plan ist vorausgesetzt, dass alles im Universum aus Bewusstsein besteht. Vom Allergrößten, etwa Geburt oder Tod einer Galaxie, bis zum Allerkleinsten, nämlich den Interaktionen der subatomaren Teilchen, steht alles in einem Gesamtzusammenhang. Alles hat Teil am einen Bewusstsein oder, wie man in früheren Zeiten sagte, am Geist Gottes. Wir müssen uns hier keiner religiösen Begriffe bedienen, aber wie Gott im traditionellen Verständnis ist das Bewusstsein unendlich, allumfassend, allmächtig und allwissend. Es faltet sich auf in unzählige Formen und Gestalten. Den fünf Sinnen erscheinen manche dieser Formen als nicht bewusst. Es klingt etwas ungewöhnlich, wenn man sagt, eine im Pazifik wallende Qualle, ein Stein am Mount Everest oder ein in Brasilien fallender Regentropfen seien bewusst. Wir reden aber nicht vom Besitz eines Gehirns. Eine Qualle, ein Stein und ein Regentropfen haben keine Gedanken und Gefühle (soweit wir wissen; es dürfte ratsam sein, nichts Endgültiges über das Unbekannte zu sagen). Deshalb fühlen wir uns dem „nicht bewussten" Leben ringsum nicht so eng verbunden.

Wenn wir uns von Gegenständen und sogenannten niederen Lebewesen absondern, lassen wir etwas Großes und sehr Wichtiges aus. Es gibt Prinzipien, die sich auf alle Dinge und Lebewesen erstrecken. Betrachten Sie eine Zelle in Ihrem Körper und ein durch die Dunkelheit des Raums jagendes Elektron, und auf einer nicht sichtbaren Ebene werden sich tiefe Übereinstimmungen abzeichnen:

Jede Aktion ist auf jede andere abgestimmt.

Information ist allen Teilen des Ganzen gemeinsam.

Kommunikation geschieht unmittelbar und ohne Zeitverzug.

Energie formt sich zu unzähligen Abwandlungen, geht aber nie verloren.

Die Evolution bringt mit der Zeit immer komplexere Formen hervor.

Mit dem Komplexitätsgrad der Formen nimmt das Bewusstsein zu.

Mir ist bewusst, dass wir hier mit sehr abstrakten Begriffen hantieren, aber letzten Endes bedarf es überhaupt keiner Worte. Solange Sie sich als etwas Gesondertes sehen, scheinen Worte viel wichtiger zu sein als das bloße Sein. Sein ist passiv, wir setzen es einfach voraus, aber Worte bestimmen unser Leben, drängen sich in unseren Kopf und können Menschen zusammenbringen oder einander entfremden. Doch alle diese Worte könnte es ohne die schweigende Intelligenz in jeder Zelle nicht geben. Die Kraft, die unseren Körper zusammenhält und unter den Abermilliarden Zellen eine nicht zu beziffernde Zahl biologischer Interaktionen pro Sekunde koordiniert, ist ursprünglicher als das Denken und der Gebrauch von Wörtern.

Ursprünglich bedeutet nicht primitiv – diesen Fehler begehen wir gern, wenn wir uns allzu viel auf die menschliche Vernunft einbilden. Das in allem waltende Bewusstsein ist unaussprechlich und geht weit über den menschlichen Verstand hinaus. Wenn wir uns einmal ansehen, was alles aus geheimnisvollen Quellen zu uns kommt und unser tiefes, wortloses Erleben ausmacht, muss man sich wirklich fragen, wie wir je auf die Idee kommen konnten, es gebe keine unsichtbare Welt. Hier eine kleine Aufstellung:

Liebe
Kreativität
Das Gefühl, lebendig zu sein
Schönheit
Inspiration
Intuition
Träume
Visionen
Sehnsucht
Erfüllung
Das Gefühl der Zugehörigkeit
Ehrfürchtiges Staunen
Ekstase, Glückseligkeit
Das Numinose, die Erfahrung des Göttlichen

Ein Leben, in dem all dies Unsichtbare seinen Platz bekommt, wäre eine gänzlich neue Seinsweise. Niemand würde sich bewusst dem Staunen, dem Schöpferischen, der Liebe und all den genannten Dingen verweigern. Aber Millionen von Menschen tun eben das. Sie erleben Glückseligkeit und Erfüllung als kleine Anflüge, die schnell wieder verblassen. Sie kommen nicht am Schatten vorbei, und der bewacht die Reichtümer des Unbewussten mit Zähnen und Klauen. Ich habe einmal gehört, wie ein Guru seinen Zuhörern vorhielt: „Ich zeige euch die Himmelspforte, aber wenn dann ein Kobold aufspringt und ‚Buh!' schreit, lauft ihr weg."

Allerdings fühlen sich die Angst, der Zorn, die Verunsicherung, die Beklommenheit und alles, was der Schatten sonst noch zu bieten hat, für uns nach viel mehr als einem „Buh!" an. Um zur Himmelspforte zu gelangen, steht uns ja nur dieses Ich zur Verfügung, das wir nun einmal haben. Da liegt das Dilemma. Wie kann ein geteiltes Ich je Ganzheit erlangen? Ich mache mich dafür stark, dass es das kann – nur eben auf anderen Wegen, als die meisten Sucher meinen. Krishnamurti, der Unsentimentalste, ja Unerbittlichste unter den indischen Weisen, hat einmal gesagt: „Freiheit ist nicht das Ende des Weges. Sie ist sein Anfang. Es gibt nichts, wohin man gehen könnte. Freiheit ist das Erste und Letzte auf dem Weg." Er wollte seinen Zuhörern keine Rätsel aufgeben. Mit seiner Lehre von der ersten und letzten Freiheit wollte er sagen, dass Ganzheit – vollkommene Freiheit – nichts mit der Wahl von diesem oder jenem zu tun hat, nichts mit gut statt schlecht oder rein statt unrein. Ganzheit hat keine Teile. Sie ist alles. Folglich kann sie nur der Anfang und zugleich das Ende sein. Uns obliegt es nun, diese Einsicht in eine praktische Lebensform umzumünzen.

Was und wie ist Ganzheit?

Die Herrlichkeit der menschlichen Existenz liegt nicht darin, was jeden von uns einzigartig macht, sondern in dem Vermögen, uns mit der kosmischen Intelligenz zu verbinden: Jeder von uns kann ein bewusster Teil des Ganzen werden. Und wenn es geschieht, erschließt sich Ihnen eine Welt, an die die Gedanken und Gefühle des alltäglichen Lebens kaum heranreichen. Das Leben in Ganzheit hat durchaus seine praktische Seite, denn da Sie jetzt aus dem Ganzen des Bewusstseins schöpfen können, werden Sie viel kreativer und fantasievoller sein und weniger zu Urteilen neigen. Bedingung für diese Nutzeffekte ist jedoch, dass Sie erfahren haben, was es mit der Ganzheit wirklich auf sich hat. Sehen wir es uns im Einzelnen an.

Ganzheit möchte Sie heilen

Die Ganzheit ist immer bestrebt, sich selbst wiederherzustellen. Ihr Körper verfügt über ein lückenloses Instrumentarium der Selbstheilung. Ganzheit und Heilung haben sehr viel miteinander zu tun. Was tut der Körper, um seine Ganzheit zu wahren oder wiederherzustellen?

Er strebt Balance an.

Jede Zelle kommuniziert mit jeder anderen.

Kein Teil ist wichtiger als irgendein anderer.

Aktivität und Ruhe werden im Gleichgewicht gehalten.

In allem körperlichen Geschehen waltet eine stabilisierende Kraft, Homöostase genannt.

Jede Zelle stellt sich auf veränderte Umweltbedingungen ein.

Stress wird abgefangen und unter Kontrolle gehalten. (Krankheit und Unwohlsein sind grundsätzlich stressbedingt.)

Unter allen Bedingungen wahrt der Körper seine Ganzheit. Das Heilsystem erstreckt sich auf alle seine Teile. Die Zellen von Herz, Gehirn und Leber erfüllen zwar unterschiedliche Funktionen, aber sie sind alle gemeinsam darauf aus, das Ganze am Leben und bei guter Gesundheit zu halten. Kurzum, Ganzheit ist wichtiger als irgendein Teilaspekt des Geschehens. Wenn Sie Ihren Körper als Metapher für Ihr Leben betrachten – was ergibt sich daraus?

Sie werden Ausgewogenheit zu schätzen wissen.

Die Einzelaspekte Ihres Lebens werden sich auf ein gemeinsames Ziel ausrichten.

Alle Seiten des Lebens werden gleich wertvoll sein.

Aktivität und Ruhe werden zu ihrem Normalrhythmus finden.

Sie werden Ihr Kern-Ich, das immer ruhig und in Frieden ist, auch im Wirbel der Aktivität als ruhenden Pol erleben.

Sie werden sich auf wechselnde Umstände einstellen können und belastbar bleiben.

Sobald Stress Unruhe und Unbehagen verursacht, werden Sie es bemerken und entsprechend reagieren.

Ihr gesamtes Wohlergehen wird Ihnen wichtiger sein als irgendeine einzelne Erfahrung.

Ich bin hier sehr allgemein geblieben, aber stellen Sie sich einmal vor, wie verschieden die Leben zweier Menschen aussähen, von denen einer Ganzheit gewählt hat und der andere nicht.

Ganzheit ist immer Gewinn, nie Verlust

Ganz sein heißt ganz geheilt sein. Wenn dem so ist, können Sie Ihr Leben noch so gut führen, Sie werden doch nicht völlig geheilt sein, solange das gespaltene Ich Bestand hat. Es gibt zahlreiche Möglichkeiten, sich ein gutes Leben zu verschaffen, und sehr viele Menschen sehen keinen Anlass, nach Ganzheit zu streben. Das liegt in den allermeisten Fällen daran, dass ihnen noch nie ein klares Bild von der Realität des höheren Selbst vor Augen geführt worden ist. Ganz wichtig ist es auch, sich klarzumachen, dass wir in unserem Streben nach Transformation nicht aufhören, wir selbst zu sein.

Die Welt der Gegensätze ist in ihrer Dramatik verführerisch. Wäre das Leben ohne Gegensätze nicht einfach ein endloses Einerlei? Je stärker das Licht, desto tiefer der Schatten. Das haben nicht wir Menschen so geschaffen, es liegt in der Natur. Anders würde sie nicht funktionieren. Stünden den Kräften des Verfalls oder der Entropie nicht schöpferische Kräfte gegenüber, gäbe es kein Universum.

Angenommen, es gäbe im Universum nur den evolutionären, schöpferischen Impuls. Was würde dann geschehen? Dem Kosmos würden sehr bald Energie und Materie für neue Formen ausgehen, weil die bestehenden sich nicht abnutzen und auch nicht veralten. Im Leben des Einzelnen sprechen wir von der Entwicklung der Persönlichkeit, aber wenn Sie nur evolvieren, ohne zugleich die alte Person immer wieder abzulegen, können Sie immerwährend nur Säugling, Kind, Heranwachsender und Erwachsener gleichzeitig sein. Sie wären ein Dickhäuter, weil alte Hautzellen nicht abgestoßen würden; Ihre Magenschleimhaut würde den Magen bald gänzlich ausfüllen, wenn sie nicht ständig von Enzymen abgebaut würde, um von innen nachzuwachsen.

Gäbe es andererseits nur Trägheit und Abbau, wäre das Universum schnell ausgebrannt. Entropie würde sehr bald den „Wärmetod“ herbeiführen, der den Kosmos in ein strukturloses Nichts verwandelt. Wir brauchen einander entgegenwirkende Kräfte, was aber nicht bedeutet, dass wir Dualität brauchten. Vielmehr macht das Kräftespiel gerade die Ganzheit aus, denn nur unter der übergreifenden Perspektive ist jenes ausgewogene Gleichgewicht möglich, das keine der beiden Seiten für sich allein schaffen kann.

Wenn die Stressreaktion Ihres Körpers ausgelöst wird, kann er voll aufdrehen. Die plötzliche Adrenalinausschüttung lässt das Herz schneller schlagen, entnimmt dem Blutstrom zusätzliche Energie, macht Sie geistig hellwach, schärft die Sinne und versetzt Sie augenblicklich in den Kampf-oder-Flucht-Modus. Aber wenn die Stressreaktion nicht wieder abgebaut wird, sondern auf konstantem Level bleibt, kann sie innerhalb von Minuten zum Tod führen. Wie das aussehen kann, hat man an Patienten beobachtet, die über längere Zeit mit Steroiden behandelt wurden. Solche Mittel, die beispielsweise zur Bekämpfung von Entzündungen gegeben werden, legen auch das körpereigene Hormonsystem teilweise lahm. Wenn man diese Mittel plötzlich absetzt, ist der Körper erst einmal nicht in der Lage, seine optimale Hormonbalance selbst herzustellen. Wenn man solch einem Patienten einen Schrecken einjagt, kann er dadurch in einen Zustand geraten, in dem die überschüssigen Stresshormone das Herz bedrohlich beschleunigen, häufig mit sehr fatalen Folgen.

Wir bilden uns manchmal ein, wir könnten künftig in jeder Hinsicht „gute Menschen“ sein und es auch bleiben. Nie wieder werden wir lügen, betrügen, eifersüchtig sein, die Beherrschung verlieren oder unseren Ängsten nachgeben. Solche Vorsätze halten nicht, weil permanentes Gutsein so starr und brüchig ist wie alles, was stets und ständig zu sein versucht. Es gibt ja Situationen, in denen es vollkommen angebracht ist, wütend zu werden oder sich zu ängstigen. Das Dumme beim positiven Denken ist, dass man nicht ständig positiv denken kann. Es ist nur vernünftig, Diktatoren zu bekämpfen, sich gegen Unterdrückung jeglicher Art zu wehren, korrupte Machthaber wissen zu lassen, dass sie falsch handeln, und so weiter. Von seiner dunklen Seite her wartet das Leben mit Herausforderungen auf. Wir müssen den Schatten nicht dämonisieren; er ist der Ursprung so gut wie aller Herausforderungen, die es sich anzunehmen lohnt.

Wir verfallen aber gern dem Wahn, das Leben wolle uns zu einer Entscheidung zwischen Gut und Böse zwingen. Tatsächlich gibt es da eine dritte Möglichkeit, nämlich ganz zu sein. Aus der Ganzheit heraus können Sie das Dunkle und das Lichte im Gleichgewicht halten, ohne Sklave des einen oder des anderen zu sein. Dann verwandelt sich der scheinbar strikte Gegensatz der beiden in schöpferische Spannung. Die Guten sollen schon fleißig weiter siegen, aber die Bösen sollten nicht endgültig unterliegen, das wäre nämlich das Ende der Geschichte. Dann würde das Universum zum Museum, wäre selbst zum Fossil versteinert und für alle Ewigkeit mumifiziert.

Idealerweise bleiben die Kräfte des Wahren, Guten, Schönen und der Harmonie den dunklen Kräften immer einen Schritt voraus. Ihr Körper vermag das zu leisten, so wie das Universum als Ganzes es vermag. Es lässt sich nicht leugnen, dass eine Evolution vonstattengeht, die zu immer höheren Formen der Abstraktion, Kreativität, Imagination, Einsicht und Inspiration führt.

Irgendetwas wahrt hier die Balance, aber so, dass ein leichtes Übergewicht in Richtung Evolution bestehen bleibt. Spiritualität ist im weitesten Sinne Nachahmung der Natur. Wer der Evolution auch nur ein leichtes Übergewicht gegenüber Entropie und Niedergang zu geben vermag, der ist ein wahrer spiritueller Krieger.

Ganzheit ist nah, nicht fern

Es gibt eine Landkarte des menschlichen Bewusstseins, die in allen Weisheitstraditionen dieselben Grundzüge aufweist. Diese Landkarte verzeichnet einen zeitlosen Gott als den Ursprung der Schöpfung. Selbst wenn nicht das Wort „Gott" verwendet wird, wie etwa im Buddhismus, existiert überall ein Zustand der Ungeteiltheit und Ganzheit – er enthält alles Sichtbare und Unsichtbare. Der ungeteilte Seinszustand teilt sich dann selbst in eine sichtbare und eine unsichtbare Seite der Schöpfung auf. Die Einheit erschafft aus sich selbst heraus die Vielfalt. Stellen wir uns die Landkarte als einen Kreis mit einem Punkt in der Mitte vor. Der Punkt repräsentiert Gott als den Ursprung, kleiner als der allerkleinste Teil von irgendetwas. Auch der Kreis repräsentiert Gott, aber Gott als das manifeste Universum, größer als das Allergrößte überhaupt.

Damit diese Karte die Verhältnisse richtig wiedergeben kann, müssen wir uns vorstellen, dass sich der Kreis unaufhörlich ausdehnt wie das Universum seit dem Urknall. Im Unterschied zum stofflichen Kosmos jedoch dehnt sich Gott mit unendlicher Geschwindigkeit in alle Richtungen aus. Damit soll das grenzenlose Potenzial des Seins angedeutet sein, wenn es in die Schöpfung eintritt. Diese Karte mag zunächst esoterisch wirken, und viele können auch keinen praktischen Wert an ihr erkennen. (Eine

Frau sagte einmal zu mir, sie fände Ausdrücke wie „das Eine“ oder „Alles“, die für Gott verwendet werden, eher abschreckend. Für sie brachten sie das Versinken in einem Meer der Gesichtslosigkeit, einer göttlichen Leere zum Ausdruck.) Unendliche Ausdehnung in alle Richtungen kann unser Verstand nicht fassen. Aber „personalisieren“ Sie die Landkarte einmal. Sehen Sie Ihren Ursprung als einen Punkt und Ihre gesamte Welt als einen sich ausweitenden Kreis. Je mehr Sie sehen, erfahren und verstehen, desto größer wird der Kreis. Aber er wächst immer vom Ursprung aus, und das bedeutet, dass Ihr Ursprung nie weit weg ist. Er ist die Konstante.

Wenn Sie sich gleichzeitig als Ihren Ursprung und Ihre Welt erleben, sind Sie ganz geworden. Ihr Ursprung wirkt nur deshalb so weit entfernt, weil Sie sich mit all den Einzeldingen in Ihrer Welt identifiziert haben und der schöpferische Ursprung, der all das ermöglicht, etwas aus dem Blick geraten ist. (Es ist ungefähr so, als würden Sie Ihre Mutter vergessen, wenn Sie größer werden. Aber Sie können noch so sehr vergessen, die Tatsache, dass Sie eine Mutter hatten, der sie entsprangen, bleibt doch bestehen.) Die Verbindung zu Ihrem Ursprung kann nie ganz abreißen, weil dieser Ursprung aus Bewusstsein besteht. Wenn Ihnen gegenwärtig ist, dass Sie leben, geht daraus ja hervor, dass Sie mit dem Bewusstsein verbunden sind. Allerdings klingt das so, als handelte es sich um ein passives Verbundensein, und das ist es nicht. Über diese Verbindung kommt vielmehr jeder Gedanke zu Ihnen, den Sie je hatten. Es gibt auch eine wortlose Seite des Bewusstseins, die Sie körperlich am Leben erhält. Ihr Herz weiß, was die Leber gerade tut, aber der Nachrichtenaustausch geschieht nicht über Worte, sondern durch chemische und elektrische Signale. In Ihrem Körper müssen ständig unendlich viele

Signale und Reaktionen unter Abermilliarden Zellen koordiniert werden. Das ist eine Seite des Bewusstseins, die nie eine Stimme bekommt, aber ihre Intelligenz stellt jegliche Genialität in den Schatten.

Viele Menschen plagt der Gedanke, Gott könnte so weit weg sein, dass er uns vergessen hat, während religiöse, von Gott begeisterte Menschen sagen, Gott sei in jedem Augenblick sehr nah. Beide Anschauungen haben ihre Schwächen, denn „nah" und „fern" sind eigentlich ungeeignete Begriffe. Sie bilden ein Gegensatzpaar und entspringen folglich dem dualistischen Denken. Aber stellen Sie sich die Farbe Blau vor. Bevor sie vor Ihrem inneren Auge auftauchte, war sie da nah oder fern? Oder sprechen Sie das Wort „Elefant" aus. Bevor es aufgrund dieser Anregung in Ihnen auftauchte, war es da nah oder weit weg? Wir setzen das Bewusstsein für individuelle Zwecke im Dienst des „Ich, mir und mein" ein, aber obwohl Sie sich in Raum und Zeit verorten können, gilt das nicht für Ihr Bewusstsein. Es gibt zwischen Ihnen und Ihren Erinnerungen oder Ihnen und Ihrem nächsten Gedanken nichts, was sich Entfernung nennen ließe. Aus der Sicht der Ganzheit ist Entfernung oder Distanz ohne Bedeutung, weil alles gleichzeitig koordiniert wird.

Das führt zu einem erfreulichen Schluss: Ihre Wandlungsfähigkeit kann auch nicht weit entfernt sein. Dieses Potenzial ist als noch nicht gesehene Möglichkeiten präsent. Möglichkeiten werden von Ihnen entweder gesehen oder eben nicht. Das Unmögliche ist also nur ein anderer Name für das nicht Gesehene. Damit verstellt Ihnen der Schatten, der Sie eine begrenzte und beängstigende Welt voller Bedrohungen und finsterer Möglichkeiten sehen lässt, den Blick auf noch nicht gesehene Möglichkeiten, die Ihnen bewusst werden könnten, wenn Sie sich über den Schatten hinaus ausdehnen würden. Ohne diese Ausdehnung haben Sie zwangsläufig eine Scheuklappensicht. Denken Sie an so etwas wie starke Zahnschmerzen. Der Schmerz nimmt Sie dermaßen in Anspruch, dass Sie an nichts anderes denken können. Wäre die Menschheit ständig von körperlichen Schmerzen geplagt, hätte sich das Bewusstsein nie ausweiten können. Angst ist vorweggenommener Schmerz und wirkt ebenfalls einengend auf Ihr Bewusstsein. Ganzheit dagegen bedeutet, dass Sie Ihren Ursprung gefunden haben. Im Ursprung gibt es keine Teilungen und Trennungen. Sie brauchen nicht erst alles an sich zu überwinden, was irgendwie einen Anflug von Dunkelheit hat (was auch gar nicht möglich wäre). Werden Sie das, was Sie wirklich sind, und von dem Augenblick an gehört das Dunkle nicht mehr zu den Dingen, mit denen Sie sich identifizieren können.

Wenn die nachfolgend genannten Dinge zutreffen, leben Sie nah am Ursprung des Bewusstseins:

Sie sind in Frieden.

Sie sind innerlich durch nichts ins Wanken zu bringen.

Sie besitzen Selbsterkenntnis.

Sie sind einfühlsam und urteilen nicht.

Sie sehen sich als Teil des Ganzen.

Sie sind nicht in der Welt, die Welt ist in Ihnen.

Ihr Handeln ist wie von selbst zu Ihrem Besten.

Ihre Wünsche werden ohne Widerstände und Kampf mühelos wahr.

Sie können sich intensiv mit etwas beschäftigen, ohne sich davon vereinnahmen zu lassen.

Sie sind nicht auf ein Ergebnis fixiert.

Sie können sich ergeben.
Die Realität Gottes ist überall sichtbar.
Die bestmögliche Zeit ist die Gegenwart.

Ganzheit geht über den Schatten hinaus

Die Menschheit hat Jahrhundert für Jahrhundert gegen den Schatten angekämpft und ihn, soweit ich sehen kann, nie besiegt. Nur diejenigen überwinden den Schatten, die nicht gegen ihn ankämpfen. Sie transzendieren ihn. Wenn Sie ihn transzendieren, bedeutet das, dass Sie darüber hinausgehen. Im Alltag geschieht das ständig. Nehmen wir eine Mutter, die merkt, wie ihr Kind quengelig und fordernd wird, ihm aber nicht auf dieser Ebene begegnet. Ihr ist klar, dass es müde ist und Schlaf braucht. Was hat sie getan? Sie hat sich über die Ebene des Problems erhoben und die Lösung auf einer höheren gesucht. Wir sind hier auf eine spirituelle Wahrheit gestoßen: *Die Lösung ist nie auf der Ebene des Problems zu finden.*

Instinktiv wissen wir das, aber die Anwendung bereitet uns große Mühe. Unsere Einbildungen zwingen uns zu ermitteln, wer die Guten und wer die Bösen sind – immer in der Hoffnung auf einen endgültigen Sieg, wenn wir nur die richtige Seite wählen. Dazu kommt es aber nie. Ein Dilemma ist ein Dilemma, weil es zwei Seiten hat. Jeder im Namen Gottes geführte Krieg beruht auf einem Wahn, denn die Gegenseite beruft sich ja auch auf Gott. Feinde der Transzendenz, des Hinüberwechselns auf eine höhere Ebene, spielen direkt dem Schatten in die Hände. Wenn Sie auf der Ebene des Problems weiterkämpfen, haben Sie sich gegen das Transzendieren entschieden.

Nehmen Sie folgendes an:

> Sie haben chronische Schmerzen. Statt zum Arzt zu gehen, nehmen Sie einfach immer weiter Schmerzmittel.
>
> Sie erfahren, dass jemand Sie nicht mag. Sie finden gute Gründe, Ihrerseits nun diese Person nicht zu mögen.
>
> Ihr Kind hat in der Schule Streit mit einem anderen. Sie sind sicher, dass Ihr Kind Recht hat.
>
> Sie hören, dass bei einem befreundeten Ehepaar die Scheidung ansteht. Sie schlagen sich auf eine der beiden Seiten.
>
> Jemand will Ihnen an der Haustür eine neue Glaubensrichtung nahebringen. Sie erteilen der Person eine unfreundliche Abfuhr, weil eben Ihr Gott der richtige ist.

Das sind alles Beispiele, in denen die Möglichkeit, auf eine höhere Ebene zu wechseln, verworfen wurde. Und da es Situationen sind, die sich tagtäglich abspielen können, ist leicht zu erkennen, wie der Schatten hier an Macht gewinnt. In allen Fällen wurde eine Seite für gut, die andere für schlecht befunden. Irgendwer muss Unrecht haben, damit Sie Recht haben können. Und dieses Urteilen wird dann auch noch als eine gesunde Haltung gegenüber der Welt empfunden. Sie werden anfangen, sich vom Nebel der Illusion abzusetzen, wenn Ihnen klar geworden ist, dass aus diesen Verhaltensweisen niemand außer dem Schatten Nutzen zieht. Sie werden niemals genug Aufrichtigkeit, Durchsetzungsvermögen und Tugendhaftigkeit aufbringen, um die Menschen, die Sie ins Unrecht gesetzt haben, von ihrem Ärger, ihrer Bitterkeit und ihren Ängsten zu befreien. Wenn das einmal klar geworden ist, werden Sie das Transzendieren eher als etwas Erstrebenswertes sehen. Sie blicken dann mehr auf die Ebene der Lösung als auf die des Problems.

Ganzheit löst alle Konflikte

Ich wünschte, das Wort „transzendieren“ hätte nicht so einen mystischen Beiklang. Aber wenn Sie erkannt haben, dass Sie in jeder Situation „auf eine höhere Ebene wechseln“ können, hat das Transzendieren gar nichts Abgehobenes mehr. Konflikte liegen in der Natur der Dualität. Das Lösen von Konflikten liegt in der Natur der Ganzheit. Es kann nur so sein. Wenn Sie nicht schwarz *oder* weiß, gut *oder* schlecht, licht *oder* dunkel sind, sondern beides zugleich, dann lösen sich Konflikte auf. Der erste Schritt ist der wichtigste: Lösen Sie Ihre Bindung an die Dualität. Hören Sie auf mit Benennungen, Schuldzuweisungen, Urteilen. Lösen Sie sich von der Fantasie, Sie könnten der Welt beweisen, dass Sie Recht und die anderen Unrecht haben. Spirituelle Lehrer geben uns seit Jahrhunderten diesen Rat. Denken Sie an das, was schon in den Veden steht: „Du bist nicht in der Welt, die Welt ist in dir.“ Und Jesus lehrte, dass das Himmelreich im Inneren ist. An Lehren über den Pfad zur Einheit hat es nie gefehlt.

Aber die Menschen können diesen Lehren nicht folgen, weil die unsichtbare Welt, die zu einem erheblichen Anteil dunkel ist, zu viel Einfluss hat. Ganzheit kann erst Realität werden, wenn die versteckten Konflikte in Ihrem Leben gelöst sind. Ich möchte diese Konflikte in aufsteigender Folge umreißen, beginnend mit dem, was vielleicht ein kleines Kind erfährt. Jeder weitere Konflikt wird dann komplexer und schwieriger, bis wir zur Ebene des spirituellen Konflikts kommen, der einem Krieg innerhalb der Seele gleichkommt:

Der Konflikt zwischen Sicherheit und Unsicherheit

Der Konflikt zwischen Liebe und Angst

Der Konflikt zwischen Wunsch und Notwendigkeit

Der Konflikt zwischen Bejahung und Verneinung.
Der Konflikt zwischen dem Einen und den Vielen

In diese Konflikte sind wir alle verstrickt, sie gehen weit über das Individuelle hinaus. Denken Sie an Länder, in denen zwar vom Frieden geredet wird, aber so viel Unsicherheit und Verunsicherung herrscht, dass ein Großteil der Kräfte in Rüstung und Verteidigung fließt. Hier ist das Grundproblem, wie man sich sicher fühlen kann, noch ungelöst. Oder denken Sie an Situationen, in denen sie jemandem gern Liebe entgegengebracht hätten, sich aber irgendwie ausgeliefert und verletzlich fühlten. Sie sind dann in einer ganz ähnlichen Lage wie die gegnerischen Parteien in einem Bürgerkrieg, die einander nicht als *ein* Volk sehen können. Alles ist konfliktgeladen, von den persönlichen Beziehungen bis zur internationalen Diplomatie.

Sicherheit – Unsicherheit

Die Lösung: Im wahren Ich verwurzelt sein

Wie kann man sich in einer ungewissen, unkontrollierbaren Welt sicher fühlen? Die großen Weisen und Lehrer gingen bei ihrer Antwort von dem allgemeinen Grundsatz aus, dass Dualität unsicher und Ganzheit sicher ist. Das ist eine der großen, aber vergessenen Lehren. Viele Menschen versuchen verzweifelt sich durch Abwehr- und Verteidigungsmaßnahmen so etwas wie Sicherheit zu verschaffen. Sie schirmen sich mit Mauern gegen die furchteinflößenderen Elemente der Gesellschaft ab. Sie polstern ihr Dasein mit Geld und Besitz aus. Sie verriegeln die

Türen und beten, dass sie nicht von unvorhersehbaren Katastrophen heimgesucht werden. Diese Taktik hat ihren Ursprung in dem primitiven Glauben, dass man selbst sicher sei, solange der Körper sicher ist. Möglicherweise haben wir diese Neigung geerbt, und vielleicht entspricht sie unserer materialistisch geprägten Lebensweise. In früheren Zeiten konnten sich die Menschen nur sicher fühlen, wenn sich Gott oder die Götter mit ihrem Tun einverstanden zeigten. Man war auch bereit, Armut in Kauf zu nehmen, solange einem die Kirche versicherte, dass es dem Heil der Seele diente.

Das moderne Sicherheitsdenken ist eher psychologisch begründet. Um sich in der Welt sicher zu fühlen, muss man den inneren Schlüssel der Sicherheit finden. Haus, Geld und Besitz sind nicht von Bedeutung. Es sind manchmal gerade die tief verunsicherten Menschen, die alles daransetzen, zu Geld und Erfolg zu kommen. Es bleibt allerdings vage, wie diese psychische Sicherheit herzustellen ist. Die Psychologie Freud'scher Prägung geht davon aus, dass das Elternverhalten in den ersten drei Lebensjahren eines Kindes darüber entscheidet, wie sicher oder geborgen der heranwachsende Mensch sich fühlen wird. Für die von Jung ausgehende Schule der Psychologie wurzelt das Gefühl der Unsicherheit in der kollektiven Psyche, insbesondere im Schatten mit seinem Fundus an Ängsten und Befürchtungen. Sieht man sich jedoch die Ergebnisse eines Jahrhunderts Psychotherapie an, hat der psychologische Zugang in beiden Fällen kaum etwas bewirkt. All die scharfsinnigen Erkenntnisse laufen am Ende doch auf nicht viel mehr als Prozac (Antidepressivum) hinaus und hinterlassen eine Generation von Therapeuten, die überwiegend Rezepte für Medikamente ausstellen.

Sie fühlen sich sicher, wenn sie entdecken, dass Sie ein Kern-Ich haben. Es existiert, wie wir bereits dargestellt haben, in Ihrem Ursprung. Hier an der Quelle besteht keine Teilung, und so kann die Innenwelt von keiner Außenwelt bedroht werden. Angst braucht äußere Projektionsflächen, etwa die Erinnerung an ein früheres Trauma, oder sie beschwört als grundlose Angst einfach ein vages Grauen herauf, weil man ja nie weiß, was als Nächstes kommen wird. Ihr Kern-Ich ist festgefügt und dauerhaft und hat nichts zu befürchten, was auch kommen mag. Damit sich etwas ändern kann, bedarf es des Unbekannten. Wenn Sie sich mit dieser Tatsache angefreundet haben, wird sich die Welt von einem risikoreichen Ort in ein Spielfeld des Unerwarteten verwandeln.

Liebe – Angst

Die Lösung: Sich der Liebe als einer inneren Kraft öffnen

Wenn Sie sich sicher fühlen, wissen Sie auch, dass Sie das Recht haben, hier zu sein. Um jedoch fühlen zu können, dass Sie wirklich hierher gehören, müssen Sie sich geliebt fühlen. Liebe gibt Ihnen die Sicherheit, dass Sie geschätzt werden. Viele Menschen empfinden aber das Gegenteil, nämlich dass sie irgendetwas ganz Beliebiges sind, das nur in einer chaotischen Welt hin und her geschubst wird. Die einzig angemessene Reaktion auf solch ein Empfinden ist Angst. Die Religion hat sich immer wieder mal bemüht, allen die vollkommene Sicherheit zu geben, dass Gott jeden Einzelnen von uns liebt, aber gleichzeitig hält sie auch am Bild eines Gottes fest, der Vergeltung übt und zu fürchten ist. Die Gründe für diese ungelöste Dualität sind kein Geheimnis.

Niemand wird Gott jemals treffen und auf die Frage, ob Gott uns liebt oder verachtet, ob Gott uns erlöst oder verdammt sehen möchte, eine unmissverständliche Antwort bekommen. Moses und Mohammed haben das Göttliche herausgefordert und diese Frage gestellt. Die Antworten scheinen immer beides zu beinhalten.

Auf einen liebenden Gott zu bauen, reicht nicht aus, um der Angst zu entkommen, denn es ist entweder eine verstandesmäßig getroffene und deshalb Zweifeln ausgesetzte Entscheidung oder eine emotionale und daher stets verletzliche Wahl. Solange wir noch zweifeln oder verletzt sein können, kann göttliche Liebe kaum etwas sein, worauf sich mit Zuversicht bauen lässt. Im Bewusstsein dagegen können wir den Strom der Liebe als eine beständige Kraft erleben, die nicht den wechselnden Launen des Göttlichen unterliegt. Die indischen Rishis der alten Zeit sagten, dass *Ananda* oder „Glückseligkeit" weder gewonnen werden noch verloren gehen kann. Sie gehört vielmehr zum Wesen des Bewusstseins. In seiner reinsten Form ist dieses Glück Ekstase, Freude, Verzückung. Da das Bewusstsein sich jedoch vom Unmanifestierten und Unsichtbaren zum Manifestierten und Sichtbaren entfaltet, wird Glückseligkeit ein Aspekt der Natur und nimmt viele Eigenschaften an:

Glückseligkeit ist dynamisch – sie bewegt und wandelt sich.

Glückseligkeit evolviert – sie wächst.

Glückseligkeit breitet sich aus – sie möchte in allem sein.

Glückseligkeit ist voll Verlangen – sie möchte sich erfüllen.

Glückseligkeit ist inspirierend – sie schafft neue Formen, in denen sie leben kann, und dadurch nimmt sie zu.

Glückseligkeit vereinigt – sie überrennt die Grenzen des Trennenden.

Im Westen schreiben wir diese Eigenschaften der Liebe zu, sie ist Ananda oder Glückseligkeit unter einem anderen Namen. Liebe lässt zwei Herzen eins sein. Liebe inspiriert zu großer Dichtung und großer Kunst. Sie reißt die Schranken zwischen den Menschen ein. Einer Tradition zufolge geht die Verehrung der Liebe bis auf den Beginn der Zeit zurück, aber es kann kaum Zweifel daran bestehen, dass wir dank Skepsis und Materialismus inzwischen in etwas lieblosen Zeiten leben. Beide waren keineswegs auf die Widerlegung der Liebe bedacht, aber sie haben sie auf Hirnchemie, psychische Prägung, gutes oder schlechtes Elternhaus und geistige Gesundheit zu reduzieren versucht. Keines dieser Dinge ist vollkommen negativ zu betrachten, sie führen alle zu wertvollen Erkenntnissen. Nichtsdestotrotz haben sie der Tradition der Vergötterung der Liebe erheblichen Abbruch getan, und heute muss jeder für sich selbst herausfinden, ob Liebe für ihn eine erfahrbare Kraft ist – Liebe ist eine weitere Form der spirituellen Suche geworden.

Ich bin ein großer Freund von technischen und anderen Spielereien, dazu gehört auch Twitter. So kam es schnell so weit, dass ich Hunderte „Tweets“ verschickte und diese auch zu Hunderten hereinkamen – man kann sich dem schließlich kaum noch entziehen. Einmal wurde ich mit der Frage angetwittert: „Ich suche Liebe. Wie kann ich den Richtigen finden? Gibt es ihn überhaupt?“ Augenblicklich schrieb ich zurück: „Such nicht den Richtigen. Sei die Richtige.“ Das kam ganz spontan, und ich staunte nicht schlecht, als sich dann zeigte, dass meine Antwort an zwei Millionen Leute weitergeleitet wurde. Wie mir dann klar wurde, war meine Antwort für viele so originell, weil Liebe dermaßen zum Problem geworden ist, dass viele schon nicht mehr wissen, wo sie überhaupt existiert. Was mir als naheliegende Antwort erschien, klang für viele andere ziemlich abgefahren.

Wie kann man der oder die Richtige *sein*, das heißt, die Liebe in sich selbst finden? Es darf keine Angst vorhanden sein, nur so geht es. Liebe muss nicht gesucht werden. Sie ist Teil der Natur wie die Luft, die Sie atmen, sie ist eine gegebene Tatsache. Aber sie kann wie alles, was zu unserem Kern-Ich gehört, maskiert sein. Äußere Liebe besitzt in der Tat oft nicht viel Bedeutung. Wenn jemand deprimiert oder verängstigt ist oder ein angeschlagenes Selbstwertgefühl hat, wird er sich nicht leicht (oder überhaupt nicht) auf die Liebesgesten eines anderen einlassen. Um Liebe zu finden, muss man sich erst einmal selbst als liebenswert betrachten. Für das Kern-Ich ist das eine klare und einfache Sache: „Ich bin Liebe." Denn an Ihrem Ursprung sind Sie genau das, aber in einer Welt voller Wertekonflikte wird auch diese simple Tatsache komplex und wirr. Der Nebel der Illusion erzeugt Angst. Nimm die Angst weg, und was übrig bleibt, ist Liebe.

Wunsch – Notwendigkeit

Die Lösung: Wahlloses Gewahrsein

„So hat das zu sein!" Wie oft haben Sie das schon gehört oder selbst gedacht. Das Leben konfrontiert uns mit ausweglosen Situationen. Wir möchten etwas tun, aber der Weg ist verstellt. Jemand mit einem aufgeblasenen Ego wird vielleicht sagen: „Entweder so oder gar nicht", aber häufiger ist es so, dass zwei nicht weiterkommen, weil sie sich nicht mitteilen können. Im Extremfall haben wir psychische Zwänge wie Phobien („X kann ich nicht, die Angst ist zu groß") und Obsessionen („Ich bekomme Y einfach nicht aus dem Kopf"). Das sieht auf den ersten Blick sehr unterschiedlich aus. Ein Ehemann, der jegliche Eheberatung verweigert, scheint wenig mit einem an Höhenangst Leidenden oder mit einer vom Waschzwang Befallenen gemein zu haben, aber es gibt doch einen gemeinsamen Nenner. Sie alle sind irgendwie zwischen Wunsch und Notwendigkeit gefangen. Und es führt bei allen zum gleichen Ergebnis: Sie haben nicht mehr die Wahl.

So viel Energie wird vergeudet, um Bewegung in festgefahrene Situationen zu bringen. Wir wenden uns an Mediatoren, Verhandlungsführer und Richter, um Streitigkeiten beizulegen, aber am Ende ist der Unterlegene eben doch unzufrieden. Der Konflikt mag an der Oberfläche beigelegt sein, in der Tiefe ist er es nicht. Wir gehen zu Ärzten und Therapeuten in der Hoffnung, dass unser Unwohlsein irgendwie diagnostiziert und behandelt werden kann. Hier besteht zumindest die Chance, ein wenig tiefer zu blicken. Aber eine Diagnose ist in der Regel leichter zu finden als eine geeignete Behandlung. Prozac und andere Antidepressiva dämpfen zwar die Symptome von Zwangsneurosen, aber sie heilen die zugrunde liegende Störung nicht, die sich dann gleich wieder einstellt, wenn das Medikament abgesetzt wird.

Sie mögen noch so geschickt verhandeln oder der denkbar taktvollste und einfühlsamste Mensch sein, der Widerstreit von Wunsch und Notwendigkeit ist nie vollständig beizulegen. Das Leben an sich bringt uns in Lagen, in denen wir einfach nicht bekommen können, was wir uns wünschen. Nicht jeder heiratet den Partner seiner Träume. Geschäftliche Rückschläge sind nie auszuschließen. Niemand kann immer nur gewinnen. Aus Sicht des Pessimisten hält das Leben mehr Enttäuschungen als befriedigende Wendungen bereit. Auch die Weisen und Leitfiguren der spirituellen Traditionen haben erkannt, dass Wünsche oft nicht wahr werden. Da erstaunt es uns vielleicht ein wenig, dass die vedische Tradition Indiens nie das Loblied des Sich-Fügens, der Geduld und des Verzichts singt. Dafür ist in den tiefsten Weisheitslehren Indiens von einem Zustand die Rede, der „wahlloses Gewahrsein" genannt wird. Für uns klingt das vielleicht erst einmal nach Aufgeben. Wenn man nicht mehr wählt, gibt man dann nicht jeglichen Standpunkt auf?

Aber wahlloses Gewahrsein bedeutet nicht, dass Sie sich Ihrer Wünsche entledigen. Es bedeutet, dass Sie weniger auf das achten, was das Ego möchte, und dafür mehr auf das, was das Universum möchte. Im wahllosen Gewahrsein überlassen Sie dem Bewusstsein alle Entscheidungen. Und was Sie dann möchten, ist das Beste, was Sie überhaupt wünschen können. Im wahllosen Gewahrsein, sagen die Rishis der alten Zeit, gibt es keinen Widerstand von innen oder außen. Die Natur unterstützt dann Ihre Wünsche mit einer kosmischen Kraft, die *Dharma* genannt wird. Das ist ein sehr fließender Begriff. In seinem Dharma zu sein, bedeutet für den Durchschnittsmenschen in Indien, dass man die richtige Arbeit gefunden hat und es irgendwie auch schafft, richtig zu handeln. Dharma ist die Tugend der „rechten Lebensweise". In seinem Dharma zu sein, hat aber auch eine tiefere Bedeutung, nämlich dass man auch im spirituellen Sinne auf dem richtigen Weg ist. Man hält sich an die Gebote seiner Religion und meidet die Fallgruben des Weges.

Doch all das löst nicht den Konflikt zwischen „ich möchte" und „ich muss". Wunsch und Notwendigkeit bleiben im Widerstreit. Die im religiösen Sinne Rechtschaffenen finden sich eher in noch mehr Verpflichtungen und Verantwortung eingebunden als gewöhnliche Menschen, da eigentlich alle Religionen hohe

Ansprüche stellen und das Wünschen gern ganz unterbinden würden. Nur wahlloses Gewahrsein beendet den Konflikt, denn auf dieser Bewusstseinsebene ist das, was Sie möchten, auch das, was zu Ihrem eigenen Besten und dem der Welt geschieht. Im wahllosen Gewahrsein braucht niemand Sie über die Regeln des Dharma aufzuklären. Sie haben den Dharma gänzlich in sich aufgenommen, Sie *leben* das „Ich bin nicht in der Welt, die Welt ist in mir". So einen Zustand beizubehalten, setzt persönliches Wachstum und Entwicklung voraus, aber jeder hat schon mehr oder weniger deutlich erlebt, wie sich solche Phasen anfühlen:

Sie machen sich keine Sorgen.

Schuldgefühle und Selbstverurteilungen existieren nicht.

Alles fühlt sich gut und richtig an.

Äußere Umstände stellen kein unüberwindliches Hindernis dar.

Andere arbeiten mit Ihnen anstatt gegen Sie.

Ihr Handeln zeigt positive Ergebnisse.

Das Wünschen mündet in ein Gefühl der Erfüllung und Befriedigung.

Das ist, wie Sie sehen, eine ganz besondere Zusammenstellung von Zutaten. Aber wenn Sie sich an der Kraft des Dharma ausgerichtet haben, wird das Ihr Normalzustand sein. Zu bekommen, was man haben will, das genügt natürlich nicht. Es gibt viele Menschen mit genügend Geld und Macht, die jeder Laune nachgeben und sich ohne große Mühe alles leisten können. Echte Erfüllung und Zufriedenheit sind dagegen selten, und oftmals fachen Geld und Macht nur die Begehrlichkeit immer weiter an, die Unzufriedenheit wächst. Das Ego stellt man nicht zufrieden, wenn man ihm alles gibt, was es haben möchte, einfach weil das Ego nichts weiter will, als immer noch mehr anzuhäufen – mehr Geld, Besitz, Status, Liebe, Macht und immer so weiter. Die Maschinerie ist fest installiert und läuft nach Programmen, die kaum umzuschreiben sind. Die Wünsche des Ego sind oberflächlich. Ihr wahres Ich besitzt kein Ego. Da sind Sie nicht auf Gewinn aus und fürchten keinen Verlust. Wenn Sie geben, kalkulieren Sie nicht heimlich, was dabei für Sie herausspringen wird.

Welch ein Glück also, dass wir die Welt nicht nur aus der Perspektive des Ego sehen können, sondern es auch noch eine höhere Warte gibt, die der Ganzheit. Mit der schwindenden Herrschaft des Ego beginnt ein ganz allmähliches Verschmelzen des „ich möchte“ mit dem „ich muss“. Ihr Handeln ist zuletzt ganz vom Dharma oder Willen Gottes geleitet. Es wird ein vollkommen natürliches Handeln. Sie sind einfach Sie selbst.

Bejahung – Verneinung

Die Lösung: Grenzenloses Bewusstsein

Die Angst vor Zurückweisung lähmt Millionen von Menschen. Durch sie wird unerwiderte Liebe zu einer in allen Kulturen bestens bekannten Tragödie. Auf der spirituellen Ebene ist Zurückweisung nicht möglich, es sei denn, Sie weisen sich selbst zurück. Wenn Sie von jemandem zurückgewiesen werden, fühlt sich der Schmerz so an, als würde er Ihnen als Opfer zugefügt – und das ist eines der größten Missverständnisse überhaupt. Um diesen Mechanismus der Zurückweisung besser zu durchschauen, müssen wir die Frage des Urteilens genauer unter die Lupe nehmen.

Das ist kein neues Thema, aber es gibt doch etwas Neues hinzuzufügen. Alles Urteilen läuft auf Urteile gegen Sie selbst hinaus. Selbstverurteilung kann viele Formen annehmen, unter anderem die der Versagensangst, des Opferbewusstseins oder die eines generellen Mangels an Selbstvertrauen. Oft äußert sich das nur als vages Gefühl von „Ich bin nicht gut genug" oder „Ich kann noch so viel erreichen, eigentlich täusche ich nur etwas vor".

Viele versuchen es mit der falschen Lösung. Sie errichten ein Idealbild von sich selbst und versuchen dann, ihm zu entsprechen und die Welt glauben zu machen, dass sie so sind. (Daher das Märchen vom perfekten Anmachspruch, der bei Frauen in Single-Bars angeblich todsicher funktioniert – die hilflose Vorstellung, Image allein sei ein ausreichender Anknüpfungspunkt.) Ein idealisiertes Selbstbild kann überzeugend wirken, sogar auf Sie selbst. Betrachten wir nur all die Investmentbanker, die selbst nach dem durch blinde Habgier verursachten beinahe katastrophalen Einbruch der Weltwirtschaft 2008 noch als Unschuldslämmer auftreten und rein gar nichts mit dem von ihnen in Gang gesetzten Chaos zu tun haben wollen.

Ein Ich-Ideal redet gern wie ein Ausbund an Selbstbejahung. Hören Sie ihm nur einmal zu: „Du machst das genau richtig. Du hast alles im Griff. Niemand kann dir etwas tun. Bleib einfach, wie du bist." Hinter dieser Abschirmung können Sie eigentlich nichts falsch machen, und sollte es doch einmal nicht zu verhehlen sein, wird Ihr Fehlverhalten schnellstens übertüncht und vergessen. Das ist das Schöne an einem Idealbild von sich selbst: Man ist wirklich überzeugt von sich und findet sich gut. Das Image verdeckt die peinliche und schmerzvolle Wirklichkeit.

Wie Sie inzwischen sicher schon vermuten, mischt der Schatten hier kräftig mit. Mit schöner Regelmäßigkeit kommt es zu

Skandalen um Leute, die als besonders rechtschaffen angesehen werden, nicht selten handelt es sich um Kirchenmänner oder selbsternannte Moralapostel. Diese Personen haben immer genau die Sünden begangen, die sie bei anderen Menschen verurteilen, charakteristisch dafür ist häufig ein „anstößiges" sexuelles Fehlverhalten. Zynischerweise stellen wir uns diese Leute als widerliche Heuchler vor, die zum Schein in der Öffentlichkeit ein tugendhaftes Leben führen und im Privatleben genau das Gegenteil ausleben. Das sind jedoch nur die öffentlich sichtbar werdenden Beispiele für das, was ein idealisiertes Selbstbild alles anrichten kann. In solchen Fällen wurden meist geradezu übermenschliche Kräfte des Leugnens mobilisiert. Diese Menschen vermochten sich so darzustellen, als könnte der Schatten sie überhaupt nicht berühren. Wenn er dann plötzlich doch aufbricht, bringt er gewaltige Schuld- und Schamgefühle mit sich, nur ist es oft so, dass die öffentlichen Schuldbekenntnisse genauso unwirklich sind wie die eingestandene Scheinheiligkeit.

Das ganze Drama ließe sich vermeiden, wenn man sich nur klarmachte, dass solch ein idealisiertes Selbstbild nie hält, was es verspricht. Nur echte Selbstbejahung bringt uns weiter, denn in dieser Haltung können wir uns nicht mehr abgelehnt fühlen. Nicht dass jeder Sie dann lieben wird; es kann immer noch sein, dass jemand sich von Ihnen abwendet, aber Sie werden es dann nicht mehr als Zurückweisung empfinden.

Woran erkennen Sie, dass Sie einem unechten Ich-Gefühl – und genau das ist ein idealisiertes Selbstbild – aufgesessen sind? An Einstellungen wie den folgenden:

„Ich bin nicht wie diese Leute. Ich bin besser."

„Ich bin nie vom rechten Weg abgekommen."

„Gott ist stolz auf mich.“

„Verbrecher und andere Übeltäter sind keine Menschen.“

„Alle sehen, wie gut ich bin. Trotzdem darf ich sie ruhig daran erinnern.“

„Wieso haben die Leute schlechte Gedanken? Ich hab doch auch keine!“

„Ich weiß, wer ich bin und was ich zu tun habe. Bei mir ist alles klar.“

„Ich bin ein Vorbild.“

„Tugend muss sich auszahlen. Ich will Anerkennung für alles Gute, was ich tue.“

Ihr idealisiertes Selbstbild zu demontieren, ist schwierig, denn hier sind weitaus subtilere Abwehrmechanismen im Spiel als bei der schlichten Verleugnung dunkler Impulse. Verleugnung ist einfach Blindheit, aber ein idealisiertes Selbstbild kann äußerst verführerisch sein. Da gibt es nur einen Ausweg: alle Bilder hinter sich lassen. Was Sie wirklich sind, bedarf keiner Verteidigung oder Beschönigung. Ihr wahres Ich ist von Natur aus annehmbar, nicht weil Sie so gut wären, sondern weil Sie vollständig sind. Nichts Menschliches ist Ihnen fremd.

Bewusstsein ist diesbezüglich Ihr wichtigster Verbündeter. Alles Urteilen beschneidet. Wenn Sie sich oder andere als schlecht, im Irrtum, minderwertig, unwürdig und so weiter einstufen, nehmen Sie nur einen ganz kleinen Ausschnitt wahr. Weiten Sie den Blick, und Sie werden sehen, dass jeder, wie fehlerhaft er auch sein mag, in der Tiefe ganz und vollständig ist. Je bewusster Sie sind, desto mehr werden Sie sich selbst annehmen. Natürlich geht das nicht von heute auf morgen. Sehen Sie sich all die so eifrig verleugneten, unterdrückten und verschleierten Gefühle genau an. Gefühle sind zum Glück nicht in Stein gemeißelt, Sie können sie hinter sich lassen. Nichts muss abgelehnt werden, aber vieles ist aufzuarbeiten. So erklärt sich das Mitgefühl eines Jesus oder Buddha für jeden einzelnen Menschen: Sie sahen die Ganzheit in diesem Spiel von Licht und Schatten und fanden nichts zu beanstanden. Das muss auch für Ihren ganz eigenen spirituellen Weg gelten. Je mehr Sie Ihre Ganzheit sehen, desto mehr Verständnis werden Sie für Ihre Schwächen haben, bis Sie sich schließlich ganz annehmen können.

Das Eine und die Vielen

Die Lösung: Sich dem Sein ergeben

Kommen wir schließlich zum Krieg in Ihrer Seele. Der Konflikt ist auf dieser Ebene außerordentlich subtil, was seltsam klingen mag, da wir uns das Ringen zwischen Gott und Satan gern als Titanenkampf vorstellen. Nein, es ist eine sehr delikate Angelegenheit. Je näher Sie Ihrem wahren Ich kommen, desto deutlicher erleben Sie sich als Teil von allem. Grenzen weichen auf und verschwinden. Man fühlt ein wohliges Verschmelzen. Aber so schön diese Erfahrung auch ist, es gibt doch noch einen letzten Widerstand. Das Ego sagt: „Und was wird aus mir? Ich will nicht sterben" – wie die böse Hexe in *Der Zauberer von Oz*, deren letzte Worte waren: „Ich schmelze, ich schmelze!" Das Ego ist unglaublich nützlich gewesen. Es hat Sie durch eine Welt von unermesslicher Vielfalt geführt. Jetzt steht Ihnen die Erfahrung der Einheit bevor. Da muss sich das Ego in seiner Existenz bedroht fühlen. Es sieht seine Nützlichkeit und seine Herrschaft enden.

Das Ego verwechselt Ergebung mit Tod, aber Ganzheit setzt Ergebung voraus. Sie haben bis jetzt ein bestimmtes Bild von sich gehabt, und stattdessen zeichnet sich jetzt etwas Neues ab. Das Ego hört „Ergebung" nicht gern, denn es bedeutet so viel wie Fehlschlag, Kontrollverlust, Passivität und das Ende der Macht. Wenn Sie in einem Streit unterliegen, ergeben Sie sich dann nicht dem Sieger? Kein Zweifel, alles was unter diesem Gesichtspunkt des Gewinnens und Verlierens betrachtet wird, lässt Ergebung als etwas Schwaches, Beschämendes, Deprimierendes und Entwürdigendes erscheinen. Aber das sind alles Ego-Gefühle, und wo Ergebung ohne Ego betrachtet wird, ist sie etwas Natürliches und Erwünschtes. Eine Mutter, die ihren Kindern gibt, was sie benötigen, verliert nichts. Man könnte zwar sagen, dass sie ihre eigenen Bedürfnisse um ihrer Kinder willen aufgibt, doch das wäre die falsche Sicht der Dinge. Wenn Sie aus Liebe geben, verlieren Sie nichts. Liebevolles Geben oder Ergeben ist immer in dem Sinne Gewinn, dass Ihr Ich über Ego-Bedürfnisse und Ego-Wünsche – die nie aus Liebe entstehen oder auf Liebe aus sind – hinauswächst.

Ergebung hat nichts mit dem Verstand zu tun, man kann sich zu ihr nicht hindenken. Sie hat ihren Ursprung im reinen Bewusstsein, dem Zustand vor allen Worten und Gedanken. Und genau darum geht es bei der Meditation: den Menschen über den denkenden Geist und damit über alle Konflikte zu erheben. Man sollte meinen, dass heute schon so gut wie jeder weiß, wie man meditiert. Falls Sie es schon einmal mit der Meditation versucht, dann aber wieder aufgegeben haben, möchte ich Ihnen Mut machen, einen weiteren Anlauf zu nehmen. Vielleicht war es eine für Sie ungeeignete Form der Meditation, eher als eine Technik der Entspannung oder des Stressabbaus oder als Weg in die Stille gedacht. Meditation kann all das, aber wir sollten unsere Ziele wesentlich weiter stecken. Auf der tiefsten Ebene vermag Meditation Ihr Bewusstsein zu wandeln. Wenn Sie keine Vertiefung des Bewusstseins wahrnehmen, wissen Sie noch nicht, um was es bei der Wendung nach innen eigentlich geht.

Natürlich bedeutet das nicht, dass irgendeine Form der Meditation falsch wäre. Aber die Meditation muss in dem Sinne „richtig" sein, dass sie Ihnen entspricht und genau auf Sie abgestimmt ist. Manch einer entwickelt sich, wie ich selbst beobachtet habe, mit einer simplen Herzmeditation sehr schnell, bei der man einfach still sitzt und die Aufmerksamkeit auf das Herz richtet; andere sitzen mit geschlossenen Augen da und folgen dem ein- und ausströmenden Atem. Irgendwann möchte man das wahre Ich erleben, und dann eignet sich vielleicht eine Mantra-Meditation oder die Vipassana-Technik des Buddhismus, um nur zwei bewährte Ansätze zu nennen. Bleiben Sie aber auf jeden Fall Ihrer Vision der Ganzheit treu. Meditation soll ja nicht einfach eine weitere Form der Konditionierung sein, sodass Sie sich am Ende einreden können, Sie hätten Stille und Frieden gefunden, wenn es sich in Wirklichkeit um kaum mehr als Gewohnheiten oder Stimmungslagen handelt. (Krishnamurti hat auf die für ihn typische unverblümte Art angemerkt, dass ein spiritueller Weg im schlimmsten Fall das erbringt, was man sich von ihm verspricht. Sie gelangen dann nicht zur Wahrheit, sondern der Weg hat nur Ihr altes Ich ein wenig aufgehübscht.)

Der Schatten besteht aus Verleugnung, Widerstand, versteckten Ängsten und verdrängten Hoffnungen. All das wird zurückgehen, wenn die Meditation anschlägt. Hier ein paar Anhaltspunkte für das, was Sie auf dem spirituellen Weg erleben sollten:

Das Leben wird leichter, es ist kein ständiges Ringen mehr.

Sie fühlen und handeln spontaner.

Die Welt hält Ihnen keine negativen Spiegelbilder mehr vor.

Ihre Wünsche erfüllen sich leichter.

Sie finden Glück in der Schlichtheit des Daseins. Es genügt, einfach vorhanden zu sein.

Ihre Selbstwahrnehmung wird besser, Sie erkennen, wer Sie wirklich sind.

Sie fühlen sich in die Ganzheit des Lebens einbezogen.

Das sind nicht nur erstrebenswerte, sondern hohe Ziele, und sie sind erreichbar. Wenn Sie nach Monaten noch keine Annäherung an diese Ziele spüren, brauchen Sie Ihren Weg nicht zu überdenken. Es bedeutet nicht, dass an Ihrer Praxis etwas falsch wäre oder fehlte. Persönliche Entwicklung hat immer auch ihre Flauten, in denen nicht viel voranzugehen scheint – es gibt einfach Dinge, deren Aufarbeitung etwas länger dauert. Ein Großteil dieser Aufarbeitung geschieht auch im Verborgenen, in den tieferen Regionen des Unbewussten. Künstler zum Beispiel wissen das sehr gut; ihre Muse steht nicht auf Abruf bereit. Aber wenn das wahre Ich sich nicht zeigen will, können dafür natürlich auch ernstere Gründe vorliegen:

Übermäßiger Stress

Emotionaler Druck

Ablenkungen

Depression und Angst

Zu wenig Disziplin und Engagement

Gegensätzliche Intentionen, die sich nicht mit dieser vertragen

Aber der spirituelle Weg vermag alles, er kann alle Konflikte lösen. Freilich, wenn wir ihn als Allheilmittel sehen, verlangen wir zu viel. Spirituelle Entwicklung ist ein zartes Pflänzchen. Es gedeiht nicht, wenn Sie zu aufgewühlt sind oder wenn Ihre Aufmerksamkeit durch Stress und andere Arten von äußerem Druck gebunden ist. Tatsächlich heilt Ganzheit alles, aber eben nicht unbedingt sofort. Sie müssen die richtigen Bedingungen für die Wendung nach innen herstellen. Dazu ist es notwendig, dass Sie sich mit den oben aufgezählten Hindernissen auseinandersetzen. Stress, Depression und Ängste werden nicht plötzlich aufhören, nur weil Sie sich eine halbe Stunde lang mit geschlossenen Augen hinsetzen. Ich hoffe, das schreckt Sie nicht ab. Wenn Sie auch nur kleine Schritte tun, um der Meditation den Boden zu bereiten, wird sie zu Ergebnissen führen, an die anders nicht heranzukommen ist. Sie ist der Königsweg zum Bewusstsein, und Bewusstsein ist seiner Natur nach ganzheitlich.

Zusammenfassung

Zum Abschluss möchte ich mich noch mal mit dem Gespür eines Arztes der Diagnose, Behandlung und Prognose nähern. Der Schatten hat schon viele Ansätze ausgetrickst und überlebt, aber es sind auch viele Menschen zum Erfolg gelangt – nicht nur die großen Gestalten wie Jesus und Buddha. Die Kraft der Evolution ist sehr viel stärker als alles, was sich ihr in den Weg stellt. Sie brauchen sich nur in der Natur umzuschauen, um zu erkennen, dass Schönheit, Form, Ordnung und Wachstum seit Jahrmilliarden überlebt haben. Wenn Sie sich Ihres Schattens annehmen, machen sie mit ebendieser Kraft gemeinsame Sache. Und die

Anforderungen sind alles in allem nicht komplex:

1. Nehmen Sie Ihren Schatten zur Kenntnis, wenn er etwas Negatives in Ihr Leben bringt.
2. Nehmen Sie Ihren Schatten an, und verzeihen Sie ihm. Machen Sie aus einem lästigen Hindernis einen Verbündeten.
3. Fragen Sie sich, welche Umstände den Schatten ins Spiel bringen: Stress, Anonymität, gesellschaftliches Einverständnis mit schädlichem Handeln, Gruppenzwang, Passivität, menschenunwürdige Lebensbedingungen und die Mentalität des „wir gegen sie".
4. Teilen Sie Ihre Gefühle jemandem mit, dem Sie vertrauen. Das kann ein Therapeut, ein enger Freund, ein guter Zuhörer, ein Berater oder eine Vertrauensperson sein.
5. Lassen Sie die körperliche Seite nicht zu kurz kommen und beziehen Sie beispielweise Körperarbeit, Lösung von Energieblockaden, yogische Atmung, heilendes Handauflegen usw. mit ein.
6. Wer das Ganze ändern möchte, ändere sich selbst. Wer projiziert und die anderen als Bösewichte bezeichnet, macht nur den Schatten stärker.
7. Üben Sie Meditation, denn so können Sie das reine Bewusstsein erfahren, das vom Schatten nicht berührt wird.

Ich habe in meinem Beitrag eine Vision der Einheit als Lösung für das Schattenproblem entwickelt. Sobald das Leben in gut und böse gespalten wird, schließt sich das Ich dieser Spaltung an. Ein gespaltenes Ich kann sich nicht selbst wieder ganz machen, das muss von einer anderen Ebene her kommen, die bereits ganz ist. Als die Weisen des alten Indien dem Unsichtbaren begegneten, wurde ihnen klar, dass es nicht in Worten zu beschreiben ist. In den jahrtausendealten vedischen Schriften wurde es erstmals ausgesprochen: „Die Wissenden sprechen nicht davon. Die davon sprechen, wissen nicht."

Natürlich begeisterte diese Lehre die Menschen nicht gerade. Sie wünschten sich Hilfe für die Probleme des Alltags. Eine Lehre, die nicht praktisch umsetzbar ist, konnte in ihren Augen nur unfruchtbar und nutzlos sein. Doch die Weisen der alten Zeit wollten ihre Zuhörer keineswegs entmutigen. Sie wollten ganz im Gegenteil eine verlässliche Wegbeschreibung geben, sie wollten zeigen, wo der Weg ins Bewusstsein der Einheit mündet. Ich habe diese Darstellung in meinem Beitrag in ein modernes Gewand aus leuchtenden Farben zu kleiden versucht. Jetzt liegt es an Ihnen, dieser Wegbeschreibung zu folgen. Der Schatten ist kein furchtbarer Gegner, sondern ein würdiger. Er ist auch ein starker Gegner, doch die Kraft der Ganzheit ist unendlich viel größer – und sie liegt zum Greifen nah, das Wunder der Schöpfung will es so.

DEBBIE FORD

TEIL

II

Frieden schließen – mit mir selbst, mit anderen, mit der Welt

DEBBIE FORD

Die Geschichte des Menschen und der menschlichen Psyche ist schon immer ein Forschungs- und Studienobjekt gewesen, über das viel geschrieben wurde. Geistesgrößen aller Zeiten haben sich an Analysen versucht und glänzende Erklärungen gegeben, und doch tappen die meisten von uns nach wie vor im Dunklen und blicken ratlos auf das Verhalten von Freunden, Angehörigen und Idolen – und oft genug ebenso ratlos auf das eigene. Enttäuscht von den Umständen unseres Lebens nehmen wir alle Tage den Kampf wieder auf und hoffen, dass unsere dunklen Impulse und schlechten Verhaltensweisen wunderbarerweise verschwinden werden.

Es gibt offenbar Schwächen, die wir einfach nicht abschütteln können und mit denen wir uns selbst immer wieder Verletzungen zufügen, und so beten wir still, dass wir irgendwie den Mut finden mögen, von unseren Schwächen zu lassen – die unangenehmen Dinge nicht mehr vor uns herzuschieben, nicht mehr zu viel Geld auszugeben oder zu viel Schokolade zu essen, uns nicht mehr von Verbitterung oder unserer Scharfzüngigkeit beherrschen zu lassen. Und doch geben wir diesen Impulsen wieder nach, untergraben die Verwirklichung unserer Wünsche, sabotieren die eigene Zukunft. Wir versuchen, unser Unbehagen hinter einer fröhlichen Miene zu verbergen, strahlen Freude und Zuversicht aus und handeln weiter so, dass unser Selbstwertgefühl Schaden nimmt und unsere sorgsam ausgetüftelten Pläne scheitern.

Während wir unsere Kinder großziehen, dem Erfolg auf den Fersen bleiben und uns ständig abmühen, damit genug für Urlaub und Altersversorgung zurückgelegt werden kann, bleibt kein Raum für Antworten auf die Fragen, die uns helfen könnten. Die tiefe Sehnsucht, uns selbst besser zu verstehen, geht in den Neuigkeiten des Tages und unseren Familienangelegenheiten oder einer gesundheitliches Krise, ja sogar einer gewöhnlichen Erkältung schlicht und einfach unter. Ein ungehaltener Nachbar, ein nachtragender Expartner, ein auf Abwege geratenes Kind – all das verschlingt die Stunden unseres Tages und das Geld auf unserem Konto und gibt uns den verdrehten Gedanken ein, wir würden doch nie bekommen, was wir uns eigentlich wünschen. Manchmal vergessen wir sogar, dass wir uns je etwas anderes als das hier gewünscht haben. Die immer gleiche ungesunde Kost, die unser Gedächtnis bereitstellt, lässt uns weiterhin Jahr für Jahr das immer Gleiche hinnehmen, und so darben wir in einem nichtssagenden Dasein dahin, das noch hinter unseren eigenen bescheidenen Erwartungen zurückbleibt.

Genau diese Überlebensstrategie beraubt uns aber der Fähigkeit, unser Leben so zu leben, wie es für uns gemeint war. Was der Alltag an innerem Schmerz aufrührt, lässt uns die eigene Vergangenheit verwünschen und an der Zukunft verzweifeln. Wenn wir uns getäuscht oder über den Tisch gezogen fühlen oder entgegen unseren charakterlichen Eigenschaften gehandelt haben, sind wir Opfer unserer Vergangenheit und haben die Zukunft eigentlich abgeschrieben. Dann werden wir zynisch und skeptisch, wir werden Urteilende und zeigen lieber mit dem Finger auf andere, anstatt in uns selbst zu forschen, was es mit unseren Kümmernissen auf sich hat. Dann erbietet sich die Automatik unseres egozentrischen Ich, uns im Kampf gegen Verunsicherung und Scham beizustehen, und verkündet lautstark unsere Unschuld und unsere ganz andere Sicht der Dinge. Wenn wir doch nur diesen einen Menschen oder diese eine Sache ändern könnten, würde es uns besser gehen – bilden wir uns ein. Wir glauben, dass wir glücklich wären, wenn wir mit dieser einen so beschwerlichen Sache besser zurechtkämen oder dieses eine Ding bekommen könnten, auf das wir aus sind. Es hängt ein Schleier zwischen der Person, die wir zu sein glauben, und jener anderen, die wir eigentlich gern wären, doch anstatt diesen Schleier einmal zu durchdringen, überlassen wir einem illusorischen Ich, das in unserem Kopf existiert, die Herrschaft.

Leider hindert diese Lebenshaltung uns an der Entdeckung unseres wahren Ich, und es bedroht außerdem die Bereiche unseres Lebens, die uns besonders wichtig sind. Wenn wir alle Hände voll zu tun haben, die im Dunklen lauernden Dämonen abzuwehren, können wir nicht auch noch froh und erfüllt sein oder innig mit denen verbunden, die wir lieben. In dem Bemühen, die dunklere Seite unserer menschlichen Natur verborgen zu halten, können wir nicht alles verwirklichen, was in uns angelegt ist, wir werden nicht die ganze Tiefe und Fülle unseres Lebens erfahren.

Wenn wir zur Welt kommen, sind wir ganz, und doch leben die meisten von uns später als unvollständige Menschen. Wir alle sind unserer Anlage nach wesentlicher Bestandteil eines großen Ganzen, und wir alle können diese Welt besser hinterlassen, als wir sie vorfanden. Unserer Bestimmung nach sollen wir unsere wahre Wesensnatur finden, den Seinszustand, in dem wir uns selbst Inspiration sind, angetan, ja begeistert von uns selbst. Wir sollen alle Widrigkeiten überwinden und unsere Seele zu ihrer bestmöglichen Gestalt entfalten. Es geht nicht darum, ein Ich zu verwirklichen, das Fantasievorstellungen entspringt. Überzogene Vorstellungen vom Leben entstehen aus dem Schmerz über unsere nicht verwirklichten Potenziale; echte Träume dagegen sind eine Wirklichkeit, für die wir uns gern einsetzen, für die wir auch kämpfen oder länger aufbleiben – sie bilden die Zukunft ab, die wir erreichen können. Es gibt nur eines, das uns dieser Zukunft berauben kann, und das ist unser Schatten: unsere dunkle Seite, unsere Geheimnisse, unsere verdrängten Gefühle, unsere heimlichen Impulse.

C. G. Jung hat gesagt, unser Schatten sei die Person, die wir lieber nicht wären. Der Schatten wird sichtbar in dem Mitglied unserer Familie, das wir am meisten verurteilen, in dem hohen Amtsträger, dessen Verhalten wir verdammen, oder in dem Prominenten, über den wir angewidert den Kopf schütteln. Haben wir das einmal richtig eingeordnet, kommen wir kaum noch an der verblüffenden und durchaus auch ernüchternden Einsicht vorbei, dass unser Schatten aus all dem besteht, was uns an anderen und sogar uns selbst stört, entsetzt oder abstößt. Im Licht dieser Erkenntnis sehen wir zunehmend deutlich, dass unser Schatten all das ist, was wir vor denen geheim zu halten versuchen, die uns etwas bedeuten, und was niemand je über uns erfahren soll.

Unser Schatten besteht aus den Gedanken, Gefühlen und Impulsen, die wir nicht akzeptieren können, weil wir sie als zu peinlich, zu kompromittierend, zu unangenehm empfinden. Deshalb setzen wir uns nicht mit ihnen auseinander, sondern verdrängen sie, wir bringen sie irgendwo in unserer Psyche hinter Schloss und Riegel, um ihre Last und die mit ihnen verbundene Schande nicht fühlen zu müssen. Der Lyriker Robert Bly beschreibt den Schatten als einen unsichtbaren Sack, den jeder von uns auf dem Rücken mit sich herumschleppt. In diesen Sack wandert von der Kindheit an alles, was der Familien- und Freundeskreis inakzeptabel an uns findet. Die ersten zwei, drei Jahrzehnte unseres Lebens, so Bly, füllen wir diesen Sack, und den Rest des Lebens versuchen wir, uns all das Verleugnete und Versteckte zurückzuerobern.

Da unser Schatten aus schönen Worten und scheinheiligen Regeln besteht, an die wir uns nicht einmal selbst halten können, glorifizieren wir manche Menschen und verteufeln andere. Das fing mit dem Lehrer an, der uns dumm nannte, mit dem Rüpel, der uns schikanierte, oder mit der ersten Liebe, die uns sitzen ließ. Wir alle verheimlichen und verdrängen solche schmerzlichen und peinlichen Augenblicke, die sich mit der Zeit zu unserem Schatten verdichten. Es handelt sich um nicht geäußerte Ängste, entsetzliche Beschämungen, bohrende Schuldgefühle – lauter wunde Punkte der Vergangenheit, die nie aufgearbeitet wurden.

Unser Schatten kann, wie es in den meisten Fällen ist, in einem einzigen entscheidenden Moment geformt werden, oder er bildet sich durch Verleugnung im Laufe der Jahre heraus. Jedenfalls geht uns mit der Ausformung des Schattens ein Grundbestandteil unseres wahren Wesens zunehmend verloren. Mit all dem, wovon wir uns abkoppeln, verwehren wir uns gleichzeitig auch den Zugang zu unserer Größe, unserem Mitgefühl und unserer Echtheit. Damit gewinnt der Schatten die Oberhand. Er wird uns zu der Annahme verleiten, wir seien wertlos, unfähig, nicht liebenswert und dumm und es stünde uns nicht zu, in unserem eigenen Leben der Superstar zu sein.

Was uns von unserem wahren Ich abschneidet, ist unsere dunkle Seite, die verdrängte und verleugnete Seite unserer selbst. Doch eben das, was wir aus Scham versteckt oder aus Angst verleugnet haben, birgt den Schlüssel zu einem Ich, auf das wir stolz sein können, das uns inspiriert, das durch große Visionen motiviert ist und auf bedeutende Ziele hinarbeitet. Deshalb müssen wir diesem auf ungeheilte Wunden zurückzuführenden und stark beschnittenen Ich auf den Grund gehen, das wir hier „Schatten" nennen. Wir müssen unsere Ganzheit, unser wahres Wesen, aufdecken und wieder für uns beanspruchen. Dazu richten wir den Blick nach innen auf das, was unser Leben trägt und eigentlich ausmacht, und hier finden wir den Plan und die Anlage unseres wahren Ich.

Meine eigenen Erfahrungen mit dem Schatten begannen in der Zeit, in der ich mich von einer linkischen Pubertierenden in einen hübschen Teenager verwandelte. Ich war durcheinander und fühlte mich allein und machte mich auf den Weg in die Anpassung. Ich arbeitete fleißig, um mit mir zufrieden sein zu können, doch das änderte nichts an meiner Unsicherheit auf so gut wie allen Gebieten, etwa in meiner Rolle als Freundin und Liebespartnerin oder in meiner Rolle als Schwester und Tochter. Ich mühte mich zu verstehen, weshalb ich so unzufrieden mit mir war. Die Stimmen in meinem Kopf schienen sich zu verselbstständigen und drängten sich – bereits im Alter von zwölf Jahren – mit immer den gleichen düsteren Gedanken und abschätzigen Bemerkungen auf: „Warum hast du das gesagt?", „Sei nicht albern, er wird dich nie mögen", „Du bist ein Dummkopf", „Tu dich nicht hervor, sonst werden die anderen neidisch" und immer so weiter. Ich fand es schon damals seltsam und verunsichernd, den Stimmen in meinem Kopf zuzuhören. Einmal sagten sie, ich sei einfach ein verzogenes, unmögliches Gör, aber gleich darauf hieß es dann wieder, ich sei besser, hübscher, schlauer und begabter als alle anderen.

In mir herrschte Kriegszustand. Einmal „Du bist großartig!", ein andermal „Du bist nichts weiter als eine kleine Lügnerin!". Zuerst „Alle mögen dich, weil du freundlich und warmherzig bist" und kurz darauf „Du bist ein eiskaltes Miststück, das keine Freunde verdient hat". Ich wusste bald überhaupt nicht mehr, wer ich nun wirklich war. Das Nebeneinander von positiven Botschaften und strengen Ermahnungen brachte mich derart in Bedrängnis, dass ich entweder hysterisch heulte oder mich schier überschlug, um nur ja alle, die für meine Liebe empfänglich waren, mit guten Gefühlen zu versorgen. Das seien die Hormone, hieß es damals. Mit sprunghaftem Verhalten rechnete man bei Mädchen meines Alters, nur ging es bei mir besonders melodramatisch zu, was mir in der Nachbarschaft den Titel der hysterischen Diva eintrug. Da hatte ich nun zwar einen Wettbewerb für mich entschieden, aber die Krone war mit negativen Projektionen seitens meiner Familie und mit dem Gelächter von Freunden der Familie besetzt, die meine kleinen Ausrutscher kannten. Ich fühlte mich zunehmend machtlos gegenüber meinem inneren Stimmengewirr und kam schließlich zu dem Schluss, dass irgendetwas mit mir nicht in Ordnung war und ich nichts dagegen tun konnte. Ich ließ nichts unversucht, um diese Stimmen zum Schweigen zu bringen, ich versuchte mir einzureden, dass in Wirklichkeit alles in Ordnung sei. Immer seltener erlebte ich Augenblicke des Friedens, in denen ich mich wohlfühlte, eigentlich nur noch dann, wenn ich einen wirklich mitreißenden Song hörte oder mit anderen spielte. Aber in der Stille unter der Dusche oder beim morgendlichen Weg zur Schule wurde es immer schwieriger, mich dem Zugriff meiner inneren Dämonen zu entziehen, deren Stimmen wie ein falsch singender Kirchenchor klangen. Ich hatte kein Mitgefühl, keine Nachsicht, keine Freundlichkeit für mich übrig, ich war nur böse auf mich, ich war meine eigene Feindin geworden, ich schrieb mich ab.

Mein inneres Unbehagen nahm so weit zu, dass ich mich im Außen nach Dingen umzusehen begann, die diesen hässlichen Denkapparat stilllegen würden, damit ich mich nicht gar so elend fühlte. Mein erstes Wohlfühlrezept bestand in einer bestimmten Sorte von Brownies zusammen mit reichlich Cola. Schnell fand ich auch heraus, wie ich meinen Eltern in unbeobachteten Augenblicken das nötige Kleingeld für meine tägliche „Dosis" stibitzen konnte. Das fing alles ganz easy an, zumal gegenüber unserem Haus an der Forty-sixth Avenue in Hollywood, Florida, gleich ein Supermarkt lag.

Die Monate vergingen, und irgendwann reichte dieses Mittel nicht mehr aus. Die aufdringlichen finsteren Stimmen im Innern schafften es irgendwie, meine zuckersüßen Wohlfühlmomente doch wieder zu durchbrechen. Ich musste mir etwas Neues ausdenken, um sie in die Schranken zu verweisen und wieder mein Lächeln aufsetzen zu können – auch wenn gelegentliche Stimmen von innen mir damit drohten, dass das Lachen mir schon noch vergehen werde.

Das tiefe Verlangen, mich gut zu fühlen, schlug bald seinen Hauptkonkurrenten aus dem Feld, nämlich den Wunsch, gemocht zu werden und als „anständige junge Dame“ zu gelten. Der Drang, mich anders zu fühlen, wurde übermächtig, und die Zuckersucht musste wirksameren Mitteln weichen. Die erste Zigarette, die ersten Drogen. Gras, wie sich herausstellte, war nicht mein Ding, und so kamen Pillen an die Reihe, angstlösende Beruhigungsmittel, die man „Downer“ nennt. Von da aus war es nicht weit zu psychedelischen Mitteln und einem ganzen Strauß anderer Substanzen. Da ich mit den Drogen tatsächlich zu Augenblicken tiefen Friedens kam – und das war damals eine Art Mantra in fast jedem angesagten Popsong –, dressierte ich meine junge Psyche auf eine entsprechende Denk- und Verhaltensweise, die besagte: Wenn du dich besser fühlen willst, dann musst du außen nach geeigneten Mitteln suchen.

So lernte ich mit der Zeit auch, dass die bedenklichen Impulse, die in meinem Verhalten sichtbar wurden, nicht etwa genau betrachtet und zum Ausdruck gebracht werden sollten, sondern um jeden Preis zu verstecken und zu verdrängen waren. Langsam entschlüpfte ich der Erscheinung des unschuldigen Kindes, das ich einmal gewesen war, und dafür kreierte ich mir eine Maske oder Persona, die vor Selbstbewusstsein und Erfolg nur so strotzte. Da ich mich weiterhin im Dunkel meiner inneren Dämonen herumtrieb, wurde der Drang, meine Scham und dieses Gefühl von Wertlosigkeit zu verstecken, immer stärker. Ich kompensierte meine Schwächen dadurch, dass ich besonders charmant, freundlich und weltläufig wurde – mit allen Wassern gewaschen. In der Schule hatte ich zwar zu kämpfen, weil ich mehr mit dem Irrsinn in meinem Kopf beschäftigt war als mit dem, was die Lehrer sagten, aber ich wusste mich doch so zu verkaufen, dass ich ganz schön schlau wirkte und zu allem eine passende Meinung hatte – all das in der Hoffnung, ich könnte die anderen (und mich selbst) glauben machen, ich sei nicht die blöde kleine Schwester von Linda und Michael Ford.

Ich achtete genau darauf, was die Mädchen aus wohlhabenden Familien trugen, und dann löcherte ich entweder meine Eltern, bis sie mir die todschicken Klamotten kauften, oder ich traf mich mit anderen Kids am Samstagvormittag im Einkaufszentrum, wo wir dann einfach stahlen was noch fehlte – Hauptsache, niemand merkte, dass ich aus einer jüdischen Mittelklassenfamilie stammte. Ich fand es überhaupt nicht cool, ein jüdisches Mädchen zu sein, und hatte bereits mehr als genug Witze zu diesem Thema zu hören bekommen, also studierte ich das Verhalten der nicht jüdischen (und üblicherweise blonden) Mädchen, um mir einiges davon anzueignen – auch das war ein Teil des übergreifenden Plans, meine Makel und Unvollkommenheiten zu überdecken.

Natürlich war es ein Spiel, aber das wusste ich damals noch nicht. Wenn ich etwas an mir entdeckte, was nicht meinem Ich-Ideal entsprach, sah ich mich in der Außenwelt genau um, bis ich die akzeptable Version gefunden hatte, und dann gestaltete ich mit geradezu künstlerischem Fingerspitzengefühl mein neues Ich, das mir und anderen die Illusion vermittelte, ich sei tatsächlich die Person, die ich sein wollte, und nicht etwa das, was ich in meinen Angstvorstellungen war. Doch leider, so heftig ich auch kompensieren mochte, um alles Gefürchtete und als beschämend

Empfundene in mir unsichtbar zu machen, in einer stillen Ecke meines Bewusstseins wusste ich doch um die Wahrheit hinter der Maske. Auch einige andere durchschauten meine hohe Schauspielkunst, aber alles in allem gelang es mir doch, die Menschen ringsum zu täuschen und mich als Erfolgsmodell zu verkaufen.

Ich war Meisterin im Versteckspiel geworden, nur dass ich mich dabei auch selbst aus den Augen verlor und schließlich nicht mehr wusste, wer ich war und was ich eigentlich wollte. Ich konnte nicht mehr unterscheiden, was mich wirklich glücklich machte und was mich nur in einen Zustand der Gefühlsleere stieß. Mein Schatten hatte längst die Herrschaft an sich gerissen, als ich noch völlig überzeugt war, ich hätte alles im Griff. Die dunkle Seite hatte gewonnen.

Dann fiel die Maske. Mit siebenundzwanzig stürzte mein Luftschloss vom Gut-drauf-Sein in sich zusammen, als ich mich in einem Behandlungszentrum für Drogensüchtige wimmernd am Boden wiederfand. Da endlich begegnete ich der echten Debbie Ford ganz direkt – mit ihren Fehlern und ihrer Schwäche, mit allem Verleugneten, aber auch mit ihren Begabungen, Stärken und tief verborgenen Bedürfnissen. Und da wusste ich auf einmal auch, dass ich mehr war, als ich mir je hätte ausmalen können – und zugleich einfach eine unter sechs Milliarden Menschen, die alle um Frieden mit ihrer dunklen Seite und mit ihrer menschlichen Verletzlichkeit rangen.

Die Begegnung mit mir war genauso aufbauend wie demütigend, und ich nahm mir vor, alles über mich herauszufinden – wer und was ich war und weshalb ich mich zu den Dingen gedrängt fühlte, die ich tat. In dieser entscheidenden Wandlungsphase meines Lebens lernte ich den Schatten kennen und verstand immer besser, wie er sich in meinem Leben und im Leben anderer ausdrückte. Das war nicht Theorie, kein Wissen aus irgendeinem Buch, sondern ich lernte als eine tief verunsicherte Frau, die mit ihren eigenen Gefühlen nicht zurechtkam.

Das Gefühl, nicht zu wissen, wer ich war oder wozu ich hier war, machte mich einsam, und so machte ich mich daran, mein Schatten-Ich ganz hautnah kennenzulernen. Und diese „Abrechnung“ wurde der Beginn eines Lebens, das meine kühnsten Träume weit übertraf. Es hat mich bewogen, nicht nur mein eigenes Verhalten zu studieren, mich mit ihm auseinanderzusetzen und es von innen zu erkunden, sondern ich konnte meine Erfahrungen schließlich Hunderten, ja Tausenden anderen Menschen zugutekommen lassen. Es waren Menschen, die ich angeleitet habe, sich ihr wahres Ich zu eigen zu machen und das wunderbare Leben für sich zu entdecken, das ihnen noch bevorstand.

Was ich in meinen bisherigen Büchern mitgeteilt habe, entspringt nicht meiner lichten, sondern dem Kampf mit meiner dunklen Seite, in dem ich mich schließlich ergeben habe – das ist mein Leitmotiv und beständige Inspiration. Eben das Dunkel, vor dem ich immer nur weggelaufen bin, ist jetzt meine Leidenschaft geworden und gibt mir den Antrieb, andere auf diesem Weg durch die menschliche Psyche zu führen, auf dem sie ein Leben im Licht ihres vollkommenen Selbstausdrucks erwartet. Ich folge einem spirituellen Ruf, einer höheren Stimme, wenn ich Sie jetzt frage: Sind Sie bereit, sich auf *alles* einzulassen, was Sie sind, das Lichte und das Dunkle, Ihr gutes Ich und den bösen Zwilling? Möchten Sie zur Liebe Ihres wahren, ganzen, echten Ich zurückkehren und nicht länger in der urteilenden Angst eines abgespaltenen Ego gefangen bleiben?

Ihrem Schatten nahezukommen, das dürfte eine der spannendsten und ertragreichsten Unternehmungen sein, die Sie überhaupt durchführen können. Es ist eine wunderbare Reise, auf der Sie dem Menschen begegnen werden, der Sie wirklich sind. Hier sind Sie bei sich selbst daheim, hier erkennen Sie klar Ihre Schwächen und Stärken, sonnen sich in den Gaben, die Sie mitbekommen haben, räumen Ihre Unvollkommenheit ein und stehen staunend vor Ihrer eigenen Größe. Dieses hinter einer Persona verborgene Ich, das sind Sie, wie Sie nur allzu gern sein möchten, da wissen Sie, wer Sie sind, und kennen nur Hochachtung für das menschliche Dasein. Sie werden mehr und mehr von Ihrer verborgenen, wenn nicht verstoßenen Seite entdecken, und aus diesem Ich erwächst Ihnen das Selbstvertrauen, zu Ihrer eigenen Wahrheit zu stehen und den Dingen nachzugehen, die Ihnen wirklich etwas bedeuten. Eigentlich seltsam, aber so ist es: Den Mut zu einem authentischen Leben finden Sie nur, wenn Sie sich in die dunklen Räume Ihres nicht authentischen Ich begeben. Sie müssen sich all dem in sich selbst stellen, was Sie immer gefürchtet haben, nur so finden Sie das, was Sie wirklich suchen. Warum das so ist? Weil eben das, was Sie veranlasst, das Dunkle in sich verborgen zu halten, auch Ihr Licht im Verborgenen hält. Genau das, wovor Sie sich immer versteckt haben, kann Ihnen all das geben, worum Sie so bitter gerungen haben.

Der Einfluss des Schattens

Von seinem Versteck in unserer Psyche aus herrscht der Schatten weitgehend unumschränkt über unser Leben. Er bestimmt, was wir tun können und was nicht, wovon wir uns unwiderstehlich angezogen fühlen und was wir um beinahe jeden Preis zu meiden versuchen. Er steht hinter den Rätseln unserer Vorlieben und

Abneigungen, er bestimmt, was wir lieben und was wir kritisieren und verurteilen. Von unserem Schatten hängt es ab, mit welchen Nationalitäten oder Bevölkerungsschichten wir uns in Beziehung setzen, ob wir einer Religion angehören oder Atheisten sind, welche politische Partei wir wählen, welche Anliegen wir unterstützen und welche wir nicht weiter beachten. Er sagt uns, welches Einkommen uns zusteht und ob wir mit unserem Geld klug umgehen oder es verprassen. Er bestimmt, wie viel Erfolg wir uns erarbeiten dürfen und zu wie viel Misserfolg wir verdammt sind; wie gut oder schlecht wir unseren Körper behandeln, wie viel Übergewicht wir ihm zumuten, wie viel Lust und Freude wir spüren, geben und empfangen. Der Schatten weist uns Rollen zu, und an die halten wir uns dann blindlings auf allen Gebieten – von der Arbeit bis zur Liebe. Ohne unser bewusstes Wissen verfasst der Schatten all die Drehbücher, die wir in angstvollen, schmerzlichen und konfliktreichen Zeiten in Szene setzen, aber auch dann, wenn alles routinemäßig läuft. Der sich selbst überlassene Schatten wird immer dann als Saboteur in Aktion treten, wenn wir es überhaupt nicht erwarten und schon gar nicht gebrauchen können.

Von unserem Schatten hängt es ab, ob wir unsere Kinder achten und ihnen zutrauen, sich zu selbstständigen, dem Leben gewachsenen Menschen zu entwickeln, oder ob wir versuchen, sie zu all dem zu formen, was wir selbst nicht geworden sind. Wenn wir mit dem Rücken zur Wand stehen, gehen wir dann wütend zum Angriff über oder ziehen wir uns in bitterböses Schweigen zurück? Der Schatten ist ein Orakel, das unser Verhalten vorhersagen kann und an dem abzulesen ist, weshalb wir heute so sind, wie wir eben sind. Er entscheidet, ob wir produktive und inspirierende Mitwirkende der Gesellschaft sind oder nur so mittreiben wie verlorene Seelen. Wenn die dunkle Seite einmal bloßgelegt ist, wissen wir auch, dass die Behandlung, die wir anderen und uns selbst angedeihen lassen, durch unsere persönliche Geschichte bedingt ist. Deshalb führt kein Weg daran vorbei, den Schatten zu demaskieren und wirklich kennenzulernen. Dazu müssen wir das Verborgene sichtbar werden lassen und uns mit genau den Impulsen und Eigenheiten anfreunden, die uns ein Gräuel sind.

Von unserem Schatten hängt es ab, ob wir ein glückliches, erfolgreiches und stressfreies Leben führen oder fortwährend mit den Finanzen, unseren Partnern, unserer Berufslaufbahn, unserer Hitzköpfigkeit, unserer Korrumpierbarkeit, unserem Selbstbild und unseren Süchten zu kämpfen haben. Im *I Ging* lesen wir: „Erst mit dem Mut, die Dinge ohne Selbsttäuschung und Einbildung genau so zu sehen, wie sie sind, beginnt im Lauf der Dinge ein Licht aufzuscheinen, in dem man den Weg zum Erfolg erkennen kann." Der Weg der Entdeckung unserer selbst steht uns nur offen, wenn wir fest entschlossen sind, uns den inneren Dämonen zu stellen.

Die Reise zu unserer dunklen Seite ist keine kurzweilige Spritztour oder nur eine schnelle Affäre. Wer seinen Schatten ganz verstehen will, muss von dem abzusehen bereit sein, was er bereits zu wissen glaubt. Man braucht schon Bärenkräfte, um die Türen des Verlieses aufzubrechen, die wir selbst vor so langer Zeit verriegelt haben. Da trifft es sich gut, dass wir mit dem brennenden Verlangen nach Entwicklung und Wachstum geboren werden, dass wir uns öffnen und ausdehnen möchten, dass wir ganz sein wollen. Und ich möchte die Behauptung anschließen, dass bei jedem von uns mindestens ein Aspekt vorhanden ist, bezüglich dessen wir uns heimlich wünschen, mehr zu sein, mehr zu haben, mehr zu erleben. Und hier wartet unser Schatten geduldig darauf, dass wir kommen und uns aus den dunklen Winkeln des Unbewussten unsere Kraft zurückholen.

Bei der ersten Begegnung mit dem Dunklen in uns möchten wir uns erst einmal instinktiv abwenden, und wenn das nicht geht, flehen wir den Schatten an, uns in Ruhe zu lassen. Viele haben sehr viel Zeit und Geld investiert, um eben das zu erreichen, und dabei bedarf gerade das Verborgene und Abgelehnte in uns besonderer Zuwendung. Als wir die unerwünschten Anteile unserer selbst wegsperrten, entging uns, dass wir damit auch unsere wertvollsten Anlagen und Gaben von uns wiesen. Deshalb geht es bei der Schattenarbeit darum, wieder ganz zu werden, uns nicht mehr vor uns selbst zu verstecken und folglich alle damit verbundenen Leiden zu beenden. Gelingt das, werden wir uns auch vor dem Rest der Welt nicht mehr verstecken wollen.

Nur ein transparentes Leben ist ein freies Leben, und dazu müssen wir uns den Schatten zu eigen machen. Dann haben wir in uns die Freiräume, in die wir andere einlassen können, die dann ruhig auch über unsere Finanzen, Freizeitbeschäftigungen und Beziehungen Bescheid wissen dürfen, und zwar ohne dass wir Angst haben, unser Image könnte Risse bekommen und die Person sichtbar werden lassen, die wir immer so angestrengt unter Verschluss gehalten haben. Wenn unsere kostbare Energie nicht mehr in das Verschleiern oder Kompensieren unserer selbstdestruktiven Impulse abfließt, bekommen wir die Klarheit und auch die Schubkraft, die wir benötigen, um eine sichere Grundlage für eine inspirierende Zukunft zu schaffen.

Unser dualistisches Ich

Aus seinem Versteck heraus lauert uns der Schatten auf und weiß uns mit seinen Argumenten zu verwirren, bis er uns schließlich eingeredet hat, was wir tun können und was nicht. Er lässt uns rauchen, zocken und trinken, er gibt uns ein, Dinge zu essen, nach denen wir uns am nächsten Tag elend fühlen. Er treibt uns in eine Scheinheiligkeit, mit der wir unsere eigenen Grenzen und unsere Integrität verletzen. Er ist eine Kraft, gegen die wir nur ankommen können, wenn wir sie ins Licht des Bewusstseins ziehen und uns genau ansehen, woraus wir eigentlich gemacht sind. In jedem von uns sind sämtliche menschlichen Eigenschaften und Regungen vorhanden, seien sie aktiv oder latent, bewusst oder unbewusst. Es gibt nichts, was wir nicht wären. Wir sind alles – alles, was wir als gut, und alles, was wir als schlecht betrachten. Woher sollten wir Mut kennen, wenn wir nicht auch Angst erlebt hätten? Woher sollten wir Glücksgefühle kennen, wenn wir nie traurig gewesen wären? Woher wüssten wir, was Licht ist, wenn wir keine Dunkelheit gesehen hätten?

Alle diese Gegensatzpaare existieren in uns, weil wir dualistisch sind und gegensätzliche Kräfte in uns wirken. Alle Qualitäten, die wir an anderen erkennen, müssen auch in uns existieren, sonst könnten wir sie nicht erkennen. Wir sind ein Mikrokosmos, im Bau unserer DNA ist jedes Merkmal vorgeprägt, wir sind zu größter Selbstlosigkeit, aber auch zu Selbstzerstörung und furchtbaren Verbrechen fähig. Wenn uns der Schatten ganz bewusst geworden ist, erkennen wir an ihm die ganze Wahrheit, aber auch die Dualität unserer menschlichen und göttlichen Natur – beide sind Wesensbestandteile eines ganzen Menschen.

Wir müssen alles, was wir sind, aufdecken, annehmen und bejahen, das Gute und das Schlechte, das Lichte und das Dunkle, das Selbstlose und das Eigennützige, das Ehrliche und das Unehrliche an uns. Es steht uns von Natur aus zu, ganz zu sein und alles zu haben. Dazu müssen wir uns ohne Scheuklappen betrachten und den urteilenden Geist beiseitelassen. So kommt es zu einer das Leben neu ausrichtenden Veränderung der Wahrnehmung, und das Herz geht auf.

Alles, was uns ausmacht, hat auch sein Gutes. Jede Regung und alles, was wir an Wesenszügen besitzen, gibt uns Hinweise auf den Weg zurück in die Einheit. Die dunkle Seite zeigt uns auf, wo wir noch unvollständig sind. Sie will uns Liebe, Mitgefühl und Vergebung lehren, auch gegenüber uns selbst. Wenn wir den Schatten endlich angenommen haben, wird er unser Herz heilen, er wird uns für neue Chancen, neue Verhaltensweisen und eine neue Zukunft bereit machen. Der Schatten mit all seinen heimlichen Regungen und lebensverneinenden Glaubenssätzen rückt ins Licht des Bewusstseins und wird dafür sorgen, dass wir uns selbst und die Menschen und die Welt anders sehen. Dann sind wir frei.

Die Auseinandersetzung mit dem Schatten ist ein vielschichtiges Unterfangen, das uns mit Sicherheit in die Liebe zurückführen wird. Wir sprechen nicht allein von Liebe zu anderen, sondern von Liebe zu all den Wesenszügen und Eigenheiten, die Sie und mich ausmachen, einer Liebe, in der wir den ganzen Reichtum unseres Menschseins ebenso bejahen wie das Heilige unserer Göttlichkeit. Da wir mit den eigenen Dämonen ins Reine gekommen sind, können wir jetzt überall da, wo sich bei anderen die dunkle Seite zeigt, mitfühlend und friedfertig bleiben. Wir überlassen das Feld nicht mehr dem Richter in uns oder dem nachtragenden Herzen. Die Demut eines Mahatma Gandhi und die Toleranz eines Martin Luther King stehen uns jetzt zu Verfügung, und es fehlt uns nicht an Kraft und Mut für die drängenden Dinge des Lebens. Jedes Schicksal und jedes Fehlverhalten hätte auch unser eigenes sein können – die nüchterne Betrachtung der Dinge unter dem Gesichtspunkt unserer gemeinsamen Menschlichkeit zeigt, dass jeder von uns die Anlage zu allem hat. Mit dem Erkunden unserer dunklen Seite wird uns endlich verständlich, weshalb wir tun, was wir tun, warum wir manchmal anders handeln, als wir eigentlich möchten, und was uns all die Jahre bewogen hat, über andere zu urteilen und an altem Groll festzuhalten, obwohl er uns nichts als Kopfschmerz, Herzschmerz und Unbehagen einbringt.

Wir alle haben schon Augenblicke erlebt, in denen der Seelenschmerz so unerträglich wurde, dass wir ihn ins Dunkel unseres Schattens abdrängten. Es scheint ein unumgänglicher Bestandteil des Lebens zu sein. Aber niemand wird das Verdrängte wirklich los. Die Verbindung zu den traumatischen Erlebnissen bleibt in der Gestalt unseres Schattens bestehen. Haben wir den Schatten jedoch einmal ganz verstanden, entpuppt er sich als der Überbringer einer neuen und völlig anderen Zukunft. Es besteht kein Grund mehr, um mit Fingern auf andere(s) zu zeigen oder Eltern und Lehrer als Schuldige zu benennen. Im Verständnis der Entstehungsgeschichte unseres Schattens liegt der Zugang zu persönlicher Kraft und tiefer Weisheit.

Die Geburt des Schattens

Unser Schatten entstand, als wir noch klein waren und unser Verstand die verschiedenen Botschaften unserer Eltern und anderer

Bezugspersonen noch nicht einzuschätzen vermochte. Selbst im allerbesten Umfeld können kleinere oder größere Beschämungen nicht ausbleiben. Oder wir fassten manche Äußerungen so auf, als bedeuteten sie, dass mit uns etwas nicht stimmte oder wir irgendwie schlecht seien. Nehmen wir den Fall, dass man uns sagte, wir seien zu laut. Statt einfach einstweilen die Stimme zu dämpfen in dem Wissen, dass sich schon wieder Gelegenheit zum lauten Toben bieten würde, glaubte unser noch unausgeformtes Ich zu hören, dass ungehemmte Lebensäußerung falsch wäre und man andere damit lieber nicht zu sehr belästigt. Oder wir wurden getadelt, weil wir mehr Kekse genommen hatten, als uns zustanden. Wir waren noch zu klein, um das Gemeinte zu verstehen, nämlich dass Kekse mit den anderen geteilt werden; stattdessen hörten wir heraus, dass unser unbedachtes Zugreifen schlecht wäre und abgestellt werden müsste. Nehmen wir als drittes Beispiel an, dass wir in der Grundschule laut und aufgeregt mit einer Antwort herausplatzten – und plötzlich merkten, dass uns alle anderen Kinder anstarrten und lachten. Anstatt mit zu lachen, entnahmen wir der Szenerie, dass wir für dumm gehalten wurden – und fassten den Entschluss, uns dem nie wieder auszusetzen. Solche negativen Eindrücke nisten sich wie Computerviren im Unterbewussten ein. Sie verändern unsere Selbstwahrnehmung und lassen uns die Anteile unserer selbst ausblenden, die wir auf diesem Wege als unannehmbar zu sehen gelernt haben.

Immer wenn auf unser Verhalten scharfe Kritik oder unsinnige Bestrafung folgten, haben wir uns unbewusst von uns selbst distanziert und getrennt. Es entstanden Filter, die alles Unerwünschte und Negative abwiesen. Aber sie hielten leider auch Freude, Leidenschaft und unser stets zur Liebe bereites Herz fern. Dabei wollten wir nur unser seelisches Überleben sichern, als wir unser wahres Ich zu verschleiern begannen, um so zu werden, wie wir glaubten, sein zu müssen, um akzeptiert zu werden und dazuzugehören. Und mit jeder Ablehnung, die wir erlebten, ließen wir die innere Kluft immer noch tiefer werden, wir errichteten unsichtbare Mauern, die immer dicker wurden, Schutz für unser empfindsames, verletzliches Herz. So wuchs Tag für Tag und Erfahrung für Erfahrung ein unsichtbarer Festungsbau, unser vorgetäuschtes Ich. Diese Festung, in der kein freier Ausdruck mehr möglich war, machte unser wahres Wesen unsichtbar, ließ unsere Verletzlichkeiten und Empfindlichkeiten verschwinden – und oft genug auch unsere Fähigkeit, zu sehen und zu erkennen, wer wir wirklich sind.

Als unser formbares Ich noch nicht zu einem starren Ich-Ideal ausgehärtet war, stand es uns frei, jedem Aspekt unserer Menschlichkeit Ausdruck zu verleihen. Wir reagierten auf alles, was in unserem Leben vorging, mit entsprechenden Gefühlen. Wir hatten ungehinderten Zugang zu allem, was uns ausmachte, noch war uns nicht der Weg durch Scham und Urteile verstellt. In dieser Freiheit konnten wir uns jederzeit so geben, wie wir tatsächlich gerade waren. Nichts in uns hielt uns davon ab, in jede erdenkliche Rolle zu schlüpfen, sei es die des begehrten Objekts der Aufmerksamkeit oder die der eifersüchtigen bösen Stiefschwester. Die ganze Bandbreite der uns mitgegebenen Ausdrucksmöglichkeiten stand uns zur Verfügung, solange wir noch nicht gelernt hatten, diese Eigenschaft als besser und jene als schlechter zu bewerten. So leicht, wie man das Hemd wechselt, konnten wir elegant, anmutig, kreativ, ehrlich, mutig, integer, selbstbewusst, sexy und kraftvoll auftreten, wir konnten glänzen oder uns unauffällig und genügsam geben, wir konnten auch gierig, faul, arrogant und inkompetent sein.

Das Leben war ein Spiel, solange wir noch alles an uns so sein lassen konnten, wie es war. Jeder Tag bot uns die Gelegenheit eines vollkommenen Selbstausdrucks. Und das Allerschönste: Wenn uns der Ausgang unserer Geschichte nicht gefiel, brauchten wir nur in unser Zimmer zu gehen, ein Gewand über die Schultern zu werfen und damit eine andere Gestalt zu kreieren – und siehe da, das Stück ließ sich umschreiben und mit einem großartigen Ende versehen oder überhaupt ganz neu erfinden. Aus einem Drama konnte eine Komödie werden, aus einer trockenen Erzählung ein fabelhaftes Abenteuer. Es gab so viele Möglichkeiten, und wir brannten darauf, sie alle durchzuspielen.

Doch als der Schatten einmal geboren war, kam unser Selbstausdruck ins Stocken und wurde viel ernster. Durch Eltern, Lehrer, Freunde und die Gesellschaft lernten wir, dass man sich an gewisse Regieanweisungen zu halten hat, wenn man geliebt und anerkannt werden möchte. In der Schule, durch die Medien und den sich ausweitenden Kreis von Personen, mit denen wir zu tun bekamen, blieb uns nicht verborgen, dass bestimmte Verhaltenstendenzen als nicht liebenswert oder kritikwürdig oder sogar böse galten, während andere geradezu vergöttert und mit positiver Zuwendung bedacht wurden. Da lernten wir, uns von allem an uns selbst zu distanzieren, was nicht den gesellschaftlichen Normen oder unserem eigenen Ich-Ideal entsprach. Und wir lehnten dann aus allen erfindlichen Gründen immer mehr an uns ab – mal spielten wir uns zu sehr in den Vordergrund, mal war unser Verhalten albern oder dumm.

Wir versuchten zu ergründen, wie wir all die unerwünschten Seiten unserer selbst loswerden konnten, aber eines Tages schwirrte uns der Kopf so sehr, dass wir sie schlichtweg vergaßen. Welches unserer vielen Gesichter sollten wir denn nun der

Welt zeigen? Wenn doch jeder etwas anderes sagte, war es dann nicht leichter und besser, einfach auf die Autoritäten zu hören, als auf unser wahres Wesen zu bauen? Bald darauf schrumpfte die Bandbreite unserer Gefühlsregungen. Unser Selbstausdruck versiegte nach und nach, und die unüberschaubare Vielfalt von Möglichkeiten, vor die wir uns bis dahin gestellt sahen, schrumpfte auf eine überschaubare Anzahl zusammen. Wir lernten das Leben zu drosseln, und nach einiger Zeit fanden wir, dass wir damit ganz gut fuhren. Schließlich identifizierten wir uns mit dem Charakter, der den Menschen ringsum am besten zu gefallen schien – und es kann gut sein, dass wir diese Rolle in dieser oder jener Form nach wie vor spielen. Vielleicht nehmen wir da und dort kleine Abwandlungen vor, aber wenn wir unvoreingenommen hinschauen, kann uns nicht verborgen bleiben, dass wir uns nie wieder ganz neu aufgestellt haben. Auch Sie machen es wahrscheinlich ungefähr so, wie es alle anderen machen, Sie bessern Ihr Leben hier und da ein wenig nach, decken die nicht funktionierenden Anteile ab, und so bekommt es immer wieder mal den Anstrich des Neuen. Wenn wir die dreißig einmal überschritten haben, bekommen viele unserer Entscheidungen etwas Absehbares, und das gilt selbst für unsere Kleidung, unsere Ernährungsweise und die bevorzugten Formen der Unterhaltung. Sogar unsere Fantasien bekommen etwas immer Gleiches und in sich selbst Kreisendes.

Irgendwann fangen diese Dinge an, uns bewusst zu werden, wir merken, dass wir in einer Persona gefangen sind und wie ein Roboter funktionieren. Jetzt bekommen wir Gelegenheit, etwas gegen die Schatten zu unternehmen, die uns in Gefangenschaft halten wollen. Unser Freiheitskampf beginnt. Und hieran darf es keinen Zweifel geben: Wenn wir uns nicht mit den Schatten auseinandersetzen, werden sie uns in ihrer Gewalt behalten. Sie treten in unseren Beziehungen auf und versuchen uns von denen zu trennen, die uns besonders viel bedeuten; sie bannen uns in eine Arbeitssituation oder Lebensweise, die wir eigentlich längst hinter uns haben; sie verleiten uns zu Süchten oder Gewohnheiten, die unser Glück und unseren Erfolg untergraben. Schatten machen uns blind für die Warnsignale, die auf missbräuchliche Beziehungen oder faule Geschäfte hindeuten. Sie sorgen dafür, dass wir die Realität einfach nicht wahrhaben wollen, und in dieser Verfassung können wir für die Menschen, die wir lieben, nicht da sein, wenn sie uns am meisten brauchen, weil sie mit ihren eigenen Dämonen zu kämpfen haben.

Jeder von uns hat sich eine vom Ego diktierte Identität aufgebaut, in der wir uns irgendeine akzeptable Rolle zuteilen – bis sich herausstellt, dass ebendiese Rolle unseren freien Selbstausdruck erstickt. Anstatt so zu sein, wie wir tatsächlich sind, werden wir ein Abziehbild des Menschen, der wir glauben, sein zu müssen. Unsere reduzierte Selbstwahrnehmung ist der ideale Nährboden für das Wachstum der Schatten. Wir haben unsere Rolle vielleicht aufgebaut, um Schwächen auszugleichen, die wir in uns wahrzunehmen glaubten, oder wir wollten damit einfach den Erwartungen unserer Eltern, Freunde und anderer entsprechen – jedenfalls läuft es darauf hinaus, dass wir der vom Ego zugeteilten Rolle alle übrigen noch möglichen Rollen unterordnen, und damit schaffen wir uns schließlich ein Leben, dem Tiefe, Abenteuer, Sinn und Würze fehlen. Da wir die uns zugeteilten Rollen allzu ernst nehmen, verfestigen sie sich in unserer Ich-Struktur. Dann weichen wir kaum noch von der einmal aufgebauten Identität ab, einfach weil wir uns aus Selbstschutz einbilden, wir seien tatsächlich so. Wenn wir uns im eigenen Leben umsehen, sind mir meistens durchaus in der Lage, die Enge und Monotonie unserer Rollen zu erkennen.

Bei Freunden und Angehörigen erkennen wir solche Rollen natürlich viel leichter als bei uns selbst. Wenn die Dame im Elternbeirat viel mehr als einen fairen Anteil der anfallenden Arbeit auf sich nimmt und sich aufopfert (und später darüber beklagt) oder wenn der charmante Herr aus der Nachbarschaft den vorbildlichen Vater und Ehemann gibt, dabei aber heimlich seine Frau betrügt, dann wissen wir durchaus, was da vorgeht. Wir wissen sehr gut, wer gern tratscht und sich mit Wonne über alles und jeden das Maul zerreißt. Wir kennen die örtliche Diva, die sich immer wieder vom Schicksal gebeutelt fühlt, sei es, weil man ihr Dellen ins Auto fährt oder weil der Mann wieder mal nicht genug Geld nach Hause bringt. Auch den ewigen Optimisten, der Mittelpunkt jeder Party ist, und das immer nur unbeteiligt zuschauende Mauerblümchen erkennen wir mühelos. Umso unglaublicher, dass wir an der uns selbst zugeteilten Rolle – mag sie noch so langweilig, trist, ereignislos oder freudlos sein – erbittert festhalten und uns ständig einreden, wir könnten einfach nicht mehr sein, als wir sind, oder mehr haben, als wir nun mal besitzen. Unwissentlich haben wir uns ein „Fach" zugewiesen, in dem wir Jahr für Jahr immer wieder die gleichen Typen darstellen und uns kaum je einmal Ausflüge in andere Fächer gestatten, um uns Rollen und Ausdrucksformen zu erarbeiten, die wir noch nicht kennen.

Wir sind dem Trugschluss aufgesessen, wir müssten alles kleinhalten, wegsperren oder abwürgen, was uns interessant und einzigartig macht, doch damit verzichten wir auf manches, was uns zusteht, etwa Leidenschaft und Frieden. Selbst wenn wir die perfekte Rolle, das perfekte Leben, die perfekte Persona finden sollten, es wird immer eine Leere bleiben, denn wir sind einfach so viel mehr als diese Handvoll Eigenschaften, die sich mit unserem Ich-Ideal vertragen. Während wir nur das an uns sichtbar zu machen versuchen, wovon wir uns die Anerkennung anderer versprechen, unterdrücken wir vielleicht unsere interessantesten und wertvollsten Wesenszüge und verurteilen uns selbst zu einem Leben, in dem wir nach einer längst obsolet gewordenen Textvorlage immer wieder das gleiche alte Drama inszenieren.

Auf der Suche nach Sicherheit und Vorhersehbarkeit beschneiden wir nicht nur die Bandbreite unseres Selbstausdrucks, sondern auch unsere Wahlmöglichkeiten. Das führt dazu, dass wir morgen ungefähr das sein werden, was wir gestern schon waren, denn wir können natürlich nur aus dem Repertoire des Ich-Anteils schöpfen, der sich als präsentabel sieht und nicht ausgeblendet ist. Wir schließen das Dunkle aus, das wir in uns lauern sehen und dessen Destruktivität wir fürchten, aber leider muss dann auch ein Großteil dessen ausgeblendet bleiben, was an uns kompetent, kraftvoll, erfolgreich, sexy, komisch und geistreich ist und zu gern ebenfalls zum Ausdruck kommen würde. Daher rührt der Überdruss, den wir häufig in vielen Bereichen unseres Lebens empfinden.

In dem Maße, in dem wir die Beziehungen zu bestimmten Anteilen unserer Persönlichkeit abbrechen, enthalten wir uns auch vieles andere vor – Anregung, Begeisterung, Leidenschaft und Kreativität. Das ist eine der schönsten Seiten des Menschseins, dass noch so viel Wunderbares in uns schlummert und darauf brennt, sich zeigen zu dürfen und zum Ich gehörend anerkannt zu werden. Auch viele unbeschreibliche Gefühle warten noch darauf, sich in unserem Körper ausbreiten zu dürfen und uns mit den neuen Empfindungen auch neues Glück, neue Freude, neue Lust zugänglich zu machen. Wir können uns nicht am immensen Ausmaß unserer selbst freuen, wir haben vergessen, wer wir außerhalb der von uns selbst gezogenen Grenzen und hinter den durch unsere Seele verlaufenden Stacheldrähten sind.

Um in irgendeinem Bereich unseres Lebens neue Inspiration zu finden, brauchen wir uns nur nach den Schattenaspekten oder Charakteren umzusehen, die aus dem Sichtbereich verdrängt worden sind. Dann müssen wir ihnen Betätigungsfelder erschließen, auf denen sie sich ungefährdet und ihrer Natur gemäß bekunden können – und sie einladen, doch wieder auf die Bühne zu kommen. Wir müssen uns entschließen, alle Gesichter unseres Menschseins zu akzeptieren, sonst bleiben die von der Bühne geschubsten Charaktere, die jetzt verdrängt sind, die heimlichen Drahtzieher unseres Lebens. Nur wenn wir in unserer unzensierten Ganzheit präsent sind, können wir diese Ganzheit und ihre Einmaligkeit verstehen und schätzen. Sehen wir zu, dass jede Gestalt ihrer Natur gemäß eingesetzt wird, sonst bleiben wir innerlich im Kriegszustand.

Freundschaft schließen mit dem Schatten

Wenn Sie die Bedeutung des Schattens ermessen wollen, dann versuchen Sie einmal, sich eine Geschichte ohne Konflikte vorzustellen oder einen Helden, der nicht durch würdige Gegner herausgefordert wird. Eine Geschichte könnte keinen Helden haben, wäre da nicht der Widersacher, der ihn erst dazu macht. Der Konflikt zwischen den höheren und den niederen Anteilen unserer Natur erzeugt die Spannung, die unsere Entwicklung als Menschen vorantreibt. Was für die Literatur gilt, bewahrheitet sich auch im Leben selbst: Helden sind nur so stark wie ihre Widersacher.

Im Schauspiel unserer Evolution ist der Schatten eine besonders interessante Figur. Gefährlich wird er nur, wenn wir ihn im dunklen Verlies der Verdrängung unter Verschluss halten. Dann müssen wir befürchten, dass er sich gegen uns wendet, uns eine falsche Ernährung bevorzugen lässt, unsere Beziehungen sabotiert und unsere Träume zunichtemacht. Sobald wir jedoch unseren Schattengestalten gestatten, als Wesensbestandteile unseres gesamten Ich mitzuwirken, als Kräfte des Guten, die Farbe ins Spiel bringen, werden sie uns zeigen, wo ein reicheres Erleben, echte Verbundenheit, mehr Lachen, mehr Authentizität und mehr ehrlicher Ausdruck unserer selbst zu finden sind. Der Kampf mit unserer dunklen Seite ist nicht durch Hass und Verdrängung zu gewinnen, es hat keinen Sinn, das Dunkle mit Dunklem zu bekämpfen. Verständnis und Mitgefühl erlauben uns, das Dunkle im Innern anzunehmen, um es zu verstehen und letztlich zu transzendieren.

In seinem einflussreichen Werk *Die Kunst des Krieges* sagt Sun Tzu: „Um den Feind zu erkennen, musst du der Feind werden." In unserem Zusammenhang ist der Feind normalerweise ein von innen kommender Impuls, den wir nicht verstehen und mit dem wir nicht zurechtkommen. Solange wir die Bedeutung solcher unerklärlicher Impulse leugnen, verdrängen oder herunterspielen, um uns einbilden zu können, dass sie uns so nicht überwältigen werden und niemand etwas davon merkt, wird uns auch die in ihnen verborgene Weisheit entgehen. Suchen wir allerdings aktiv nach den Geschenken, die unser Schatten machen möchte, dann wird aus der einst so destruktiven Kraft eine andere, die unser Leben fördert. Darüber hinaus werden wir zum Vorbild für andere, die dann vielleicht auch versuchen werden, gesunde Betätigungsfelder für die Anteile ihrer selbst zu finden, die nicht mit den Vorschriften der Gesellschaft konform gehen oder zu ihrem eigenen Ich-Ideal passen.

Wir können „Heilige" werden, wenn wir dem „Sünder" in uns die Freiheit des Selbstausdrucks einräumen – natürlich nicht in der Weise, dass wir uns inakzeptablem Verhalten ergeben. Vielmehr sehen wir uns genau an, wie dieser Impuls oder diese Eigenschaft uns oder der Gesellschaft insgesamt dienen könnte. Bei dunklen Impulsen, die wir angenommen haben und denen wir ungefährliche Betätigungsfelder verschaffen, brauchen wir nicht mehr zu befürchten, dass wir ihnen zum Opfer fallen, weil wir sie nicht sehen. Sie werden sich gewiss fragen, wie etwas, das Sie an sich fürchten und verabscheuen, wohl zu Ihrem Nutzen sein kann, aber ich kann Ihnen versprechen: Wenn Sie die erforderlichen Schritte tun, können Sie in jeder Eigenschaft, jedem Gefühl und jeder Erfahrung nach verborgenen Kostbarkeiten schürfen.

Der beste Weg zur Verwirklichung alles in uns Angelegten besteht darin, dass wir uns all die Seiten unserer selbst wieder zu eigen machen, die wir in den Schatten verbannt haben. Ist der Schatten erst wieder unser Freund geworden, zeigt er uns – wenn wir ihn nur richtig verstehen und ihm folgen – den Weg zurück in das Leben, das für uns gedacht war, zu dem Menschen, der wir von Anfang an sein sollten, und zu all dem, was wir tatsächlich zum Ganzen beitragen können. Indem wir das wilde Tier in uns bejahen, lösen wir das Ticket in die Freiheit. Es ist der Durchlass, der uns erst mit unserer wahren Größe verbindet. Es macht unser inneres Leben erfüllt und sinnvoll und unser äußeres Leben weitaus erfreulicher. So können wir uns in der Ganzheit sonnen, anstatt in einem allzu engen Ich eingesperrt zu bleiben, das nur aufgrund von Verschleierung von Vorspiegelung entstand. Wir haben nämlich unser öffentliches Image, unsere Persona, nur aus den Eigenschaften angefertigt, die uns akzeptabel erschienen, und dabei haben wir zweifellos ein paar zentrale, gewichtige und farbenfrohe Anteile unserer selbst ausgelassen.

Hinter den Masken

Wenn wir verstehen wollen, weshalb wir uns in manchen Lebensbereichen einer gewissen Freiheit erfreuen und in anderen wie Roboter agieren, gibt es nichts Besseres, als die Anteile unserer selbst aufzuspüren, die wir zu verdrängen gelernt haben. Angst sorgt dafür, dass wir uns Masken zulegen, hinter denen wir verborgen bleiben, eine Art Kostüm, das nur einen Teil von uns sichtbar werden lässt. Wir arbeiten unermüdlich an unserer Fassade, niemand darf unsere finsteren Gedanken, Wünsche und Impulse kennen oder über die dunklen Seiten unserer Geschichte Bescheid wissen. Der Schatten unserer Vergangenheit ließ uns das Gesicht – die Maske – aufsetzen, das wir jetzt der Welt zeigen. Und was sind wir dann – jemand, der es allen recht zu machen versucht, oder jemand, der sich die Welt vom Leib hält, isoliert, distanziert und allein? Werden wir uns abrackern, um als Leistungsträger zu gelten, oder lümmeln wir uns lieber vor dem Fernseher oder frequentieren die Klatschseiten im Internet? Unsere Maske sieht nicht zufällig so aus, wie sie jetzt ist; sie wurde so von uns gestaltet, weil wir erstens all das an uns tarnen wollten, was wir für besonders unansehnlich hielten, und weil wir zweitens die Schwächen, die wir wahrzunehmen glaubten, kompensieren wollten.

Dieses falsche Ich hat nur einen einzigen Auftrag, nämlich alles Unerwünschte und Unannehmbare an uns zu vertuschen. Wenn unser Trauma darin besteht, dass wir bei psychisch instabilen Eltern aufwuchsen, werden wir alles daransetzen, uns als ruhige und beherrschte Menschen darzustellen. Hatten wir eine Lernschwäche in unserer Jugendzeit, werden wir vielleicht eine herzliche, demonstrativ liebevolle Persönlichkeit ausbilden, damit andere nur ja nicht unser „Handicap" bemerken. Wenn wir es beschämend finden, dass unsere Mutter auf Sozialhilfe angewiesen war, werden wir vielleicht später mit besonderem Hochdruck arbeiten und immer auf ein gepflegtes Äußeres und entsprechende Umgangsformen bedacht sein. Das an uns, was verletzt, verwirrt und voller Schmerzen ist, entwirft und gestaltet das Gesicht, das wir der Welt zeigen. Vielleicht täuschen wir andere und eine Zeitlang sogar uns selbst, doch irgendwann werden wir uns den Verletzungen stellen müssen, die unsere Maske verstecken sollte.

Um ganz sicher zu gehen, dass unser mit Mängeln behaftetes Ich niemals enttarnt wird, haben wir uns Charaktereigenschaften antrainiert, die genau das Gegenteil dessen sind, was wir verbergen möchten. Mit aller Kraft haben wir zu kompensieren versucht, was wir an uns nicht in Ordnung fanden – alles in der Hoffnung, die anderen auf eine falsche Fährte zu locken und uns selbst die mit diesen Eigenschaften verbundenen unguten Gefühle zu ersparen. Waren wir zutiefst verunsichert, haben wir uns vielleicht die Maske des arroganten Besserwissers zugelegt, nur damit alle denken, wir seien ungeheuer selbstbewusst. Haben wir uns als Versager gefühlt, werden wir uns möglicherweise mit

Menschen umgeben, die viel erreicht haben, oder wir bauschen unsere eigenen Vorhaben auf, um erfolgreicher zu erscheinen, als wir sind. Fühlten wir uns dem Leben ohnmächtig ausgeliefert, suchen wir uns vielleicht eine Berufslaufbahn oder Partner, die uns mächtiger erscheinen lassen.

Unsere Persona redet uns ein, wir wüssten alles über uns, wir seien tatsächlich der Mensch, den wir im Spiegel sehen und der wir zu sein glauben. Doch wenn wir erst einmal angefangen haben, an dieses „So bin ich" wirklich zu glauben, schließen wir damit alle anderen Möglichkeiten aus und verweigern uns selbst den Zugang zu allem, was wir sonst noch sein könnten. Wir verlieren unsere Wahlfreiheit, da wir jetzt nur noch die Gestalt spielen können, für die wir uns entschieden haben. Jetzt herrscht die berechenbare Persona, die wir uns aufgebaut haben, und wir sind blind für den ganzen Reichtum anderer Möglichkeiten. Wenn wir wieder frei sein wollen, unser wahres Ich zu leben und Entscheidungen zu treffen, die auf dem Leben basieren, das wir uns wünschen, müssen wir aufhören, uns so zu geben, wie wir gar nicht wirklich sind. Alles Verstecken und Kompensieren muss ein Ende haben. Es ist eine Trance, aus der wir ausbrechen müssen. Dann werden wir uns nicht mehr ständig fragen, wie wir uns anpassen können, was die anderen von uns denken oder was wir selbst von uns denken. Wir öffnen uns, wir ergreifen Chancen, die uns wahrscheinlich entgehen, solange wir an unserer Geschichte oder Maske festhalten.

Ein Ich-Ideal, das uns dazu treibt, anders zu sein, als wir sind, zermürbt uns. Wir setzen alles daran, größer, stärker, zäher und selbstsicherer zu sein. Und ohne dass es uns klar wird, sind wir eigentlich dabei, den Beweis zu führen, dass wir mehr, besser oder anders sind als alle anderen; oder wir fügen uns ein und versuchen unsichtbar zu bleiben. Wir lassen nichts unversucht, um uns genau die Maske zuzulegen, von der wir uns Anerkennung und Beifall versprechen oder die uns eine Ausrede dafür verschafft, dass wir nicht richtig mitspielen und das Leben führen, das wir uns wünschen. Und dann verlegen wir uns bewusst oder unbewusst auf ein Verhalten, mit dem wir bei anderen Gedanken, Gefühle und Eindrücke hervorzurufen versuchen, die uns ihre Liebe, ihre Achtung oder ihr Mitleid sichern – bis zu dem Tag, an dem das alles in Trümmer fällt.

Amanda schämte sich zutiefst darüber, dass sie keinen College-Abschluss hatte und zudem die meisten Angehörigen auf mütterlicher Seite der Familie in ihren Augen eher einfach und ungebildet waren. Sie legte sich mächtig ins Zeug, um sich eine Maske zu verschaffen, die zumindest bei denen, die sie beeindrucken wollte, einen guten Eindruck hinterließ. Sie fand für sich eine Nische auf einem Spezialgebiet und galt dort als kenntnisreich, nützlich, ja unentbehrlich, doch so viel sie auch lesen mochte und sich einsetzte, die meisten Tage fühlte sie sich doch irgendwie „minderbemittelt". Um das endlich abzustellen, begann sie schließlich doch noch ein Studium – in der Hoffnung, ein akademischer Titel werde aus dem ungebildeten Mädchen von nicht erwähnenswerter Herkunft eine kultivierte weltgewandte Frau machen.

Dann kam der Tag, an dem sie wieder einmal – ganz hinter ihrer professionellen Persona versteckt – in ihren Psychologiekurs ging. Stolz war sie auch, denn sie hatte bereits den Ruf der klügsten Teilnehmerin. Als der Professor jedoch die Aufgabenstellung für die Woche erläuterte, war sie tief erschrocken, und sofort schaltete sich der Schatten mit all seinen Schamgefühlen ein. Alles an ihr verkrampfte sich, als sie hörte, worum es gehen würde: Alle sollten einen detaillierten Familienstammbaum anlegen, in dem alle Angehörigen mit ihrem Bildungsgrad und ihrer Berufslaufbahn verzeichnet sein sollten. Der ganze alte Schmerz und die Peinlichkeit ihrer Familienhistorie brachen über sie herein, als sie mit der Arbeit begann und sich genau vergegenwärtigen musste, wie viele ihrer Angehörigen drogenabhängig und ungebildet waren und in instabilen finanziellen Verhältnissen lebten. Plötzlich schien ihr, dass dieses überwältigende Gefühl, nicht gut genug zu sein, einfach durch keine noch so präsentable Fassade zu kaschieren war. Als sie sich das Ergebnis ihrer Arbeit nach ein paar Tagen ansah, war sie keineswegs stolz auf ihre gute Arbeit, sondern fühlte sich nur zutiefst beschämt. Da hatte sie nun jahrelang versucht, ihrem Schatten zu entkommen oder ihn irgendwie verschwinden zu lassen, und so eine kleine Hausaufgabe warf das alles über den Haufen!

Manche von uns wussten schon in jungen Jahren, dass sie versuchten, jemand zu sein, der sie nicht waren. Anstatt wir selbst wollten wir wie jemand sein, zu dem wir aufblickten. Und so ahmten wir ihn oder sie irgendwie nach und merkten nicht einmal, dass dieses Ich unecht war. Doch es hilft nichts, bei unserer Suche nach Freiheit, Geborgenheit und Authentizität kommen wir nicht an der Einsicht vorbei, dass wir eine Maske tragen, die wir vor zwanzig, dreißig oder vierzig Jahren angelegt haben. Jetzt ist unser wahres Ich, das all die Jahre unsere Aufmerksamkeit zu finden versucht hat, hinter der Maske so gut wie unsichtbar geworden, während sich unser falsches Ich als unser wahres Wesen aufspielt.

Sie müssen sich das ungefähr so vorstellen: Als Sie noch ganz klein waren, schenkte Ihre Großmutter Ihnen einmal etwas, vielleicht einen Zauberpfennig. Der durfte auf keinen Fall verloren gehen, und so versteckten Sie ihn an einer Stelle, wo ihn niemand je finden würde. Würden Sie jetzt, Jahrzehnte später, noch wissen, wo Sie die Münze versteckt haben? Würden Sie überhaupt noch wissen, dass Sie je einen Zauberpfennig versteckt haben? Dasselbe gilt für Ihr wahres Ich, das noch so ist, wie es immer war. Sie haben es solange versteckt gehalten, dass Sie von diesem Teil Ihrer selbst nicht einmal mehr wissen.

Was für eine Fassade wir wählen, hängt von unserer Herkunft, unseren Eltern, unserer Umgebung und den dort geltenden Ansichten über gutes und schlechtes Benehmen ab, aber heutige Masken unterscheiden sich kaum von denen, die vor hundert Jahren aufgesetzt wurden. Heute sehen wir nur überarbeitete Fassungen der Verführerin, des Charmeurs, des Rechtmachers, des ewigen Optimisten, des Coolen, des Märtyrers, des braven Mädchens, des netten Typs, des beinharten Kerls, des Misshandlers, des Rüpels, der leisen Schlange, des Intellektuellen, des Erlösers, des Depressiven, des Witzbolds, des Einzelgängers, des Opfers und des Leistungsträgers. Es handelt sich um archetypische Ausdrucksformen mit ihrem für unsere Zeit geschminkten Gesicht. Hinter all diesen Masken verlieren wir leider mit der Zeit den aus den Augen, der wir tatsächlich sind, und vergessen den Großteil der in unserem Leben angelegten Möglichkeiten. Indem wir das Dunkle in uns unsichtbar zu machen versuchen, löschen wir auch unsere wahre Kraft, unserer Kreativität und unsere Träume aus.

Weg von der Geheimniskrämerei

Wenn wir Geheimnisse haben, füttern wir unseren Schatten. Sobald wir etwas ausschließen, was eigentlich zu uns gehört, beginnt ein heimliches Doppelleben. In manchen Selbsthilfeprogrammen sagen sie: „Deine Geheimnisse lassen dich krank bleiben", und nach all den Jahren, die ich nun schon mit Menschen arbeite, kann ich das voll bestätigen. Eigentlich ist da nichts, dessen man sich schämen müsste, denn die allermeisten Menschen haben eine öffentliches und ein verschwiegenes Leben. Wir haben eine Persona, die wir der Welt zeigen, und der Rest bleibt möglichst unsichtbar. In diesem Geheimleben sind die Seiten unserer selbst untergebracht, deren wir uns am meisten schämen, weshalb wir sie gar nicht erst wahrnehmen wollen. Das kann ein mit Schamgefühlen besetzter Lebensbereich sein oder eine Verhaltenstendenz, von der wir glauben, dass sie bei anderen nicht gut ankommt. Es kann ein Lebensbereich sein, in dem die Kontrollmechanismen nicht so gut funktionieren, etwa eine Angewohnheit oder Sucht, mit der wir zu kämpfen haben, oder eine Fantasie, die wir lieber nicht ansprechen. Wenn also eine Verhaltenstendenz sich nicht mit unserer Maske verträgt, werden wir versuchen, sie zu verstecken. Manche von uns sind vielleicht den ganzen Tag über entzückend und hilfsbereit zu allen, mit denen sie zu tun haben, aber am Abend schreien sie dann ihre Kinder an. Oder wir geben uns unter unseren Kollegen als geistreiche und originelle Köpfe, und am Abend liegen wir dann stundenlang vor dem Fernseher oder spielen Videospiele. Vielleicht leben wir in einer festen Partnerschaft und betrügen doch heimlich, oder wir präsentieren uns als aus eigener Kraft erfolgreich, während wir in Wirklichkeit von unseren Eltern leben.

Scham, die nicht gelöst wurde, äußert sich als Verhalten, und dieses Verhalten entblößt schließlich eben das Doppelleben, das wir geheim halten wollten. Wir können uns Tag und Nacht kontrollieren, damit unsere heimlichen Impulse nur ja nicht an die Oberfläche kommen, wir sind doch immer nur einen Schritt von

Verhaltensimpulsen entfernt, die alles auffliegen lassen. Wenn es irgendwo einen Bereich gibt, in dem wir nicht seriös agieren, wird sich das irgendwann darin zeigen, dass wir zum Beispiel ungedeckte Schecks ausgeben oder Steuern hinterziehen. Wenn wir unsere Einsamkeit immer wieder überspielen, kommt sie vielleicht in der Stille der Nacht als unstillbares Verlangen nach Süßigkeiten, Alkohol, Drogen oder sonst etwas, womit wir die empfundene Leere zu füllen versuchen. Wenn die Wut, in die wir vor Jahrzehnten getrieben wurden, nicht aufgearbeitet wird, verwandelt sie uns womöglich in ewig nörgelnde Eltern oder zankende Ehepartner. Oder unser Widerwille gegen einen ehebrecherischen Elternteil lässt uns immer wieder mit Partnern anbandeln, denen nicht zu trauen ist oder die zu emotionalen Übergriffen neigen. Oder vielleicht wurden unserer ganz natürlichen sexuellen Neugier schon in jungen Jahren Riegel vorgeschoben, und jetzt sind wir geradezu unwiderstehlich von illegaler Pornografie oder gefährlichen sexuellen Praktiken fasziniert. Wenn wir von solchen nicht handhabbaren Zwängen frei werden wollen, die uns zu einem Doppelleben zwingen, müssen wir herausfinden, wie wir die unterdrückten Anteile unserer selbst auf unbedenkliche Weise leben können, um nicht in Verhaltensweisen abzugleiten, die unser Leben untergraben.

Matthew war Chefarzt einer renommierten Universitätsklinik. Seine Kollegen bewunderten ihn, er hatte eine Frau, die ihn liebte, und drei gesunde Kinder. Nach außen hin war er eine Stütze der Gesellschaft, aber eigentlich bedeuteten ihm seine Leistungen nicht viel, und all die Auszeichnungen, die mit dem Erfolg kamen, langweilten ihn nur. Einmal kam er spät abends heim und setzte sich noch vor den Fernseher. Er sah sich einen Film an, in dem er eine junge Schauspielerin ganz besonders faszinierend fand – und setzte sich noch an den Computer, um zu sehen, was er über sie in Erfahrung bringen konnte. Eins führte zum anderen, bis er auf einer Pornoseite landete und den Werbelink eines örtlichen Stripteaseclubs anklickte. Und was er da zu sehen bekam, erregte ihn durchaus. Seine Gedanken verselbstständigten sich, und so kam er schließlich auf die Idee, an seinem nächsten freien Tag einmal bei diesem Club vorbeizuschauen. Er fand die Sache aber nicht nur erregend, sondern ihm war auch mulmig zumute, aber er beruhigte sich mit dem Gedanken, dass der Club am anderen Ende der Stadt lag und eine Baseballkappe sicher als Tarnung genügen würde.

Bald wurden ihm die Besuche in diesem Stripteaseclub zur Gewohnheit. Eine der Frauen dort fand er ganz unwiderstehlich, und schließlich gelang es ihm, sich mit ihr zu verabreden. Gegenüber seiner Frau musste er sich immer besser tarnen und immer kompliziertere Geschichten erfinden. So suchte er sich gezielter Medizinerkongresse in entfernten Landesteilen heraus, an denen er unbedingt teilnehmen musste. So hatte er dann immer wieder ein ganzes Wochenende, an dem er sich ausleben konnte, ohne befürchten zu müssen, dass Verdacht auf ihn fallen würde. Dem heimischen Sexualleben konnte er immer weniger abgewinnen, und im gleichen Maße nahmen seine Abenteuerlust und seine Risikobereitschaft zu. Jetzt kaufte er schon Reizwäsche und Outfits, die er bei seinen Touren immer bei sich hatte, um sicherzustellen, dass seine Gespielin ihn auch anturnen würde.

Einmal brachte Maria, seine Frau, die Kinder am Wochenende mit seinem Wagen zum Tennis, aber als sie die Ausrüstung der Kinder aus dem Kofferraum holte, fiel ihr eine Arzttasche ins Auge, die sie noch nie gesehen hatte. Als sie die Kinder abgeliefert hatte und wieder beim Wagen war, gab sie einem plötzlichen

Impuls nach und öffnete die Tasche. Zu ihrem Entsetzen fand sie Reizwäsche, Kondome und ein ganzes Arsenal an sexuellen Gerätschaften in der kleinen Tasche vor. Nun wollte sie genauer wissen, wie weit die Untreue ihres Mannes bereits ging, und sah sich Kreditkartenabrechnungen, Handyrechnungen und den Verlaufsordner des Internetbrowsers auf dem Computer an. Sie verfolgte das über einige Wochen, und dann war klar, dass Matthews Doppelleben von erheblichem Ausmaß war – Stripclubs, bezahlte Begleiterinnen und unzählige One-Night-Stands.

Sie litt eine ganze Weile schweigend, dann fasste sie den Entschluss, Matthew unverhofft mit ihrem gesamten Beweismaterial zu konfrontieren. Da Matthew dem nichts entgegenzuhalten hatte und sein heimliches Tun jetzt offen zutage lag, blieb ihm nichts weiter, als die unerfüllten Bedürfnisse zu benennen, die ihn bewogen hatten, eine solche Kluft zwischen seiner nach außen gezeigten Persona und seinem Privatleben entstehen zu lassen. Als ihm das ganze schockierende Ausmaß seines Doppellebens mitsamt den Folgen deutlich wurde, konnte er es selbst kaum fassen, wie sein Schatten ihn in Dinge hineinmanövriert hatte, die er sich nie auch nur im Traum zugetraut hätte. Wie die meisten Sexsüchtigen benötigte er Hilfe und fand auch bald heraus, dass er nicht einfach Sex gesucht hatte, sondern Aufmerksamkeit, Bewunderung und den Kitzel. Wäre er in der Lage gewesen, diese heimlichen Wünsche rechtzeitig zu sehen und wahrzunehmen, hätte er sicher Hilfe finden können, bevor sein Verhalten völlig außer Kontrolle geriet, bevor der Schatten ihn zuerst seiner Würde und dann seiner Ehe berauben konnte.

In meinen Seminaren habe ich im Laufe der Jahre von vielen Menschen Geschichten wie diese gehört. Ohne sich viel dabei zu denken, entwickelt man sich zu jemandem, der man ganz sicher nie sein wollte. Kurzum, wenn wir uns nicht mit unseren Schattenaspekten, Impulsen und unterdrückten Gefühlen auseinandersetzen, werden wir zu ihrem Spielball. Mein Freund Charles Richards teilt uns im Film *The Shadow Effect* mit: „Den Schatten unbeachtet zu lassen, das ist so, als würde man jemanden solange im Keller einschließen, bis er schließlich wirklich Krach schlagen muss, um uns auf sich aufmerksam zu machen." Wenn wir uns nicht freiwillig daranmachen, das Unterdrückte und Verdrängte wieder sichtbar werden zu lassen, stellen wir uns praktisch in die Schusslinie dessen, was ich „Schatteneffekt" nenne. Wenn diese verdrängten Anteile unserer selbst keine Chance der Befreiung sehen, nehmen sie ein Eigenleben an. Aber die Schuld- und Schamgefühle, die wir zwangsläufig haben, wenn ein Teil unseres Lebens im Dunklen untergebracht ist, lassen sich lösen. Wir können die Kellertür öffnen und statt eines Doppellebens wieder ein authentisches Leben führen.

* * *

Wenn wir uns keine ungefährlichen Ventile für den Ausdruck unserer dunklen Seite lassen oder uns weigern, auch nur ihre Existenz einzugestehen, bekommt der Schatten immer mehr Gewicht und wird zu einer verheerenden Gewalt, die unser Leben zerstören kann und auch die Menschen in unserer Umgebung gefährdet. Je mehr wir all das zu unterdrücken versuchen, was wir an uns inakzeptabel finden, desto üblere Maßnahmen wird es ergreifen, um sich doch zu bekunden. Der Schatteneffekt besteht darin, dass das verdrängte Dunkle in uns eben doch sichtbar wird, weil es uns zu unbewussten Verhaltensweisen verleitet, die uns oft selbst überraschen. Irgendetwas von außen durchbricht einfach die Verdrängung, und dann stehen sie plötzlich direkt vor uns, die Charakterzüge, Verhaltensweisen und Gefühle, die bis dahin nur zu unserem geheimen Doppelleben gehörten. Ganz sicher planen wir das Eintreten des Schatteneffekts nicht, wahrscheinlich haben wir sogar alles darangesetzt, es gerade zu verhindern. Doch wenn wir dieses Phänomen einmal verstanden haben, können wir das Rätsel unserer Selbstsabotage lösen.

Der Schatteneffekt

Stellen Sie sich vor, dass alles, was Sie ignorieren, verstecken oder von sich weisen – jede Eigenschaft, jede Gefühlsregung, jeder finstere Gedanke – wie ein Wasserball ist, den Sie unter Wasser halten. Nehmen wir Ihren Egoismus, Ihren Ärger, Ihr Taugenichts-Ich, Ihr Gutmensch-Ich, Ihre Dummheit, Ihre Eingebildetheit – und plötzlich sind Sie an dem Punkt, wo Sie mit all diesen Bällen einfach nicht mehr zurechtkommen. Solange Sie jung sind haben Sie jede Menge Energie und können eine ganze Menge Bälle unter Wasser halten – Sie können eine ganze Reihe Ihrer unerwünschten Eigenschaften unterdrücken. Aber wenn Sie dann mal müde, geknickt oder krank sind, wenn Sie nicht mehr an Ihre ach so tolle Zukunft glauben, wenn Ihre Abwehrmechanismen einmal nicht so richtig greifen, wenn Ihre Aufmerksamkeit ganz von Ihrer Familie oder von einer bevorstehenden großen Beförderung in Anspruch genommen wird oder Sie einfach zu viel getrunken haben – plötzlich: bumm! Sie selbst oder jemand in Ihrer Umgebung tun etwas Unüberlegtes, und plötzlich schießen einer der Bälle oder mehrere aus dem Wasser und Ihnen direkt ins Gesicht. Das ist der Schatteneffekt.

Was hat es mit diesem aggressiven Verhalten im Straßenverkehr auf sich? Ist das nicht auch so ein Wasserball von unterdrückter Wut, der einfach gewaltsam an die Oberfläche bricht? Ähnliches wird uns ständig in den Medien vorgeführt. Da dreht jemand tief christliche Filme, aber unter Alkoholeinfluss fängt er plötzlich an, antisemitische Parolen zu grölen. Einem sehr beliebten Radiomoderator, der von seiner glänzenden Kommunikationsgabe lebt, entfährt eine rassistische Bemerkung, die ihn seinen Ruf und auch die Karriere kostet. Eine ehrgeizige junge Lehrerin ruiniert sich durch Sex mit einem 14-jährigen Schüler ihre gesamte Laufbahn. Ein Filmstar, der sich so gut wie alles leisten könnte, wird beim Ladendiebstahl erwischt. Alle unsere unterdrückten Impulse und heimlichen Antriebe, die wir im Zaum zu halten versuchen, sind wie tickende Zeitbomben, die irgendwann hochgehen.

Und wir dürfen zudem damit rechnen, dass der Schatteneffekt zum denkbar ungünstigsten Zeitpunkt eintreten wird – wenn wir unmittelbar vor dem finanziellen Erfolg stehen oder gerade einen höchst begehrenswerten neuen Partner umwerben oder irgendeinen lebensentscheidenden Abschluss beinahe unter Dach und Fach haben. Das sind die Momente, in denen wir unseren Erfolg versehentlich selbst vereiteln und eine aus dem Nebel der Unbewusstheit getroffene Entscheidung alles zunichtemachen kann, was wir über Jahre hinweg unermüdlich vorbereitet haben. Selbstsabotage ist die äußere Manifestation irgendeiner Scham, die sich in uneinsehbaren Winkeln des Unbewussten versteckt gehalten hat. Wir besaßen nicht die Klugheit oder den Mut oder die Mittel, um mit dem ins Reine zu kommen, was wir aus Schuldbewusstsein, Angst oder Scham unterdrückt haben, aber irgendwann bricht es sich Bahn, und das bietet uns Gelegenheit, die verlorenen Anteile unserer selbst wieder anzunehmen und uns zu eigen zu machen und so zu unserer Ganzheit zurückzufinden, in der nichts verborgen ist.

Erst wenn unser selbstschädigendes Verhalten kein Geheimnis mehr ist und wir überdeutlich vor Augen haben, was wir uns und den Menschen ringsum alles antun, finden wir die Motivation, etwas zu ändern. Wenn die Kinder von der Schule nach Hause kommen und feststellen, dass der Strom abgeschaltet ist, erst dann sind wir bereit, unsere Spielsucht einzugestehen. Erst nach einer Nacht in der Ausnüchterungszelle wird uns wirklich klar, dass unser Alkoholkonsum längst außer Kontrolle ist. Wenn wir mit Freunden ausgehen und der Kellner im Lokal uns mitteilt, die Kreditkartenzahlung sei Mangels Guthaben verweigert worden – vielleicht geht uns dann endlich auf, dass unsere Ausgaben das Maß überschritten haben. Und wenn wir dabei erwischt werden, wie wir uns allzu großzügig aus der Spesenkasse unserer Firma bedienen, ahnen wir vielleicht, dass mit unserer Anspruchshaltung etwas nicht stimmen könnte. Wir können uns einreden, dass bei der Arbeit und mit unserer Ernährungsweise alles in Ordnung ist – bis dann der Jahresbericht kommt oder wir wieder einmal auf die Waage steigen. Der Schatteneffekt stellt sich als überdeutliches Abbild unserer bedenklich aus dem Gleichgewicht geratenen Innenwelt ein. Solch ein Augenblick der Wahrheit kann peinlich und schmerzhaft sein, will aber eigentlich nur – und sei es gegen unseren Willen – den überfälligen Entwicklungsprozess einleiten. Wenn wir mit unserem Schatten konfrontiert werden, und das auch noch vor Zeugen, deren Einschätzung uns wichtig ist, werden wir aus der bisherigen Haltung des Leugnens herauskatapultiert und begreifen hoffentlich, dass etwas geschehen muss.

Das wäre leichter, wenn wir nur in der Lage wären, die Dinge zu sehen, wie sie sind. Doch leider befinden wir uns in einer Trance des Nicht-sehen-Wollens. Die Unwahrheit beginnt bei uns selbst. Wüssten wir um unsere dunkleren Impulse, wüssten wir, dass Egoismus, Hass, Habgier und Intoleranz uns etwas Wichtiges mitteilen wollen, wir würden ihr Vorhandensein in unserem Leben sehr aufmerksam wahrnehmen wie das Anklopfen eines vertrauten Freundes. Sagen wir uns jedoch von unserem Schatten los und nehmen in unserer Angst die Mitteilungen, die er uns zu machen versucht, gar nicht erst zur Kenntnis, dann können wir uns darauf verlassen, dass wir in irgendetwas hineinstolpern, was das verborgene Dunkle unübersehbar an die Oberfläche bringt. Das sprichwörtliche Klopfen an der Tür, kann sich wie ein Schlag ins Gesicht anfühlen, und doch gehören diese Augenblicke der Begegnung mit dem verdrängten Dunklen zu den fruchtbarsten unseres Lebens.

Wenn der Schatteneffekt nicht so hart zuschlagen soll, müssen wir bei uns selbst täglich so etwas wie einen „Realitätscheck" durchführen und uns vergewissern, ob unser Verhalten uns beschämen oder in Verlegenheit bringen könnte, ob es unsere Familie, unsere Berufslaufbahn, unsere Gesundheit oder unsere Selbstachtung gefährdet. Wir müssen aufwachen und uns vergewissern, ob wir da nicht ein heimliches Doppelleben führen, das wir uns selbst verschwiegen haben: Wir müssen auf Gewohnheiten, Verhaltensweisen und Lebenseinstellungen aufmerksam werden, die wir vor anderen versteckt halten. Wenn uns der Gedanke unangenehm ist, dass Angehörige, Kollegen oder Freunde unsere E-Mails einsehen, im Verlauf unserer in letzter Zeit besuchten Internetseiten stöbern oder gar unsere urteilenden und missgünstigen Gedanken lesen könnten, müssen wir das als ein Zeichen erkennen, als blinkende Warnlampe. Durch Verleugnung sichern wir unser Doppelleben ab und halten es im Dunklen – und verhindern sogar, dass wir selbst etwas sehen.

Wenn wir unseren Schatten annehmen und damit der Gefahr des Schatteneffekts vorbeugen möchten, müssen wir für die ganze Wahrheit unseres Menschseins aufgeschlossen sein, auch für das, was unter der Oberfläche dessen lauert, was wir zu sein glauben. Wenn wir uns darauf einlassen, alles Scheinheilige unter die Lupe zu nehmen, erschließt sich uns diese tiefe, bedeutsame Wahrheit, nämlich dass alles an uns gesehen, gehört und bejaht zu werden verdient, dass in allem ein Geschenk verborgen ist und es jedem Gefühl zusteht, sich auf angemessene, gesunde Weise zu äußern. Was dem Dunkel entrissen und ins Licht gerückt wird, hilft uns, wenn es gilt, gesunde Beziehungen aufzubauen, seelische Gesundheit wiederherzustellen und alles in uns Angelegte bestmöglich zu verwirklichen.

Der Schatteneffekt zerschlägt unsere so perfekt gestaltete Maske, und das gewährt uns die Chance, uns neu zu erfinden – anders als derjenige, der wir waren. Selbstsabotage besteht letztlich darin, dass unser wahres Ich einfach nicht mehr die Rolle spielen mag, die wir ihm zugedacht haben. Im Idealfall nehmen wir jetzt alles bisher Verleugnete bereitwillig an; halten wir jedoch verbissen an unserer Persona fest, kann das sehr unangenehme und chaotische Folgen haben. Beispiele sieht man überall. Britney Spears, Amerikas braves Mädchen par excellence, rutscht in selbstzerstörerisches Verhalten ab und wird zum notorischen bösen Mädchen. Tiger Woods, der absolute Stargolfer mit der Maske des netten Kerls und überragenden Könners, mutiert an einem einzigen Tag vom Superhelden zum armseligen Betrüger. Wenn die Maske einfach zu eng wird und man dahinter nicht mehr wachsen, ja kaum noch atmen kann, zerlegt sie sich selbst, um sich dann zu einem echten Gesicht zusammenzufügen. Der Verlauf der Geschichte zeigt uns unzählige Beispiele für solche Wirkungen des Schatteneffekts. Und doch, wenn bei anderen solche kleinen oder großen Fehltritte ruchbar werden, schütteln wir den Kopf und fragen uns ratlos, wie man sich nur so verhalten kann. Wir vermissen Haltung an ihnen. Aber was *ist* Haltung? Etwa das bestens einstudierte Stück, das wir der Welt präsentieren, während wir unser Doppelleben hinter den Kulissen führen.

Den Schatten sichtbar machen

Wenn wir uns zu sehr mit Schattenaspekten anderer befassen, liegt das daran, dass eine Seite unseres eigenen Schattens angesprochen wurde. Wir gehen davon aus, dass wir uns selbst nur im Spiegel sehen können, doch das ist nicht die ganze Wahrheit. Tatsächlich können wir uns überall lebensecht abgebildet sehen, wenn wir nur einmal darauf achten, was uns bei anderen Menschen besonders auffällt. Wir sind so gebaut, dass wir Eigenschaften, die wir an uns selbst nicht entdecken können, auf andere projizieren. Daran ist nichts Schlimmes, wir tun es alle, und zwar ständig. Projektion ist ein unwillkürlicher Abwehrmechanismus des Egos. Bei bestimmten menschlichen Eigenschaften, die wir nicht mögen, würden wir nie zugeben, dass wir sie selbst besitzen – stattdessen projizieren wir sie auf andere. Wir projizieren sie auf unsere Mutter, unsere Kinder, unsere Freunde oder besser noch auf Personen des öffentlichen Lebens, die wir gar nicht persönlich kennen. *Alles*, was wir an einem anderen verurteilen und verdammen, ist letztlich etwas in uns selbst, das wir nicht wahrhaben wollen und ablehnen. Während wir projizieren, kommt es uns so vor, als sähen wir den anderen, während wir tatsächlich nur einen verkappten Aspekt unserer selbst sehen. Der Mensch, auf den wir etwas projizieren, weist Anteile unserer unerkannten Dunkelheit, aber auch unseres unerkannten Lichts auf. Wir fürchten unsere Niedrigkeit, aber zugleich auch unsere Größe und übertragen alle diese Eigenschaften unbewusst auf andere, anstatt sie als unsere eigenen anzunehmen.

Wie jeder andere haben Sie diesen Vorgang der Projektion schon Tausende Male erlebt. Sie betreten einen Raum, und da ist jemand, zu dem Sie sich augenblicklich hingezogen fühlen. Sie kommen mit diesem Menschen ins Gespräch und erfahren von Interessen und Abneigungen, die ganz und gar nicht zu Ihren passen. Auf einmal nehmen Sie diesen Menschen ganz anders wahr; die Trance der Projektion ist verschwunden, und Sie sehen ihn in einem anderen Licht. Lässt er aber einen Moment später durchblicken, dass er Ihnen Sitzplätze direkt am Spielfeldrand für ein Sportveranstaltung verschaffen kann, die Sie wahnsinnig gern sehen würden, oder dass er jemanden kennt, der Ihnen helfen kann, Ihr neuestes Projekt zu verwirklichen, dann wird er ihnen gleich wieder sympathischer und interessanter erscheinen. Jetzt fühlt sich das Gespräch wieder richtig gut an, aber dann fängt diese Person an, sich mit ihren prominenten Bekanntschaften zu brüsten, und das stößt Sie ziemlich ab, weil es Sie an Ihren großmäuligen Schwiegervater erinnert. Natürlich hat sich an diesem Menschen die ganze Zeit überhaupt nichts geändert – nur Ihre Wahrnehmung. Da haben Sie die Macht der Projektion. Wenn Sie dieses Phänomen verstanden haben, wissen Sie, wie es sein kann, dass Sie von jemandem ganz begeistert und schon im nächsten Moment ziemlich abgestoßen sein können.

Das Dunkle in uns, das wir nicht als unseres anerkennen mögen, zeigt sich ständig auf der „Leinwand" der Menschen in unserer Umgebung. So sehen wir vielleicht unsere eigene Unterwürfigkeit in unserer Mutter, unsere Gier in unserem Vater, unsere Trägheit in unserem Ehemann, unsere Rechthaberei in den Politikern. Und so klingt Projektion: „Sie ist ja derart egozentrisch." „Der ist so von sich eingenommen." „Was für ein Trottel, der bringt aber auch gar nichts auf die Reihe." Projektion erklärt, wie es sein kann, dass fünf Geschwister, die alle im gleichen Haus aufgewachsen sind, sehr unterschiedliche Geschichten von ihren Eltern erzählen. Jeder schreibt ihnen andere Stärken und Schwächen und sonstige Eigenschaften zu.

Oft bemerken wir unsere eigenen Patzer nicht, weil wir die Tendenz dazu ständig auf andere projizieren. Je mehr wir vom Fehlverhalten anderer überzeugt sind, desto größer die Wahrscheinlichkeit, dass es eher unser eigenes ist. A. J., der in einem beliebten Lokal hinter der Bar steht, war nach einem langen Arbeitstag auf dem Heimweg und freute sich auf einen ruhigen Abend mit seiner Frau und den Kindern. Kaum war er ein paar Minuten unterwegs, wurde er von einer Polizeistreife angehalten. Er fuhr an den Straßenrand und überlegte angestrengt, was er falsch gemacht haben könnte, aber es fiel ihm nichts ein. Er kurbelte das Fenster herunter. Der Polizeibeamte wollte seinen Führerschein sehen.

Dann beugte er sich auch noch zum Fenster herunter und fragte: „Haben Sie etwas getrunken, junger Mann?"

„Nein", sagte A. J., „ich komme von der Arbeit."

Der Polizist ließ nicht locker: „Junger Mann, ich glaube schon, dass Sie getrunken haben. Es wäre besser, wenn Sie die Wahrheit sagen. Waren Sie nicht vielleicht doch noch irgendwo anders?"

Derart in die Defensive gedrängt, antwortete A. J. ein wenig verärgert: „Nein, war ich nicht. Ich arbeite übrigens in der Sports Bar und habe Ihnen da den ganzen Nachmittag Drinks serviert."

Das saß. Der Polizist gab ihm seinen Führerschein zurück, stieg in den Streifenwagen und fuhr davon. Das ist ein schönes Anschauungsbeispiel für Projektion. Als der Polizist nach seiner „kleinen Pause" leicht beschwipst und mit schlechtem Gewissen wieder auf Streife ging, suchte er unbewusst nach sich selbst.

Was wir an uns selbst nicht wahrhaben wollen, mag tatsächlich unserem Blick entzogen sein, existiert aber trotzdem als Teil unseres Energiefelds. Verhaltensweisen und Gefühle, die uns Unbehagen bereiten, finden immer eine Projektionsfläche, und wenn wir in der Gegenwart irgendeines Menschen Gefühle verspüren, die eine deutliche emotionale Ladung aufweisen, können wir sicher sein, dass wir gerade projizieren. Stellen Sie sich vor, Sie hätten hundert verschiedene elektrische Ausgangsbuchsen an der Brust, jede steht für ein bestimmtes „Signal", für irgendeine Qualität. Die Buchsen für Eigenschaften, die Sie an sich kennen und akzeptieren, sind mit Blindsteckern verschlossen, denn hier ist nichts Unsicheres, hier liegt keine „Spannung" drauf. Aber die Wesenszüge und Eigenschaften, mit denen Sie hadern und die Sie nicht als zu sich gehörig anerkennen, besitzen Ladung. Wenn jemand daherkommt, der Ihnen ein Ich spiegelt, das Sie nicht sein wollen, wird diese Buchse aktiv, und Sie reagieren.

Ein Beispiel: Ich war eine Zeitlang mit einem Mann zusammen, der meines Erachtens schon ein wenig in die Breite ging und nicht gut in Form war. Nach einigen Monaten unseres Zusammenseins fiel mir auf, dass er immer und überall auf Männer aufmerksam machte, die übergewichtig waren oder einen Bierbauch hatten, der über die Hose hing. Auf dem Weg durch ein Flughafengebäude, wir hatten uns eine kleine Auszeit genommen, um nur an irgendeinem schönen Ort unsere Zweisamkeit zu genießen, deutete er einmal mit dem Finger auf einen Mann, den er weder kannte noch je wieder sehen würde, und ereiferte sich: „Sieh dir das an! Wie kann man sich nur so gehen lassen?“

Da konnte ich den Mund einfach nicht mehr halten und nahm allen Mut zusammen, um ihm zu eröffnen, dass er nur seine eigenen Gewichtsprobleme auf jeden Erstbesten projizierte, der des Weges kam. Ich sagte, anstatt auf andere zu zeigen, bräuchte er bloß einmal an sich selbst hinunterzusehen. Er tat es, und was er da sah, einen durchaus ansehnlichen Bauch nämlich, muss ihn wohl ziemlich getroffen haben, jedenfalls wäre er fast von der Rolltreppe gestolpert. Er trug bestimmt mehr als zehn Kilo unerwünschtes Gewicht mit sich herum, und entsprechend lang wurde sein Gesicht. Beschämt und kleinlaut fragte er, ob er wirklich schon so wie die anderen Männer aussähe. Da ich mir das Wochenende nicht verderben wollte, schwindelte ich ein wenig und sagte, es könnte schon sein, dass es bei ihm noch nicht ganz so weit wäre. Ich fügte aber gleich an, dass es doch so viele Dinge gäbe, auf die er den Blick richten könnte; wenn ihm nur Männerbäuche auffielen, müsste das wohl bedeuten, dass es irgendwie um seinen eigenen Bauch und sein Erscheinungsbild in der Welt ginge – sonst würde er sich doch nicht so echauffieren.

Es gab ja wirklich Hunderte anderer Dinge, auf die er sein Augenmerk bei anderen Leuten hätte richten können – das Haar, das Lächeln, schöne Augen, große Nasen. Aber nein, er sah nur die Bäuche der Männer. Wir sind immer schockiert, wenn Projektion im Spiel ist. Und wenn wir über andere urteilen, käme uns nie in den Sinn, dass wir gerade von uns selbst sprechen.

Aber wenn wir einmal erfasst haben, was unser ausgestreckter Finger eigentlich bedeutet, können wir uns aus unseren Projektionen und aus der Verurteilung anderer herausarbeiten. Es ist eine Binsenweisheit: Was einem besonders auffällt, hat irgendwie auch mit einem selbst zu tun.

Wenn wir voller Ärger sind, das aber nicht wahrhaben wollen, suchen wir automatisch unsere Umgebung ab und erspüren die Menschen, die Ärger in sich tragen. Wenn wir heimlich lügen oder unsere eigenen früheren Lügen schlecht verwinden können, werden wir uns über die Unehrlichkeit anderer ereifern. In all den Jahren, in denen ich Workshops geleitet habe, kam es zu ein paar wirklich komischen Szenen, wenn sich jemand über meine Worte zum Thema Projektion aufregte, die ja besagen, dass wir die an anderen verabscheuten Eigenschaften selbst besitzen. Mit am liebsten erinnere ich mich an eine hübsche Hispanoamerikanerin, die gegen Ende zwanzig gewesen sein mochte. Während einer Pause kam sie zu mir und sagte, sie sei überhaupt nicht wie ihr Vater, der immer etwas gegen die Männer hatte, mit denen sie ausging. Als ich sie fragte, weshalb das ihrer Meinung nach so wäre, antwortete sie, er wäre eben ein Rassist; sie ginge nur mit asiatischen Männern aus, und die mochte er einfach nicht. Halb im Scherz fragte ich sie, was für eine Frau wohl ausschließlich mit asiatischen Männern ausginge, und da wich der Ärger aus ihrem Gesicht und sie fragte kleinlaut: „Etwa eine Rassistin?“ In dem Augenblick fiel ihr ein leichter rassistischer Zug an sich selbst auf, in dem sie ihrem Vater ähnelte. Es kam für sie nicht infrage, mit Männern einer anderen Herkunft auszugehen.

Oder die Frau, die ganz entschieden bestritt, etwas von ihrem ewig urteilenden Vater zu haben, der sie ständig auf irgendetwas hinwies, was ihn an ihr störte. Er wäre jähzornig und dazu scheinheilig, kritiksüchtig und richtig ekelhaft, sagte sie. Ich fragte einfach, was sie denn gerade mache, und sie erkannte augenblicklich die Parallele. Ein andermal stand ein Mann auf und ließ sich darüber aus, wie sehr er Engstirnigkeit hasste und wie sehr es ihn ärgerte, dass ausgerechnet er bei der Arbeit von lauter Spießern umgeben war. Dann wäre eines Tages sein Sohn, den er sehr liebte, aus dem College nach Hause gekommen und habe verkündet, er wäre schwul. Der Mann war, wie er weiter erzählte, entsetzt und sogar ein wenig abgestoßen. Als seine Frau ihn zu beruhigen versuchte, wurde ihm klar, dass er gerade genau die Engstirnigkeit zeigte, die er so verachtete. Und diese Verhaltensweise führte ihn in meinen Workshop. Unsere Projektionen zu durchschauen, ist nicht nur mutig, sondern macht uns auch bescheiden. Keinem von uns bleibt das erspart, wenn wir Frieden finden wollen. Es führt kein Weg daran vorbei: Zu dem, was wir an anderen nicht mögen, sind wir selbst auch fähig, und oft tun wir es sogar.

Es gibt viele sehr bekannt gewordene Beispiele für Projektion. Eliot Spitzer, ein früherer Gouverneur von New York, war während seiner Amtszeit ein nimmermüder Kämpfer gegen die Prostitution. Er war der Ansicht, so etwas dürfte man einfach nicht dulden. Und dann war er selbst in einen Callgirl-Skandal verwickelt. Newt Gingrich war es, der sich als damaliger Sprecher des Repräsentantenhauses nicht nur publikumswirksam entrüstete, sondern auch besonders eifrig auf ein Amtsenthebungsverfahren (Impeachment) gegen Präsident Bill Clinton wegen dessen sexueller Fehltritte hinarbeitete. Später freilich stellte sich heraus, dass der brave Ehemann selbst fremdging. Der sehr bekannte evangelikale Prediger Ted Haggard wetterte gegen die Unsittlichkeit der Homosexualität, aber wie sich dann herausstellte, unterhielt er selbst homosexuelle Kontakte und hatte sich dabei sogar noch mit Drogen aufgeputscht. Und dann das Radio-Phänomen Rush Limbaugh, ein im ganzen Land bekannter und beliebter Kommentator und Entertainer, der alle Drogensüchtigen ganz offen lächerlich machte und verdammte – nur dass er dann selbst seine Abhängigkeit von verschreibungspflichtigen Medikamenten einräumen musste. Ich könnte Ihnen buchstäblich Tausende solcher Beispiele von Leuten aufzählen, die in aller Öffentlichkeit Verhaltensweisen anprangern, wenn nicht gar verteufeln, die sie in Wahrheit selbst an den Tag legen. Diese Leute dürften kaum von Anfang an darauf aus gewesen sein, ihre Karriere, ja ihr ganzes Leben zu zerstören, sich unsterblich zu blamieren und auch noch ihre Familien bloßzustellen. Vermutlich waren sie eher selbst überrascht und vielleicht sogar sehr betroffen von ihrem eigenen Verhalten. Der Teufel, der uns da reitet, dürfte eher der verkleidete Schatten sein. Wie oft mag ein „Das liegt mir fern" von unserer Nähe zu dem Verneinten künden?

Wie Shakespeare so brilliant sagte: „Die Dame gelobt zuviel." Bei allen Eigenschaften, Verhaltensweisen und Gefühlsregungen, die wir weit von uns weisen, können wir sicher sein, dass sie irgendwo in der Tiefe unserer Psyche eben doch gegeben sind. Und wir brauchen nicht tief zu graben, um herauszufinden, dass wir genau das tun, was wir an anderen verurteilen. Es mag sich bei uns ganz anders bekunden, aber es lässt sich zeigen, dass der Antrieb derselbe ist. Und weil unser Verhalten meist anders aussieht als das der Person, auf die wir es projizieren, kann es schwierig sein zu erkennen, dass der Antrieb der gleiche ist. Solange wir Züge an uns haben, die (um auf das oben angeführte Bild der vielen „Ausgänge" zurückzukommen) „unter Spannung" stehen, werden wir eine magnetische Anziehungskraft auf Leute und

Ereignisse ausüben, die uns geradezu zwingen, das Verleugnete zur Kenntnis zu nehmen, anzunehmen und zu heilen.

Wenn wir das, was uns an anderen stört, bei uns selbst angenommen haben, regt es uns nicht mehr auf. Wir bemerken es dann vielleicht noch, aber wir reagieren nicht mehr wie früher darauf. Die „Ausgänge" stehen nicht mehr unter „Spannung". Nur solange wir uns etwas vormachen oder etwas an uns selbst nicht mögen, kann das Verhalten anderer uns unter emotionale Spannung setzen. Der hoch angesehene Philosoph und Psychologe Ken Wilber trifft hier eine sehr wichtige Unterscheidung. Er sagt: Solange irgendetwas uns nur *informiert*, also uns etwas mehr oder weniger Interessantes mitteilt, projizieren wir wahrscheinlich nicht; sobald es uns jedoch in seiner Wirkung *beeinflusst*, sodass wir emotional reagieren und vielleicht urteilend mit dem Finger darauf zeigen, sind wir sehr wahrscheinlich das Opfer einer Projektion geworden.

Wir müssen also alles, was wir selbst sind, aber bisher immer projiziert haben, wieder als unser Eigenes anerkennen, denn sonst wird es in unserem Leben immer wieder auftauchen, sei es im Verhalten der Menschen in unserer Umgebung oder in unserem eigenen Verhalten. Solange wir uns nicht mit dem Schatten befassen, wird er unsere Beziehungen beeinträchtigen. Er sorgt dafür, dass wir uns mit einem Schutzwall von Urteilen umgeben, der uns nicht erlaubt, andere Menschen wirklich wahrzunehmen, und so entgeht uns das Gute an ihnen. Der Schatten lenkt uns vom Ganzen einer Beziehung ab und sorgt dafür, dass wir mehr oder weniger ausschließlich an dem haften, was nach unserer Meinung am anderen nicht in Ordnung ist.

Nehmen wir Pilar, eine Frau von Anfang vierzig, als Beispiel. Sie rühmt sich als gute Tochter, aber über ihren Vater regt sie sich auf, weil er, wie sie sagt, zu viel hortet und sich von nichts trennen kann. Jeden Sonntag besucht sie ihn in seinem Haus, und schon auf der Hinfahrt spürt sie die Anspannung und den wachsenden Ärger. Im Wohnzimmer dann, wenn sie mit ihrem Vater ins Gespräch kommt, fragt sie nicht etwa, wie es ihm geht, oder erzählt ihm von sich selbst, sondern fährt ihn gleich wegen der Zeitungsstapel auf dem Fußboden an und lässt auch die unzähligen Erinnerungsstücke nicht unerwähnt, mit denen er, wie sie meint, seinen kleinen Lebensraum noch enger macht. Sie kann ihn noch so oft ermahnen, das ganze Zeug in den Müll zu werfen, er hört einfach nicht, und das regt sie so auf, dass sie ihm Vorträge über seine spießige Engstirnigkeit halten muss, die ihm nicht einmal erlaubt, wertlosen Plunder wegzuwerfen. Da sitzen sie dann beide traurig in dieser Atmosphäre von Urteilen, bis sie nichts mehr zu sagen wissen und der Besuch in beiderseitiger Monotonie und geistiger Erschöpfung endet. Wenn Pilar wieder im Wagen sitzt, ist ihr gar nicht wohl zumute, und ihr Vater wünscht sich insgeheim, dass sie nicht mehr kommt – nur dass er zu gütig und zu einsam ist, um es ihr zu sagen.

Eines Tages, bei der Arbeit im heimischen Büro, das sie sich mit Emilio, ihrem Mann, teilte, wurde Pilar plötzlich etwas klar. Emilio fragte sie, ob sie nicht eine der von ihr belegten Schubladen ausräumen könnte, damit er mehr Platz für seine Papiere hätte. Aufgebracht erwiderte sie, dass sie alle ihre Schubladen (das waren sechs von insgesamt acht) für wichtige Unterlagen bräuchte. Er sollte sich doch nach anderen Möglichkeiten umsehen. Aufgebacht von der Unfähigkeit seiner Frau, einen Teil ihres Platzes abzutreten, riss Emilio eine ihrer Schubladen nach der anderen auf und führte ihr vor, dass sie nichts als lauter mit Zeitungsausschnitten vollgestopfte Mappen enthielten. Pilar fiel in eine Art Trance, in der sie Emilio zwar noch schimpfen hörte, aber inhaltlich nichts davon mitbekam. Sie konnte es kaum fassen: Hier war sie, direkt vor ihrer Nase, die „üble Angewohnheit“ ihres Vaters. Ihr war auch völlig klar, dass Emilio diese Mengen von Zeitungsausschnitten nur als Papiermüll sehen konnte. Manche waren schon unglaublich alt, sie stammten aus ihrer Studienzeit, und die lag über zwanzig Jahre zurück!

Dann kam sie wieder ganz zur Besinnung und hörte ihren Mann argumentieren, sie bräuchte doch sicher in Wirklichkeit höchstens die Hälfte des Platzes. Sie brach in Gelächter aus. Sie hatte nur Sekunden gebraucht, um von der Phase, in der man sich nach der Demaskierung des Schattens total elend fühlt, zur Befreiung vom Bann der Projektion zu gelangen. Ja, sie war genauso wie ihr Vater, nur fand das Horten bei ihr in der Heimlichkeit geschlossener Schubladen statt. Es blieb ihr nichts weiter übrig, als sich mit den nackten Tatsachen anzufreunden und ihren Mann zu bitten, ihr beim Aussortieren der Ausschnitte zu helfen – sie wusste, dass es ihr allein zu schwer fallen würde. Sie liebte dieses ganze Sammelsurium wie ihr Vater seins.

Einige Tage später, Emilio hatte inzwischen nicht nur eine weitere Schublade bekommen, sondern drei, fasste Pilar den Entschluss, ihrem Vater die ganze Geschichte zu erzählen und ihn um Verzeihung zu bitten. Sie lachten herzlich zusammen und fielen sich in die Arme – was sie zwar auch zur Begrüßung immer taten, aber da war es bisher nie eine echte Bekundung von Liebe und Achtung gewesen. Es war das Ergebnis ihres freimütigen Eingeständnisses, und in dieser neuen Beziehung, die zwischen ihr und ihrem Vater wuchs, wurde es schließlich auch ihm möglich, von seiner Vergangenheit zu lassen. Von jetzt an füllten sie jeden Samstag zusammen ein paar Mülltüten.

Ist das nicht wirklich spannend? Wenn die Projektion einmal durchschaut ist, sehen Sie die Welt mit neuen Augen. In dieser holografischen Wirklichkeit ist jeder Mensch und jedes Ding ein Spiegel – Sie sehen immer sich selbst, Sie reden immer mit sich. Wenn Sie möchten, können Sie von jetzt an alles, worauf Sie emotional heftig reagieren, als ein Signal sehen, als ein Indiz für die Entblößung des Schattens, als die Aufforderung zu wachsen, als die Chance, eine verschollene Seite Ihrer selbst zurückzugewinnen. Jeder Schattenaspekt, den Sie wieder als Ihr Eigen anerkennen, lässt Sie mehr Liebe, mehr Mitgefühl, mehr Frieden und mehr Freiheit erleben.

Und es gibt über das Zurücknehmen unserer Projektionen noch mehr Gutes zu berichten. Die Menschen in unserem Lebensumfeld gewinnen dann nämlich auch mehr Freiheit, ihr eigenes Verhalten zu ändern. Die Eigenschaften, Verhaltensweisen und Gefühle, die wir von uns weisen und anderen zuschreiben, scheinen dann wirklich bei ihnen und nicht bei uns der Fall zu sein. Ich sehe es so oft und immer wieder: Wenn jemand aus der Trance seiner Projektionen aufwacht, ändern sich die Menschen, auf die er projiziert hat, sie sind wie befreit und treten fortan anders auf. Wenn wir sie aus unseren Urteilen und unserer vernebelten Wahrnehmung entlassen, wenn wir sie sehen, wie sie sind, zeigt sich eine andere Wirklichkeit. Letztlich geht es darum, alle unsere tatsächlich gegebenen Eigenschaften zu erkennen, anzunehmen und zu bejahen, damit wir sie nicht mehr in ihrer verleugneten Form auf andere projizieren müssen. Dann sehen wir die Menschen mit den Augen des Mitgefühls und nicht mehr durch die Brille der Projektion. Erst dann werden wir nicht nur uns selbst, sondern alle in der Welt lieben können. Darin liegt wahre Freiheit.

Spurensuche

Wenn es darum geht, verdrängte Anteile unserer selbst aufzufinden, lohnt sich immer ein Blick auf störende Verhaltensmuster, mit denen wir uns schon jahrelang erfolglos herumschlagen. Sie verfolgen uns, weil sie tatsächlich zu uns gehören, allerdings zu Anteilen unserer selbst, die wir ablehnen und verleugnen. Leider reden wir uns gern ein, unser wenig erfreuliches Verhalten sei das eigentliche Problem – das erspart uns die lästige Pflicht, nach den tatsächlichen Wurzeln zu forschen. So kämpfen wir Jahr für Jahr mit überzähligen Pfunde, Zigaretten, Frauengeschichten, dem leichtsinnigen Umgang mit Geld und finden uns doch immer wieder an der gleichen Stelle wenn nicht eine Etage tiefer. Haben wir jedoch einmal verstanden, dass solche Verhaltensmuster von verdrängten Gefühlen stammen oder verleugneten und beschämenden Anteilen unseres Schattens entspringen, können wir das Muster an seiner Wurzel packen.

Alle Verhaltensgewohnheiten entspringen früheren Erfahrungen, die uns zu bestimmten Schlussfolgerungen über uns selbst führten. Solche Schlussfolgerungen geben Anlass zu bestimmten Gedanken und diese wieder zu bestimmten Gefühlen – oft keine sehr angenehmen. Da wir uns von solchen unangenehmen Gefühlen natürlich distanzieren möchten, suchen wir nach Möglichkeiten, wie wir uns besser fühlen können – und eben hier können Verhaltensweisen entstehen, mit denen wir uns selbst sabotieren.

Annette war sechs oder sieben, als ihre Mutter ihr zum ersten Mal eröffnete, sie würde ausgehen und sie den ganzen Abend allein lassen. Es wurde dunkel, und Annette ging ziellos von einem Zimmer ins andere und kam zu dem Schluss, dass ihre Mutter sie wohl nicht liebte. Außerdem verfolgte sie der Gedanke, ihrer Mutter könnte etwas passieren und sie würde dann für immer allein gelassen. Sie fühlte sich verlassen, sie war verängstigt, ja der Panik nahe, und vor allem spürte sie den Unterschied zu allen anderen Kindern, deren Mama daheim blieb und Abendessen machte. Um diese Gefühle zu betäuben, suchte sie immer mal wieder die Küche auf, wo die Mutter ihr eine Schachtel mit Donuts hingestellt hatte. Dabei lernte Annette, dass Süßigkeiten ihre Seelenschmerzen zumindest vorübergehend ein wenig lindern konnten.

Wenn wir unsere Verhaltensmuster ausleuchten, vor allem solche, deren wiederkehrender Charakter uns nicht behagt, stoßen wir immer auf Schattenaspekte, die wir lieber verstecken oder verschleiern würden. Die Wiederholungsmuster, aus denen so schwer auszubrechen ist, haben immer etwas mit den Gefühlen zu tun, die bei der ursprünglichen Verletzung im Spiel waren. Doch diese Verhaltensmuster verschlimmern die Wunde eher, als dass sie uns die ersehnte Erleichterung verschaffen.

Helena fühlte sich ständig überfordert und unter Druck gesetzt, und dabei merkte sie, dass sie bei der Arbeit und zu Hause eigentlich alle Projekte und Erledigungen vor sich herschob. Sie brachte es nicht einmal fertig, einen Ölwechsel bei ihrem Wagen machen zu lassen oder einen Zahnarzttermin zu vereinbaren. Immer wenn dieses Verhalten schlimme Folgen nach sich zog, schwor sie sich, sie würde sich ändern. Es war ihr klar, dass dieses Verhalten sie nur noch mehr aufrieb und entnervte. Als sie mich völlig beschämt anrief, konnte sie nur noch sagen, sie würde das keinen Tag länger aushalten. Ich ließ ihr erst einmal Zeit, sich richtig Luft zu machen, dann fragte ich sie, ob sie bereit sei, den Hintergrund dieses Musters zu ergründen, das keinen Frieden und keine Freude in ihrem Leben zuließ. Ein wenig beklommen und leicht resigniert ergab sie sich der Prozedur.

Ich stellte meine erste Frage: Was ist das für ein Mensch, der alles vor sich herschiebt? Plötzlich sah sie ihren Stiefvater vor dem inneren Auge, wie er vor dem viel zu lauten Fernseher lag. Es gab rings um das Haus einiges zu tun für ihn, aber er machte keinerlei Anstalten, und Helenas Mutter war wütend. Helena war gleich im ersten Ansatz auf die Ursache ihrer Verletzung gestoßen, und es war ihr ausgesprochen peinlich zu sehen, dass sie die gleiche Schwäche besaß wie ihr Stiefvater. Ich fragte sie, wie sie ihn sähe. Sie hielt ihn für einen Faulpelz, obwohl er beruflich sehr erfolgreich gewesen wäre. Helena war in der Szene, an die sie sich gerade erinnert hatte, knapp dreizehn Jahre alt gewesen, und sie hatte sich geschworen, dass sie selbst nie so antriebslos werden würde. Und tatsächlich, alle in ihrer Umgebung bestätigten, dass sie genau das Gegenteil wäre – tatkräftig und energisch. Sie hatte Mumm und brachte etwas zustande. Aber sie hatte immer auch all das im Sinn, was *noch* zu tun war und nur darauf wartete, erledigt zu werden. Sie erinnerte sich jetzt, was ihrem Stiefvater alles an den Kopf geworfen wurde – „Du bist einfach stinkfaul und zu nichts zu gebrauchen!“ –, und erkannte es mühelos als das innere Zwiegespräch, das sie selbst ständig verfolgte. Die erschütternde Wahrheit: Sie hatte genau diese Worte gegen sich selbst gerichtet, und es war von Jahr zu Jahr schlimmer geworden.

Jetzt als Erwachsene erkannte sie, dass sie zwar jeden Tag unglaublich viel Arbeit bewältigte, aber sich nie zu den Dingen durchringen konnte, die für das Gelingen ihres ganz eigenen Lebens so wichtig gewesen wären. Sie saß ein paar Minuten da und wirkte ziemlich erschüttert angesichts des Gedankens, dass sie womöglich so faul wie ihr Stiefvater war, aber ihr war klar, dass diese geschickt vertuschte Schattenseite in ihrem Leben Wurzeln geschlagen hatte und jetzt gejätet werden musste, wenn sie diese so unproduktiven Muster loswerden wollte. Sie brauchte nicht lang, um zu erkennen, dass sie tatsächlich faul war, wenn es um ihre eigene Person ging. Da sie den wahren Ursprung dieses Verhaltens jetzt vor Augen hatte, konnte sie anfangen, mit ihrer faulen Seite Frieden zu schließen, damit sie ihr nicht ständig im Weg stand, ihr ihre Selbstachtung raubte und sie auch noch um ihre Träume betrog.

Immer wenn etwas unseren inneren Frieden, unser Glück und unsere Sicherheit bedroht, handelt es sich um den dringenden Appell von innen, uns doch einmal nach der eigentlichen Wurzel des Verhaltens umzusehen. Und wenn wir dem Aufruf folgen, werden wir ein Stück von unserem Schatten ausgraben. Das muss kein Jahr und erst recht kein ganzes Leben in Anspruch nehmen. Fünf Minuten radikale Ehrlichkeit können ausreichen, um ein altes Muster auszuhebeln. Wenn es einen Impuls gibt, den wir uns unwissentlich selbst verwehren, haben wir das Recht und die Mittel, ihn ins Licht des Bewusstseins zu heben, allen Beteiligten, auch uns selbst, die erlittenen Schmerzen zu verzeihen – und uns von dem Verhalten zu lösen, das uns nur Nachteile bringt.

Vielleicht gehört die Selbstvernachlässigung zu den Verhaltensweisen, mit denen Sie sich näher befassen müssen. Sie sind für andere da, aber wissen einfach nicht, wie Sie auch für sich selbst da sein können. Sie bieten allen Rückhalt, Ihrem Mann, Ihren Kindern, Ihren Geschwistern, Ihren Freunden, Sie sorgen dafür, dass alle bekommen, was sie brauchen – aber Ihre eigenen Träume liegen auf Eis. Bis Sie es schließlich keinen Tag länger aushalten, dass für Sie und Ihre Wünsche nicht gesorgt ist. Jetzt verfolgen Sie dieses Verhaltensmuster zurück bis zu seinem

Ursprung. Sie fragen: „Was ist das für ein Mensch, der es nur auf seine Träume abgesehen hat und sich nicht um andere kümmert?“ Sie werden eine klare Antwort bekommen: „Das ist ein Mensch, der nur an sich selbst denkt.“ Für einen kurzen Moment sind Sie erleichtert, dass Sie nicht so sind, denn Egoisten sind Ihnen ein Gräuel. Und sie erinnern sich beispielsweise an den Kindergottesdienst oder den Religionsunterricht, wo Ihnen eingeschärft wurde, dass es ganz schlecht ist, nur an sich zu denken – also haben Sie wohl die richtige Wahl getroffen, nämlich nicht so zu sein. Sie wurden sogar das Gegenteil, ein selbstloser, liebevoller, gütiger Mensch, der für jeden ein Herz hat und für die ganze Welt einfach alles tun würde. Und aus dieser inneren Haltung heraus entstand das Muster, dass Sie es allen recht machen wollen.

Um Frieden zu finden, müssen Sie dieses Muster jetzt aufbrechen und Ihrem Widerwillen gegen das auf den Grund gehen, was Sie als „nur an sich selbst denken“ empfinden. Erinnern Sie sich: Wie haben Sie früher über Menschen geurteilt, die Sie als selbstsüchtig empfanden? Sie müssen sich den negativen Beigeschmack, den das Wort für Sie hat, eingestehen und sich klarmachen, dass Ihre Auslegung starr ist und Ihnen keinen Spielraum lässt. Sehen Sie nach, an welcher Stelle Sie zu dem Schluss kamen, dass egoistische Menschen im Unrecht und schlecht sind. Öffnen Sie Ihr Herz für die eigennützige Seite an sich selbst, und verzeihen sie allen, die Ihnen gespiegelt haben, dass Eigennützigkeit schlecht ist. Freunden Sie sich damit an, dass Menschsein beides beinhaltet, neben Selbstlosigkeit auch ein gesundes Maß an Eigennutz. Solange Sie nicht bereit oder nicht in der Lage sind, in diesem Egoismus auch etwas Gutes zu sehen, wird er ein Bestandteil Ihres Schattens bleiben, und damit bleiben Sie in einem Verhaltensmuster gefangen, in dem Sie weiterhin all das vernachlässigen, was für Ihre eigene Entwicklung und die Verwirklichung der tiefsten Wünsche Ihrer Seele wichtig wäre.

Um uns den bisherigen Schattenaspekt, in dem wir gefangen waren, zu eigen zu machen, müssen wir allen Mut zusammennehmen und lernen, das Gute an unserem eigennützigen Ich zu sehen. Wenn Selbstvernachlässigung unser Muster ist, kommt es sehr darauf an, dass wir gesunden Eigennutz zu bejahen lernen, denn nur so können wir unser wahres Ich finden. Es ist schön, anderen Rückhalt zu bieten, damit sie ihre Träume leben können – in meinem Fall ist es sogar mein Broterwerb. Aber wenn ich nie einfach an mich selbst denken würde, bekäme ich ein Buch wie dieses nicht fertig, weil ich dann immer versucht wäre, ans Telefon zu gehen oder mich irgendeinem der vielen Menschen zuzuwenden, die sich alle Tage meine Unterstützung oder Zuwendung wünschen. Wenn wir nicht zwischen Eigennutz und Selbstlosigkeit wählen können, stellen wir vielleicht eines Tages oder am Ende unseres Lebens fest, dass wir nicht zu dem gekommen sind, was uns wirklich am Herzen lag. Freiheit bedeutet, frei wählen zu können, wer oder was wir in jedem Augenblick unseres Lebens sein wollen. Wenn wir auf eine bestimmte Weise handeln *müssen*, um nicht jemand zu sein, der wir nicht sein wollen, sitzen wir in der Falle. Wir beschneiden dann selbst unsere Freiheit und Ganzheit. Wenn wir nicht faul oder wütend sein *können*, wie wollen wir dann frei sein? Und vergessen wir nicht: Wenn wir uns die verdrängten Anteile unserer selbst wieder zu eigen machen, dann geschieht das, um zu unserer eigentlichen und wahren Größe zu finden. Wie C. G. Jung so schön gesagt hat: „Ich wäre lieber ganz als gut."

Dieser Weg in die Vergangenheit mag zuerst etwas leicht Beängstigendes haben, doch in Wirklichkeit gibt es kaum eine andere Reise, die so viel verspricht wie diese. Es ist so faszinierend, den Schatten immer klarer zu sehen und herauszufinden, wie er überhaupt entstanden ist und sich festsetzen konnte; und dann in der Lage zu sein, uns rechtzeitig davor zu bewahren, etwas zu sagen, was wir gar nicht meinen und später bedauern würden. Unser Schatten steht für uns bereit, uns Aufschluss über uns selbst zu geben. Es ist nicht möglich, Verhaltensweisen, mit denen wir uns selbst sabotieren, in den Griff zu bekommen oder abzulegen, solange wir den Schatten nicht angenommen haben, der hinter all dem steht. Andererseits gibt es kein Verhaltensmuster, das nicht zu knacken wäre, wenn wir nur wirklich bereit sind, an seine Wurzeln zu gehen und den seelischen Unfrieden aufzudecken, der zur Verneinung und Verdrängung dessen führte, was dann zum Schatten wurde. Verständnisvoll werden wir das an uns bejahen, was dieses Verhalten entstehen ließ. Damit durchbrechen wir die Automatik der schädlichen Reaktionsmuster und machen uns wieder zum Herrn unseres eigenen Handelns.

Das kann vorübergehend stark verunsichernd wirken, denn es gehört zu unserer Natur, dass wir uns sicher fühlen möchten, und oft gibt uns die Wiederholung der immer gleichen Verhaltensmuster ein trügerisches Gefühl von Sicherheit. Die Vergangenheit immer wieder neu durchzuspielen, fühlt sich leichter an, als ernsthaft neue Verläufe auszuprobieren. Wenn wir wiederkehrende Verhaltensweisen, die sich letztlich gegen uns selbst richten, aufbrechen wollen, müssen wir die Illusion von Sicherheit zumindest für einen Moment verlassen und fühlen, was darunter wirklich vor sich geht. Wenn wir dort auf eine Seite unseres Schattens stoßen, wird sich uns das Geheimnis unseres selbstschädigenden Verhaltens erschließen, und damit setzen wir Veränderungen in Gang.

Nach und nach wird uns bewusster, wie wenig wir davon haben, uns immer wieder denselben abgedroschenen Mustern zu überlassen. Und jetzt ziehen wir unser mutiges Ich hinzu, das uns hilft, dem bisher verborgenen Schattenanteil unserer selbst standzuhalten und es auf ein offenes Gespräch ankommen zu lassen. Wir werden mit all den Gestalten vertraut, denen in unserem inneren Drama Rollen zufallen, wir schließen Frieden und setzen uns immer entschiedener für das Leben ein, das wir eigentlich führen möchten. Wenn wir jedoch die gegensätzlichen Kräfte, aus denen diese Gestalten hervorgehen, nicht zur Kenntnis nehmen, fallen wir leicht auf eine Geschichte über uns herein, die nur teilweise zutrifft, und verlieren die wunderbare Möglichkeit aus den Augen, uns als der Mensch, der wir sind, zum Ausdruck zu bringen. Erkennen wir also die Dualität in uns, denn sonst bleiben wir gefangen und identifizieren uns mit der Gestalt in uns, die am lautesten tönt, aber keineswegs unbedingt die besten Absichten hat.

Die heimlichen Schätze unseres Schattens

Der Schatten birgt Charaktere, die im Drehbuch Ihres Lebens ganz wesentliche Rollen übernehmen. Ihre Aufgabe ist es, vom Schatten zu lernen und ihn zu integrieren, denn so kann er die Entwicklung Ihres Denkens vorantreiben und die Grenzen Ihrer selbst geschaffenen Persona ausdehnen. Halten Sie Ausschau nach seinem Wert, lassen Sie das Licht der Vergebung und des Mitgefühls leuchten – das sind die Mittel, mit denen Sie verhindern können, dass der Schatten Ihrem Leben schweren Schaden zufügt. Dazu müssen Sie all die vielschichtigen Gestalten aus dem

Schatten ans Licht holen und ihre Kräfte und Fähigkeiten nutzen, um so zu werden, wie es für Sie in diesem Leben vorgesehen war.

Wenn der Böse in Ihnen wütend ist, müssen Sie diesem Teil Ihrer selbst verzeihen und auch an die Möglichkeit denken, dass der Zorn genau das sein könnte, was Sie brauchen, um sich gegen Ungerechtigkeit oder Unterdrückung zu wehren oder um sich aus einer Missbrauchssituation zu lösen und wieder in die richtige Spur zu kommen, damit Sie sich ein wunderbares Leben schaffen können. Wenn Ihr Schatten voller Ängste ist, was Sie und Ihre Gedanken betrifft, und deshalb ein hohles, unechtes Ich kreiert, dann verzeihen Sie sich auch das. Sehen Sie sich um, ob nicht auch diese Eigenschaften zu irgendetwas nutze sind. Es könnte zum Beispiel sein, dass diese Seite Ihnen erlaubt, besser mit einem kontrollsüchtigen Partner oder auch mit einem rücksichtslosen Expartner umzugehen, der Ihre Beziehung zu Ihren Kindern zu untergraben versucht. Wenn der Finsterling in Ihrem Leben mit nichts zu befriedigen ist und immer etwas braucht, womit er seine Leere füllen kann, brauchen Sie diesen Drang nicht durch Sucht und endlose Selbstverurteilung zu beschwichtigen. Stattdessen spannen Sie diese Seite Ihrer selbst mit all ihren Kräften vor Ihren Wagen, um positive Veränderungen einzuleiten, sei es in Ihrem eigenen Leben oder dem eines Menschen, der Ihnen viel bedeutet.

Wichtig ist immer wieder, dass Sie sich alle diese menschlichen Züge vergeben, ja ihnen sogar mit Achtung begegnen, um dann zuzusehen, wie Sie alles an sich selbst auf gesunde und nutzbringende Weise umsetzen können. Wir wissen nie, wann sich eine für unnütz gehaltene Eigenschaft als genau die Fähigkeit entpuppt, die wir brauchen, um für uns oder andere etwas in Bewegung zu bringen.

Das erinnert mich an Jason, einen 30-jährigen, auf seine markante Art gut aussehenden Mann, der geradezu süchtig nach allem war, was irgendwie gefährlich ist. Als Junge galt er in der Familie und unter Freunden als Angsthase, und irgendwann beschloss er, dass er auf keinen Fall ängstlich sein wollte. Mit elf fing er an, Hockey zu spielen, und dann entwickelte sich schnell eine Vorliebe für Extremsportarten. Er suchte die Gefahr, und das war die denkbar beste Tarnung. Einen, der Felswände erklimmt und aus Flugzeugen springt, kann man doch sicher nicht als Angsthasen bezeichnen.

Einmal bei der Heimreise von einem seiner Abenteuertrips kam Jason auf den Gedanken, seine Mutter zu besuchen; sie war geschieden und neu verlobt. Als Erstes schockierte ihn, dass Jack, der neue Mann an der Seite seiner Mutter, beinahe zwanzig Jahre jünger war als sie. Jason unterhielt sich einen Abend lang mit Jack und stellte fest, dass der allen Fragen über seine berufliche Vergangenheit und die derzeitigen geschäftlichen Unternehmungen beharrlich auswich. Das veranlasste Jason zu so schlimmen Befürchtungen, dass er, der sonst stets die Grenzen seiner Mutter achtete, Nachforschungen über ihren neuen Freund anstellte. Seine eigene Internetrecherche ergab nichts, weshalb er ein paar Bekannte seiner Altersstufe bat, sich doch einmal das millionenschwere Unternehmen anzusehen, auf das Jack den ganzen Abend immer wieder angespielt hatte.

Schon nach wenigen Tagen bestätigte sich sein Verdacht. Er stieß auf einen nicht weit zurückliegenden Konkurs, eine finstere Kredit-Historie, Prozesse und eine Verschuldung von unübersehbarem Ausmaß. Jacks millionenschweres Unternehmen verfügte zwar über ansehnliche Büroräume, aber nennenswerte Geschäfte gab es da keine abzuwickeln. Jetzt wusste Jason zwar alles, aber er brachte trotzdem tagelang nicht den Mut auf, etwas zu sagen. Als seine Mutter jedoch ankündigte, Jack werde demnächst bei ihr einziehen, um unnötige doppelte Ausgaben einzusparen, ging Jason in sich und machte sich ernsthaft auf die Suche nach dem Mut und der Kraft zu einem offenen Wort, stieß dabei jedoch nur auf einen verschüchterten kleinen Jungen, der die Liebe seiner Mutter nicht aufs Spiel setzen wollte. Sein Schatten diktierte ihm einfach, was er sagen durfte und was nicht. Ihm war klar, dass er nicht länger schweigen durfte, aber er fühlte sich gegenüber seinem verängstigten Ich, das er all die Jahre in den Schatten verbannt hatte, wie gelähmt. Jetzt sah er es und bestätigte seine Anwesenheit und öffnete ihm sogar sein Herz – und so traute er sich schließlich, seiner Mutter reinen Wein einzuschenken. Er riet ihr, Jack erst dann bei sich aufzunehmen, wenn sie die ganze Wahrheit über ihn kannte. Unabhängig von der Entscheidung, die seine Mutter am Ende treffen würde, war er einfach stolz auf sich, dass er den Mut gefunden hatte, alles zu sagen. Und seinem eigenen verängstigten Schatten-Ich begegnete er von jetzt an mit einer gesunden Portion an Verständnis und Mitgefühl. Schließlich hatte ihm ja sein Angst-Ich und nicht die Mut-Persona eingegeben, den Mann zu demaskieren, der sich da wahrscheinlich aus unlauteren Motiven an seine Mutter heranmachte.

Er fand dann noch viele weitere Fälle, in denen ihm sein ängstliches und argwöhnisches Ich Schwierigkeiten erspart hatte. Er nutzte fortan die Gabe seiner Angst und musste jetzt nicht mehr ständig die Rolle des furchtlosen Draufgängers spielen. Er musste nichts mehr beweisen. So bekam er wieder Zugriff auf die tiefe Kraft, von deren Vorhandensein er nicht einmal geahnt hatte, solange sein verleugnetes Ich im Schatten verborgen gewesen war.

Wenn wir ganze Menschen sein wollen, müssen wir alle unsere Gefühle, Eigenschaften und Erfahrungen gelten lassen, nicht nur das, was unser Ego für annehmbar befindet, sondern eben auch alles, was wir als falsch und schlecht empfunden haben. Wenn wir die dunkle Seite als Teil unserer Ganzheit akzeptieren, wird sich herausstellen, dass sie alles an Kraft, Können, Intelligenz und Durchsetzungsvermögen mitbringt, was nötig ist, um in der Welt Großes zu erreichen.

Wenn wir das Gold im Dunklen finden wollen, die heimlichen Schätze unseres Schattens, müssen wir überall da, wo wir etwas verleugnet und verdrängt haben, radikale Ehrlichkeit walten lassen, wir müssen allem an uns, dessen wir uns geschämt haben, mit Verständnis und Mitgefühl begegnen, die schwierigen Erfahrungen der Vergangenheit lieben und bejahen lernen und uns überall da Mut zusprechen, wo wir uns ungeschützt und angreifbar fühlen. Da wird nichts geglättet, beschönigt oder vertuscht, und wir tun auch nicht so, als handele es sich bei den Dingen, die unseren eigenen Erfolg untergraben, um nebensächliche Kleinigkeiten. Wir brauchen vielmehr ein klares Bild von dem, was selbstschädigende Verhaltensweisen uns kosten, nur dann mobilisieren wir die Energie, mit der wir die „Schwerkraft" unserer Vergangenheit überwinden können, um uns die unendlichen Möglichkeiten unseres wahren Ich zu erschließen.

Wenn wir unseren Schatten endlich direkt vor uns haben, stellt sich schnell heraus, dass er uns eigentlich gar nicht schaden will. Unser Schatten-Ich möchte uns vielmehr zur Ganzheit zurückführen. Das erinnert mich an eine Szene aus dem Batman-Film *The Dark Knight*. Joker hält Batman in dieser Szene ein Messer an die Kehle, und Batman sagt: „Mach schon, töte mich." Der Joker erwidert mit verdattertem Gesichtsausdruck: „Ich will dich gar nicht töten. Du machst mich erst vollkommen." Damit sagt er, dass er ohne seinen heroischen Gegenspieler gar nichts wäre. Wenn wir clever genug sind, unsere inneren Bösewichte – den Pessimisten, den Arroganten, den Diktator, das Opfer – in den von unserem wahren Ich vorgesehenen Handlungsverlauf einzubinden, weil wir erkannt haben, dass sie nicht Feinde sind, sondern verletzte und verlorene Anteile unserer selbst, die nur geliebt und angenommen werden müssen, werden wir getreu dem höchsten Auftrag unserer Seele leben können und Frieden finden.

Den „lichten Schatten" annehmen

Unser Schatten besteht nicht nur aus unserer dunklen Seite oder aus den Dingen, die allgemein als schlecht angesehen werden. Es gibt auch Positives und Wünschenswertes, das in den Schatten verdrängt wird, und wir sprechen zur Unterscheidung vom „lichten Schatten". Unser Schatten besteht also zum einen aus vergrabenen dunklen Aspekten und zum anderen aus solchen, die im Grunde durchaus kraftvoll, liebevoll und erfreulich sind. Und das wirklich Interessante und Erstaunliche ist, dass wir genauso viel Lichtes wie Dunkles in den Schatten abdrängen. Eine große Begabung oder Kompetenz, Humor, Erfolg und Mut – all das kann im Schatten verschwinden. Wie kann es sein, dass wir unsere freie Selbstäußerung, unsere Einzigartigkeit, unsere Fröhlichkeit begraben? Nun, vielleicht haben wir uns Mahnungen wie diese zu Herzen genommen: „Werd bloß nicht größenwahnsinnig", „Niemand mag dich, wenn du so großtust", „Je weiter oben, desto dünner die Luft".

Unseren lichten Schatten finden wir auf demselben Wege wie den dunklen: Wir achten darauf, wo wir unser Licht, also unsere guten Eigenschaften, auf andere projizieren. Wenn wir jemanden bewundern und denken: „Ach, so wäre ich auch gern“, dann deshalb, weil wir an dem anderen liebenswerte Qualitäten entdecken, die in Wirklichkeit unsere eigenen sind. Wenn uns an einem anderen Menschen etwas anspricht, haben wir es selbst auch. Es verbirgt sich vielleicht hinter einer ungünstigen Verhaltensgewohnheit oder alten, ausgedienten Schattenüberzeugungen, die uns sagen, wir seien das genaue Gegenteil dessen, was wir in anderen sehen. Aber ich versichere Ihnen: Wenn Sie an irgendjemandem etwas anziehend finden, und sei es noch so großartig, existiert es auch in Ihnen.

Vor über zwanzig Jahren, als ich im Begriff war, meine Drogensucht vollständig zu überwinden, führte ich in Südflorida eine Boutique, und mein Leben erschien mir leer und nichtssagend. Ich verspürte immer wieder den Drang nach etwas Tieferem und Sinnvollerem, und so kam ich schließlich auf den Gedanken, Psychologie zu studieren und vielleicht Therapeutin zu werden. Ich zog nach San Francisco, vertiefte mich in die Bewusstseinsforschung und fand in der Schattenarbeit ein Gebiet, das mich besonders faszinierte. Einmal rief mich meine Schwester am Abend an und erzählte, Marianne Williamson werde im Palace of Fine Arts sprechen. Obwohl die Veranstaltung ausverkauft war, besorgte sie mir eine Karte, und so saß ich schließlich wie gebannt in dem voll besetzten Saal. Marianne rief die Menschen ganz direkt auf, zu einer höheren Vision für sich selbst und der Welt zu gelangen. Sie nahm kein Blatt vor den Mund und bat uns inständig darum, aus unserem ichzentrierten Leben auszusteigen und uns dem großen göttlichen Auftrag des Dienens zur Verfügung zu stellen. Ich lauschte ihren Worten sehr aufmerksam, aber noch mehr beeindruckte mich ihre Präsenz. Ich war hingerissen und am Ende völlig erfüllt von Marianne Williamson.

Ich wollte anschließend nur schnell nach Hause, um gleich nach all dem in mir selbst zu forschen, was ich an ihr so bewunderte. Ganz besonders gefiel mir ihr Mut, einfach die Wahrheit zu sagen, auch wenn es bedeutete, dass sie die Menschen erst einmal schockieren musste, um sie wachzurütteln. Und ich bewunderte ihre Fähigkeit, eine schwierige Botschaft so klar zu formulieren, die Worte so überzeugend und gekonnt zu wählen, dass sie Geist und Herz erreichten. Besonders anrührend fand ich ihre tiefe Sympathie für die Menschheit und ihr Engagement für etwas, das über ihr individuelles Leben hinausging. Ich beneidete sie auch ein wenig um ihre Schönheit und Stilsicherheit, den Mut, als eine Frau mit Sexappeal aufzutreten und nicht dem Stereotyp des spirituellen Lehrers zu entsprechen, der meist etwas abgewetzt und vernachlässigt wirkt. Sie füllte mühelos den Raum, sie sah großartig aus und war von bestechender Intelligenz, und doch war an ihrer großen und echten Tiefe nicht zu zweifeln.

Da Projektion eines meiner großen Studienobjekte war, blieb ich nicht bei Mariannes Verhaltensweisen, sondern forschte nach den Wesenszügen, die ihnen zugrunde liegen mussten. Ich stellte mir die Frage: „Was ist das für ein Mensch, der auf der Bühne einfach er selbst sein kann?“ Ein authentischer Mensch, keine Frage. „Was ist das für ein Mensch, dem die Welt so sehr am Herzen liegt?“ Ein selbstloser Mensch. „Und was lässt Marianne einfach das Wort ergreifen und die Wahrheit sagen, mag sie auch schockierend und beängstigend sein?“ Es kam eine sehr klare Antwort: Sie ist ein beherzter, unerschrockener Mensch.

Ich sah mir die gefundenen Punkte noch einmal an: beherzt, authentisch, selbstlos. Das waren keine Eigenschaften, die ich mir zuschrieb oder an mir kannte. Wer mich heute kennt, wird das vielleicht kaum glauben können, aber damals war ich keine von denen, die sagt, wie es ist. Ich hatte immer Angst, die Anerkennung der mir wichtigen Menschen zu verlieren, und scheute es, heikle Dinge anzusprechen. Außerdem besaß ich nicht genügend Selbstvertrauen, um ohne zu zittern vor einem Raum voller Leute zu stehen. Eine gute Figur zu machen, war mir wichtiger, als etwas zu sagen, was im Leben der Menschen etwas bewirken würde. Es sollte nett und liebenswürdig klingen, darauf achtete ich mehr als auf Deutlichkeit und Geradlinigkeit. Dennoch, wenn ich diese Stärken bei Marianne erkannte, musste ich zumindest die Anlage dazu auch selbst besitzen.

Also machte ich mir Mut, im Umgang mit anderen authentischer zu sein und mich auch dann zu Wort zu melden, wenn ich lieber geschwiegen hätte. Um meine visionäre Seite zu entwickeln, leitete ich meinen Tag mit einem Gebet für die Welt ein, gefolgt von einem für mich selbst. Da ich selbstloser werden wollte, achtete ich mehr auf das, was ich geben konnte, und weniger auf meine persönlichen Wünsche. So fiel ein Widerschein von Mariannes Glanz auf das, was in mir noch schlummerte. Ihr Licht gab mir einen Eindruck von all dem, was ich in der Welt sein könnte, wenn ich nur mutig und unbeirrt dabei blieb, dass die Stärken, die ich in ihr sah, auch meine waren. Das soll nicht heißen, dass Marianne diese Eigenschaften nicht wirklich besitzt, natürlich tut sie dies. Unerschrockenheit, Echtheit und Selbstlosigkeit sind universelle Qualitäten, jeder Mensch hat sie auf seine Weise und soll sie auf seine Weise zum Ausdruck bringen können.

Als ich die Trance meiner Licht-Projektion auf Marianne noch nicht gebrochen hatte, wünschte ich mir, dass mein erstes Buch so schön und so poetisch werden sollte wie Mariannes *Rückkehr zur Liebe*. Doch je mehr ich mich der ureigenen Entfaltung dieser Qualitäten in mir selbst ergab, desto deutlicher zeichnete sich ab, dass für mich ein anderer Weg vorgesehen war. Mir war eher aufgegeben, Verfechterin des Dunklen und nicht die First Lady des Lichts zu sein. Das war der göttliche Plan für mich, und ich hätte ihn nie auch nur halbwegs zu Gesicht bekommen, wäre ich nicht allen meinen Projektionen nachgegangen, um sie schließlich anzunehmen.

Wir nehmen unser Licht von denen zurück, auf die wir es projiziert haben, und damit öffnet sich die Tür zu einer unvorstellbaren Zukunft. Nicht im Traum hätte ich je gedacht, dass ich eines Tages zusammen mit Marianne Williamson ein Buch schreiben würde, dass wir Freundinnen werden und einander bei der Erfüllung einer kollektiven Mission unterstützen würden. So etwas wird möglich, wenn wir von dem Licht, das wir bei anderen sehen und bewundern, selbst Besitz ergreifen. Wir lösen uns aus der Trance und bekennen uns zu dem in uns, was so sehnlich darauf wartet, sich zu zeigen.

Wenn etwas Sie inspiriert, dann deshalb, weil es bereits etwas von Ihnen ist. Und Ihre Herzenswünsche wollen Ihnen dabei helfen, es zu entdecken und Gestalt annehmen zu lassen. Wenn es etwas gibt, das Sie gern werden möchten, dann deshalb, weil Sie die Anlage zu dieser Eigenschaft oder Fähigkeit und dem entsprechenden Verhalten bereits haben. Es wird nicht unbedingt genau so aussehen, wie es sich bei anderen ausdrückt – sondern eben in Ihrer ganz eigenen Form.

In meinen Workshops wähle ich immer irgendeine allgemein bekannte Persönlichkeit und fordere meine Zuhörer auf zu formulieren, was sie an dieser Person besonders schätzen. Neulich war es Bono, und es wurden mindestens zwanzig liebenswerte Eigenschaften genannt. Jemand schwärmte von seiner musikalischen Begabung, jemand anderes konnte Bonos Kreativität nicht genügend betonen, ein dritter bewunderte seine Ausstrahlung. Manche waren von seiner visionären Kraft beeindruckt, andere sahen ihn als Leitfigur oder als selbstlosen und großzügigen Menschen. Die ihm zugeschriebenen Eigenschaften wurden laut gerufen, als sei vollkommen klar, dass jedermann nur zustimmen konnte. Das ist aber die große Ausnahme, denn jeder sieht die ins Auge gefasste Person durch die Brille seiner eigenen, in den Schatten abgedrängten Ich-Anteile, die zugelassen und bejaht werden möchten. In diesem Fall nahm jeder etwas anderes wahr, weil jeder andere Anteile seines eigenen Lichts auf diese Leinwand namens Bono projizierte.

Bono ist hier der große Spiegel, in dem seine Fans eine verschüttete Seite ihrer selbst wiederfinden können. Er bietet ihnen die Chance, das eigene Licht endlich als das eigene zu erkennen und dann auch einen eigenen Ausdruck für das zu finden, was sie in ihm sehen. Allen Personen des öffentlichen Lebens steht es frei, sich die Projektionen der Leute *nicht* zu eigen zu machen. Wenn sie es tun, fallen sie nämlich nur allzu leicht Illusionen über sich selbst zum Opfer, und das läuft darauf hinaus, dass ihr Schatten das Sagen bekommt. Viel besser wäre es, sie würden allen Leuten, die ihnen ihr Licht übertragen, solche Projektionen einfach zurückspiegeln.

Denken Sie immer daran, dass unser Schatten unseren Blicken so weit entzogen ist, dass es ohne Hilfe schier unmöglich wäre, ihn zu finden. Ohne das Phänomen der Projektion könnte es sein, dass er uns ein ganzes Leben lang verborgen bleibt. Oft ist es ja so, dass die Verdrängung der Wesenszüge, aus denen der Schatten besteht, im Alter von drei oder vier Jahren geschieht. Die Projektion all dieser Qualitäten auf andere gewährt uns die Chance, die vergrabenen und unsichtbaren Schätze zu heben.

Den Schatten integrieren

Vielleicht leuchtete es Ihnen inzwischen ein, dass der Schatten mit all seinen Schmerzen und Traumata und Streitigkeiten ein unzerstörbarer Teil unserer selbst ist. Wir können uns anstrengen, so sehr wir wollen, wir werden ihn nie ausschalten oder zum Schweigen bringen können. Aber wir entscheiden selbst, ob wir ihm erlauben, unser Leben zu zerstören und uns der Erfahrung unserer Größe zu berauben oder ob wir ihm seine Weisheit abluchsen und sie dazu nutzen, das Bestmögliche aus uns zu machen. Wir alle kennen die Süße der Liebe, den üblen Geschmack von Enttäuschung und Verlust, die Bitterkeit, die nach großem Kummer bleibt. Alle diese Erfahrungen stehen auf der Liste der Zutaten, die uns einzigartig machen. Ohne sie wären wir nicht, was wir sind. Im Allgemeinen leiden wir unter den schmerzhaften und unerwünschten Zutaten, aber es gibt auch Menschen, die den Schmerz nutzen, um ihren großen Kummer zu heilen und der Welt etwas zu geben – anstatt unter den Schattengestalten der Vergangenheit langsam zu ersticken.

John Walsh, der die Sendung *America's Most Wanted* moderiert, tat genau das. Der Tod eines Kindes ist sicherlich eine der am schwersten verdaulichen Zutaten des Lebens, manchmal sogar schwer zu überleben. Johns sechsjähriger Sohn Adam wurde ermordet, und was tat John? Er kämpfte für die Rechte von Opfern, verwandelte seinen Zorn in Aktion, indem er dieses Fernsehformat ins Leben rief, und setzte sich für eine Gesetzgebung ein, die die Verfolgung Zehntausender Krimineller ermöglichte. Er hätte seinen Schmerz hinunterschlucken und sich mit der Rolle des Opfers begnügen können, stattdessen nutzte er diesen Zorn und den Kummer als Antrieb, die Sendung *America's Most Wanted* zu entwickeln, die dafür verantwortlich ist, dass über tausend flüchtige Rechtsbrecher gefasst und mehr als fünfzig Kinder wieder nach Hause gebracht werden konnten. Die Erfahrung seiner eigenen traumatischen Erlebnisse gab ihm die Kraft, andere vor dem gleichen Schmerz zu bewahren, und heute ist er ein bewunderter und geachteter Mann.

Nancy Goodman Brinkers einzige Schwester starb mit 36 Jahren an Brustkrebs. Nancy, die ebenfalls an Brustkrebs erkrankt war, gründete die Susan G. Komen Breast Cancer Foundation, eine nichtkommerzielle Organisation, die über eine Milliarde Dollar für Forschung, Erziehung und Gesundheitsversorgung aufgebracht hat. Sie schloss Frieden mit den Ereignissen ihres Lebens und wählte *nicht* die Opferrolle. Sie hat Außergewöhnliches geleistet, um das Bewusstsein für diese lebensbedrohende Erkrankung zu schärfen, vor allem für die Möglichkeiten der Früherkennung, und sie hat die Suche nach Heilmethoden vorangetrieben.

Können Sie sich vorstellen, wie die Welt aussehen würde, wenn Thomas Edison sich nicht über alle Hindernisse hinweg angenommen und bejaht hätte? Schon in jungen Jahren hätte er Grund genug gehabt, sich für einen Verlierer, Versager und Dummkopf zu halten. Er ging tausend verschiedenen Theorien zur Erzeugung von elektrischem Licht nach, die alle Erfolg versprachen – und erntete doch einen Fehlschlag nach dem anderen. Doch er gab nie auf, er analysierte die Fehlschläge, lernte aus ihnen und brach gleich wieder zu neuen Ufern auf. Er glaubte einfach an seine Vision und sein Genie, selbst als noch nichts dafür zu sprechen schien. Hätte er sich, wie es die meisten unter solchen Umständen tun, zum Versager gestempelt und die ihm scheinbar gesetzten Grenzen akzeptiert, anstatt sich seine Fehlschläge zu vergeben, wir säßen heute noch im Dunklen – buchstäblich.

Die Ungarin Edith Eva Eger wurde im Alter von 16 Jahren zusammen mit ihren Eltern und einer ihrer beiden Schwestern nach Auschwitz deportiert, wo sie am 22. Mai 1944 eintraf. Ihrem Vater, der sofort dem Männerlager zugeteilt wurde, ist sie nie wieder begegnet, und sie musste hilflos mit ansehen, wie ihre Mutter zur Gaskammer gebracht wurde. Edie, wie sie heute von ihren Freunden genannt wird, lebte Tag für Tag unter unvorstellbar schrecklichen Umständen, sie sah Menschen in den Elektrozäunen rings um das Lager sterben und wusste bei der Dusche nie, ob Wasser oder Gas kommen würde. Sie überlebte schlimmere Umstände, als wir es uns jemals vorstellen können, aber wer ihr heute begegnet, wird einen wunderbar ganzen Menschen vor sich sehen, eine Frau, die es sich trotz und in mancher Hinsicht wohl auch wegen ihrer unglaublich schweren Vergangenheit nicht versagt hat, ein erfülltes Leben zu führen.

So war es bereits in Auschwitz und den anderen Lagern, die sie später noch erlebte. Sie wählte einfach immer das Beste dessen, was unter den gegebenen Umständen möglich war. Als bekannt wurde, dass sie Tänzerin war, musste sie für Josef Mengele, der als Lagerarzt mitverantwortlich für die Folter und den Tod von

Millionen von Juden war, tanzen. Was tat sie? Sie schloss die Augen und stellte sich vor, dass sie in Budapest Tschaikowskis *Romeo und Julia* tanzte. Zweimal die Woche wurde ihr Blut abgenommen; damit, so sagte man ihr, würde sie zum Endsieg beitragen. Was tat sie? Sie sagte sich: „Ich bin Tänzerin und Pazifistin, mein Blut wird ihnen nicht helfen, den Krieg zu gewinnen." Und die Lagerwächter sah sie stets als die eigentlichen Gefangenen. Sie bewältigte den Schmerz über den Tod der Mutter, indem sie sich immer wieder sagte: „Der Geist stirbt nie." Sie hielt sich einfach an das in ihrem Innern, was nicht zulassen wollte, dass irgendetwas Äußeres ihren Geist brach. „Wenn ich heute überlebe", so ihr Leitsatz, „bin ich morgen frei."

In ihrer neuen Heimat Amerika ist Edie heute als eine für ihr großes Einfühlungsvermögen bekannte Psychologin tätig, und außerdem ist sie Oberhaupt einer wunderbaren Familie. Ihr ist sehr bewusst, dass sie Hitler einen dicken Strich durch die Rechnung machte, als sie all das Dunkle, dem sie ausgesetzt war, integrierte und in Leben verwandelte. Als sie für den Film *The Shadow Effect* interviewt wurde, fragte ich sie, ob sie zornig auf Hitler sei. Sie sah mich direkt an und erwiderte in aller Unschuld, sie hege keinerlei Groll gegen Hitler; täte sie das, dann würde sie ihn ja ständig mit sich herumtragen, und er hätte den Krieg doch noch gewonnen. Freiheit geht Edie über alles. Sie trägt das Licht der Inspiration, wir täten alle gut daran, in ihre Fußstapfen zu treten.

So leicht verfangen wir uns in unseren Verletzungen und Schmerzen, wir lassen zu, dass der Schatten und die Geschichte unseres Lebens unser Wohlbefinden untergraben, wir lassen uns von ihnen unsere Zukunft diktieren. Wenn wir uns selbst oder anderen etwas nachtragen, fesseln wir uns wie mit Stahlseilen an eben das, was unseren Schmerz verursacht hat. Wenn wir uns weigern zu vergeben und zu vergessen, dann ist es, wie mein lieber Freund Brent BecVar sagt, „wie bei einem Ertrinkenden, dessen Kopf von einem anderen unter Wasser gehalten wird. Irgendwann wird einem klar, dass man selbst derjenige sein muss, der sich den Weg zurück zur Oberfläche kämpft." Vergebung und Mitgefühl – das sind unsere „Waffen" gegen tiefen Kummer und die erdrückende Schwere des Schattens. Vergebung geschieht nicht im Kopf, sondern im Herzen. Sie ereignet sich, wenn wir das Gute in unseren schlimmsten Erlebnissen und finstersten Gefühlen gefunden und geborgen haben. Vergebung ist der Verbindungsweg zwischen der Vergangenheit und einer alle Vorstellungen sprengenden Zukunft.

Geschichten wie die oben berichteten zeigen auf, dass wir alle nach einem höheren Plan leben und wirklich alles seinen Grund hat. Nichts geschieht nur versehentlich oder einfach aus Zufall. Wir entwickeln uns ständig, ob wir es merken oder nicht. Oft ist die Entwicklung mit Schmerz verbunden, aber der Schmerz dient einem wichtigen Zweck, er ist eine unverzichtbare Zutat unseres „göttlichen Rezepts". Durch die Last der Einsamkeit öffnet sich unser Herz für mehr Liebe, und wenn wir uns über die Menschen und Umstände erheben, unter denen wir zu leiden hatten, entdecken wir unsere tiefe Kraft. Sobald wir erkennen, dass wir Schmerz, Trauma und Kummer die Weisheit verdanken, die unserer Entwicklung dient, fällt es uns nicht mehr schwer, all denen zu verzeihen, die uns schwierige Lektionen erteilt haben – wir werden sie sogar segnen. Jedes einzelne Leben folgt einem göttlichen Plan, nach dem uns genau das zuteilwird, was wir brauchen, um zum Ganzen der Welt unseren ganz eigenen Beitrag leisten zu können.

Unser Kopf sagt uns vielleicht, dass schlecht nun mal schlecht und gut eben gut ist und wir nie all das sein können, was wir uns erträumen, aber unser Schatten würde uns etwas ganz anderes erzählen. Er würde uns sagen, dass unser Licht nur dann ganz hell leuchten kann, wenn wir das Dunkle in uns angenommen haben. Er würde uns versichern, dass in jeder Verletzung Weisheit liegt. Er würde uns das Leben als eine magische Reise vor Augen führen, auf der wir lernen, mit unserer Menschlichkeit und Göttlichkeit Frieden zu schließen. Er würde uns sagen, dass wir Gutes verdienen, dass wir wichtig sind, dass wir mehr sind, als wir je für möglich gehalten hätten, dass am Ende des Tunnels das Licht wartet.

Wer seinen Schatten annimmt, stellt fest, dass er nach einem göttlichen Plan lebt, einem für die persönliche Entwicklung und die Evolution der Menschheit ungeheuer wichtigen Plan. Wie der Lotos, der im Schlamm wurzelt, müssen wir das Dunkelste in uns und das Schmerzlichste im Leben annehmen, denn sie sind es, die die ganze Schönheit unserer selbst ans Licht bringen. Wir brauchen die chaotische, schlammige Vergangenheit, den fruchtbaren Schlick des Menschseins, dieses Gemenge aus Verletzung, Kränkung, Verlust und unerfüllten Sehnsüchten zusammen mit allen Freuden, Erfolgen und Segnungen. Nur gemeinsam vermitteln sie uns die Weisheit, den klaren Blick und den Antrieb, uns zum besten und schönsten Ausdruck unserer selbst zu entfalten. Das ist das Geschenk des Schattens.

MARIANNE WILLIAMSON

TEIL
III

Nur Licht kann das Dunkel vertreiben

MARIANNE WILLIAMSON

Eine Welt voller zärtlicher Magie: schlafende Säuglinge, spielende Kinder, verliebtes Lächeln, ewige Freundschaft, blühende Blumen, der Hoffnungsschimmer der Morgendämmerung, die glühende Pracht des Sonnenuntergangs, die Herrlichkeit des Körpers, die zarten Wunder der Natur, die faszinierende Tierwelt, das Vermögen zu verzeihen, die Gnade Gottes, die Freundlichkeit Wildfremder – diese Reihe ließe sich endlos fortsetzen, bis ganz klar geworden ist, dass den Ausdrucksformen der Liebe keine Grenze gesetzt ist. Aber es gibt auch etwas anderes.

Was *ist* dieses andere?

Weshalb gibt es in einer Welt, in der Kunstwerke uns zu Tränen rühren können, auch Kindesmissbrauch und Vergewaltigung, Mord an Unschuldigen, grundlos Inhaftierte, hungernde Kinder, Folter, Völkermord, Krieg, Menschenhandel und so viel mehr furchtbares und unnötiges Leid. Warum sind Menschen zu solchen Grausamkeiten fähig, wie können andere so gleichgültig sein, dass sie es geschehen lassen? Was ist das für eine Kraft in unseren Köpfen und in der Welt, die, wie es scheint, gezielt und unausweichlich darauf hinwirkt, dass Lebewesen leiden und vernichtet werden?

Wenn Gott Liebe ist, weshalb gibt es dann das Böse?

Wir leben in einer Welt, in der sich mögliche Freude und allzu normaler Schmerz beständig gegenüberstehen. Wir hoffen auf Liebe und Erfolg und Fülle, aber vergessen nie ganz, dass immer auch Katastrophen lauern. Wir wissen um das Gute in der Welt, aber uns ist auch bewusst, dass es noch etwas anderes gibt. Und wir leben in einer Zeit des heftigen und zunehmenden Widerstreits dieser beiden Seiten. All das, was Menschen hassen, zerstören und töten lässt, ist heute von einer kollektiven Wucht, die es erst gibt, seit Technik und Globalisierung die Möglichkeit eröffnet haben, uns alle auf einen Schlag zu treffen. Deshalb ist es heute wichtiger als je zuvor, diese die Liebe verachtende Kraft aufzulösen, die uns alle vernichten möchte. Diese Kraft will uns nicht einfach nur Ärger machen. Sie sähe uns gern tot.

Allerdings ist diese Kraft in diesem Sinne eigentlich keine Kraft. Sie tut selbst nicht viel, sie bringt vielmehr *uns* dazu, das zu tun, was sie will. Sie besteht darin, dass wir vergessen haben, wer wir sind, und deshalb so handeln, wie wir nicht sind. Sie ist eine Finsternis, die wie alles Dunkle nicht als etwas Eigenes vorhanden ist, sondern nur als das Fehlen von Licht. Sie ist ein schwarzes Loch im Raum der Psyche, immer dann existent, wenn das Licht, und sei es auch nur für einen Moment, nicht gesehen wird. Und das Licht, das einzige wahre Licht, ist die Liebe.

Wie mit dieser Finsternis, die viele Namen hat und die hier „Schatten“ genannt wird, umzugehen ist, das ist eine Frage, die uns Menschen seit den Anfängen unserer Geschichte verfolgt. Denn so viel wissen wir, hat es auf der Erde nie eine menschliche Gemeinschaft oder Zivilisation gegeben, in der allezeit Liebe geherrscht hätte. Aber wir träumen nach wie vor davon. In einigen Weltreligionen wird dieser Zustand „Paradies“ genannt. Und manche religiösen und spirituellen Texte geben uns zu verstehen, dass wir Erinnerungen an diesen Zustand besitzen, der allerdings kein irdischer Zustand ist. Es handelt sich um unseren spirituellen Ursprung, eine Dimension der reinen Liebe, aus der wir kommen und nach der wir uns mit aller Inbrunst zurücksehnen. Der Umstand aber, dass wir manchmal oder sogar die meiste Zeit fern dieser reinen Liebe leben, bedingt einen psychischen Bruch, von solchem Ausmaß, dass wir uns von Augenblick zu Augenblick immer wieder daran verletzen. Diese Traumatisierung spielt sich in einer so tiefen Schicht ab, dass wir sie nicht einmal bewusst wahrnehmen.

Im Getrenntsein von der Liebe sind wir von Gott getrennt. Von Gott getrennt sind wir von uns selbst abgeschnitten. Und wenn wir von uns selbst abgeschnitten sind, leben wir im Wahn.

Gandhi hat einmal gesagt: „Das Schlimme an der Welt ist, dass die Menschheit nicht recht bei Sinnen ist.“ Wahrhaftig! Wir begeben uns als Einzelne und alle zusammen an einen Ort, an dem so gut wie nichts von dem ist, was wir sind und wozu wir hier sind. Hier wendet sich unsere Kraft gegen uns, hier verfälscht sich unsere Identität, hier kommt es zur Umkehrung dessen, was wir eigentlich auf der Erde zu tun haben.

Das Problem ist freilich nicht ohne weiteres zu erkennen, solange wir uns an diesem Ort aufhalten. Es ist ein Ort massiver kosmischer Verblendung. Von der Liebe getrennt neigen wir zu dem Glauben, unser Zorn sei gerecht, unsere Schuldzuweisungen an andere seien nur zu begründet, unsere Angriffe auf andere seien reine Selbstverteidigung. Und es kann noch schlimmer kommen. Ein Mensch – mitunter sogar ein ganzes Land – kann so tief in das schwarze Loch der Lieblosigkeit gesaugt werden, dass er seinen finstersten Intentionen dient. Dieses Ding, eigentlich ein Nichtding, ist nämlich nicht untätig. Menschliches Bewusstsein ist wie eine Zündflamme, die niemals erlischt. Es kann dazu dienen, lebensfreundliche Wärme zu erzeugen, aber es kann eben auch lebensvernichtende Großbrände auslösen. Wo keine Liebe ist, herrscht Angst, und wen die Angst einmal gepackt hat, den hält sie wie in einem Schraubstock, der die Seele zu zermalmen droht.

Das also ist der Schatten. Er macht sich bei den meisten von uns nicht als große Feuersbrunst bemerkbar, sondern eher als ein ständiges Schwelen. Er ist das, was Sie eine völlig unangemessene Bemerkung machen lässt, mit der sie jemanden kränken, der Ihnen viel bedeutet, sodass Sie vielleicht sogar die Beziehung aufs Spiel setzen. Er ist das an Ihnen, was Sie genau den Patzer machen lässt, mit dem Sie Ihre Karriere sabotieren. Er ist das, was Sie doch wieder zum Glas greifen lässt, obwohl Sie wissen, dass Sie Alkoholiker sind und das Trinken Sie umbringen wird. Es ist, kurz gesagt, das in Ihnen, was es nicht gut mit Ihnen meint. Es ist Ihr Schatten, und es gibt nur eine Art, ihn auszuschalten: Lassen Sie Ihr Licht leuchten.

Gottes Licht wohnt nicht nur in uns, es leuchtet auch in jeder Sekunde jedes Tages aus uns. Wenn wir aus unserem wahren Ich heraus leben, wie es von Gott geschaffen wurde, empfangen wir jederzeit Liebe und geben sie weiter, wie wir sie empfangen haben. Das ist die Bedeutung von: im Licht leben.

Das klingt grundsätzlich einleuchtend, aber es wirkt gar nicht mehr einleuchtend, wenn jemand ein Verhalten an den Tag legt, das uns nicht liebenswert erscheint. Dann empfinden wir es als falsch, einen solchen Menschen zu lieben, und wir finden es richtig, unsere Liebe einzubehalten. Und dieser Augenblick – dieser kleine lieblose Gedanke, diese Kleinigkeit, die uns einfach vernünftig erscheint – ist die Wurzel allen Übels. Das ganze Denken des Schattens beruht darauf, denn hier kommt es zu einer Trennung von Gott, und stattdessen erfolgt eine Schuldzuweisung. Gott würde niemals Liebe verweigern, und wir erlangen seelische Gesundheit, indem wir lernen, wie Gott zu lieben.

Wenn wir den Schatten abschütteln wollen, müssen wir lernen, als Sterbliche unsterbliche Gedanken zu denken. Diese höheren Gedankenformen heben dann die Frequenz der Erde an, und die Welt verwandelt sich.

Aber wie ist es jetzt? Was lässt uns vergessen, wer wir sind, wie kommt es, dass wir das Licht löschen und die Welt in zwei Zustände spalten, in Liebe und Angst? Es ist der Gedanke, dass jemand schuldig sei. Unser Umgang mit menschlicher Unvollkommenheit ist demnach das, was darüber entscheidet, ob wir im Schatten oder im Licht leben.

Gott sieht Menschen, die Fehler machen, nicht so an wie wir. Gott will uns nicht für Fehler bestrafen, nur eine bessere Richtung weisen. Und wenn wir uns auf das besinnen, was wir eigentlich sind, wenn wir bedingungslos und unbeirrbar lieben, wird die Welt insgesamt die richtige Richtung einschlagen.

Wir geben dadurch nicht unsere Urteilskraft, unsere Grenzen, unser Denkvermögen auf. Göttliche Liebe ist keine Schwachheit. Gottes Liebe ist nicht kitschig und sentimental. Sie ist nicht einmal immer richtig „nett“ im Sinne von rosig und kuschelig. Sie bedarf unter anderem radikaler Wahrheitsliebe: auch gegen den Widerstand des Denkens zur Wahrheit des Herzens zu stehen. Da geht es weniger um Stil als um Substanz. So gibt es sehr herzlich aussehende Formen der Liebesverweigerung, die auf einem sehr oberflächlichen Verständnis von „positiv sein“ und „unterstützen“ beruhen; und es gibt sehr deutliche, gar nicht liebevoll klingende Worte, die sich erst viel später als wahrhaft liebevoll erweisen.

Es ist jetzt für uns alle an der Zeit, mit der Liebe wirklich ernst zu machen. Es ist Zeit, wie Martin Luther King sagte, „neuen Sinn in die Venen der menschlichen Zivilisation“ zu spritzen. Liebe muss künftig über das Persönliche hinaus auch eine gesellschaftliche und politische Dimension haben. Nur so können wir das Dunkle abschütteln, das jetzt wie ein Gespenst über der Welt schwebt. In dieser Dunkelheit leben wir im Schatten, und im Schatten regiert das Leid.

Es wirkt so echt!

Manchmal streiten Sie mit jemandem, den Sie lieben, und können es selbst kaum fassen. Es ist wie ein böser Traum. Sie hören sich sogar sagen: „Das kann doch nicht wahr sein!“ Richtig, es ist nicht wahr. Sie haben sich nur in ein paralleles Universum verirrt, in ein Hirngespinst von Trennung und Konflikt.

Vor langer Zeit habe ich mir gesagt, der Teufel sei eigentlich kein Problem, er existiere ja nur in meiner Vorstellung. An den nächsten Gedanken erinnere ich mich sehr deutlich. Ich blieb wie angewurzelt stehen bei dem Gedanken, dass das ja eigentlich der denkbar schlechteste Aufenthaltsort für den Teufel war. Der

Gedanke, dass da draußen kein Teufel herumschleicht und meiner Seele auflauert, beruhigt mich nicht sonderlich angesichts der schwindelerregenden Vorstellung, dass in mir selbst jederzeit die Tendenz besteht, ohne Liebe wahrzunehmen und mich damit selbst ins Unglück zu stürzen.

Woher kommt diese Tendenz? Wenn Gott reine Liebe ist und außerdem allmächtig, wie kann dann überhaupt eine Gegenkraft ins Spiel kommen?

Nun, es ist nie wirklich eine Gegenkraft ins Spiel gekommen. Es gibt nur Gottes Liebe und sonst nichts. Wie auch *Ein Kurs in Wundern* sagt: „Was allumfangend ist, kann kein Gegenteil haben." Es gibt jedoch ein Prinzip, nach dem eine Welt, die eigentlich nicht existiert, doch als gegeben erscheinen kann, und dieses Prinzip ist der freie Wille.

Wir können denken, was wir wollen. Nur ist es so, dass unsere Gedanken, welchen Inhalt sie auch haben mögen, Kraft besitzen, die schöpferische Kraft, die von Gott kommt. Nach dem Gesetz von Ursache und Wirkung wird sich in unserer Erfahrung zwangsläufig das zeigen, was wir denken. Wir sind Mitschöpfer Gottes, sodass unsere liebevollen Gedanken mehr Liebe erzeugen. In der Gegenrichtung erschaffen wir mit lieblosen Gedanken Angst. Das bedeutet, dass wir einen gespaltenen Geist besitzen. Eine Seite weilt im Licht, für immer eins mit Gottes Liebe. Die andere Seite, die meist auf das Vergängliche ausgerichtet ist, weilt im Dunklen. Das ist unser Schatten-Ich.

Gott sieht den Schatten nicht, da dieser eigentlich nicht existiert, da er nicht Liebe ist. Da Gott jedoch allliebend ist, wusste er um unsere Leiden beim Absturz in die Dunkelheit und stellte uns eine Sofortheilung bereit. Er schuf eine liebevolle Alternative zu dem Wahn und der Angst, in die wir uns selbst gebracht hatten.

Es handelt sich dabei um so etwas wie einen Botschafter Gottes, der mit uns im Dunkel des Schattens lebt und immer bereit ist, uns ins Licht zurückzuführen, sobald wir ihn darum ersuchen. Dieser Botschafter hat viele Namen, von Gedankenausrichter bis Heiliger Geist. Ich werde ihn hier Erleuchter nennen.

In *Ein Kurs in Wundern* heißt es, wir seien nicht vollkommen, sonst würden wir nicht hier geboren; es sei aber unsere Aufgabe, hier zur Vollkommenheit zu finden. Dazu müssen wir uns über unseren Schatten erheben und unser wahres Ich werden. Hier fungiert der Erleuchter als Brücke zwischen unserem Schatten-Ich und unserem lichten Ich. Gott ermächtigte ihn, alle Kräfte des Himmels und der Erde zu nutzen, um uns aus der Dunkelheit ins Licht zu führen. Dazu ruft er uns als Erstes in Erinnerung, dass es Dunkelheit gar nicht wirklich gibt. Wenn wir uns also in der Finsternis verloren glauben, besteht unsere größte Chance darin, den Erleuchter zu rufen, dessen Aufgabe es ja ist, Wahrheit von Illusion zu sondern. Wir rufen ihn durch Gebete und durch unsere Bereitschaft. „Ich bin bereit, dies anders zu sehen" – das ist ein Satz, mit dem wir dem Erleuchter die Erlaubnis geben, in unserem Denken ans Werk zu gehen und uns aus dem Wahn zurück in die Wahrheit zu führen.

Vor Jahren besuchte ich einmal eine Freundin. Als ich ankam, war bereits ein ganzer Kreis von Freundinnen versammelt. Eine der Frauen hatte eine, wie mir schien, ziemlich großspurige Art zu reden, und das ging so weit, dass ich jedes Mal, wenn sie sprach, das Gefühl hatte, als kratze jemand mit Fingernägeln auf einer Wandtafel. Ganz offenbar ging da mein urteilender Geist mit mir durch, mir war unbegreiflich, wie jemand derart affektiert sprechen konnte.

Als Sucherin auf dem Weg wusste ich, dass das Problem nicht bei dieser Frau, sondern bei mir lag, in meinem mangelnden Mitgefühl. So sprach ich still ein Gebet und bekundete meine Bereitschaft, diese Frau anders zu sehen. Unmittelbar darauf, so erschien es mir, sprach eine andere Frau diese von mir so unnachsichtig beurteilte Person an und sagte: „Ich habe gehört, dass sie deinen Vater aus dem Gefängnis entlassen haben, stimmt das?"

Ich hörte weiter zu und erfuhr die ganze Geschichte. Die Einzelheiten weiß ich nicht mehr, aber ich erinnere mich, dass diese Frau über lange Strecken ihrer Kindheit von ihrem eigenen Vater im Keller des Hauses gefangen gehalten wurde. Sie war dann irgendwann befreit worden, und ihr Vater kam für viele Jahre hinter Gitter. Angesichts dieser Leidensgeschichte war mir klar, weshalb sie so sprach. Sie hatte buchstäblich niemanden gehabt, an dem sie sich beim Aufbau einer gesunden erwachsenen Persönlichkeit hätte orientieren können. Sie wusste nicht einmal, wie klingt, wenn man ganz natürlich spricht, und setzte nur nach bestem Wissen etwas zusammen, was aus ihrer Sicht vielleicht als normale Persönlichkeit gelten konnte. Die Manierismen, die ich noch vor fünf Minuten zutiefst abgelehnt hatte, weckten jetzt Bewunderung und tiefes Mitgefühl in mir. Sie hatte sich nicht geändert, aber ich war anders. Im Gebet hatte ich das Licht gerufen. Der Erleuchter trat in die Welt der Finsternis ein, und indem er mir die Information zukommen ließ, die aus meinen Gedanken der Angst Gedanken der Liebe machen würde, entband er mich von meinem Schatten-Ich, meinem urteilenden Ich.

Aber wie war ich überhaupt zu dieser Neigung gekommen, derart scharf zu urteilen? Aus metaphysischer Sicht war ich nicht damit zur Welt gekommen. Wir werden nicht in der Erbsünde oder im Erbirrtum geboren, sondern in ursprünglicher, vollkommener Unschuld.

Ich habe eine sehr eindrucksvolle Erinnerung an meine Geburt. Natürlich kann ich nicht mit Bestimmtheit sagen, ob sie zutrifft, aber sie begleitet mich, seit ich denken kann. Ich sehe sogar noch die OP-Lampe vor mir, und das gibt mir das Gefühl, dass es wirklich so gewesen sein könnte. In meiner Erinnerung also kam ich mit einer unendlichen Bereitschaft zu lieben auf die Welt, größer als alles, was ich mir seither zu fühlen gestattet habe.

Das war aber 1952, als die Ärzte noch glaubten, man müsse Neugeborene mit einem Klaps zum selbstständigen Atmen bewegen. Da fühlte ich also diese unermessliche Liebe zu allem Lebendigen aus mir strahlen – und dann dieser Schlag. Der Arzt, den ich auch bereits so sehr liebte, schlug mich. Ich fühle noch, wie absolut verwirrt, verletzt und traumatisiert ich war. Weshalb tat er das? Ich konnte einfach nicht fassen, dass es tatsächlich geschehen war. Und dann plötzlich wusste ich nichts mehr. Ich trat in etwas anderes ein, und es war nichts mehr zu ändern.

Diese Erinnerung, falls es denn eine ist, beantwortet die Frage, ob wir mit dem Schatten geboren werden. Nein, wir werden in vollkommener Liebe geboren. Aber was wir auch sein und was wir auch durchgemacht haben mögen, von irgendetwas oder irgendjemandem, der gar keine schlechten Absichten haben muss, werden wir ins Schattenreich gestoßen, und dadurch stellt sich uns für den Rest unseres Lebens die Aufgabe, das Dunkle zu überwinden und ins Licht zurückzukehren.

Dieser eine Augenblick unmittelbar nach meiner Geburt – dieser traumatische Bruch der Liebe, in dem sich für mich die Urtrennung der Menschheit wiederholte, der Abschied von der

Liebe, die unser Wesen ist – stellt mich für immer vor die Versuchung, die Liebe abzuschreiben. Mir wurde für einen winzigen Moment Liebe verweigert, und seitdem existiert in mir eine Neigung, meinerseits anderen Liebe zu verweigern. Der Sinn meines Lebens besteht wie der Sinn aller menschlichen Leben darin, mich an die Liebe in mir selbst und an die Liebe in allen und allem zu erinnern.

Die Frau im Haus meiner Freundin war einfach nur bewundernswert und stellte mich doch vor die Versuchung zu urteilen. Ich bat um Hilfe und bekam sie. Meine Bereitschaft, das Licht in ihr zu sehen, brachte auch mein eigenes Licht zurück. Der Schatten war weg.

Wo keine Liebe ist, erwarte Angst

Jeder nicht liebevolle Gedanke fordert den Schatten geradezu auf, sich einzuschalten. Wir glauben gern an das Märchen der Neutralität: dass wir gar nicht unbedingt lieben müssen, solange wir nur niemandem bewusst schaden. Doch jeder Gedanke heilt oder schädigt. Die unendlich schöpferische Kraft des Denkens sorgt dafür, dass jeder Gedanke seine Wirkung hat. Wenn ich nicht liebe, wenn ich meine Liebe in irgendeiner Weise zurückhalte, entsteht ein Vakuum – und Angst füllt dieses Vakuum nur zu bereitwillig.

Das gilt für Gedanken über mich selbst ebenso wie für das, was ich über andere denke. Wenn ich bei einem anderen auf etwas blicke, was zu seinem Schatten gehört, trete ich zwangsläufig in diesen Aspekt meines eigenen Schattens ein: die Verärgerte, die Kontrollierende, die Bedürftige, die Unaufrichtige, die Manipulierende und so weiter. Und in dieser Finsternis der Schuldzuweisungen und Urteile bin ich blind für mein eigenes Licht und finde mein besseres Ich einfach nicht.

Oder nehmen wir selbstschädigendes Verhalten. In diese Falle gerate ich leicht, wenn ich die Wahrheit über mich selbst vergesse, wenn ich nicht mehr das göttliche Licht in mir zu würdigen weiß und deshalb mir selbst keine echte Wertschätzung entgegenbringe. Es kommt dann zu allen möglichen Formen der Selbstsabotage, die andere – wie zuvor mich selbst – vergessen lässt, wer ich wirklich bin. Unsere Angriffe mögen sich gegen andere oder gegen uns selbst richten, jedenfalls geht das Verlangen nach destruktiven und abwegigen Gedanken immer vom Schatten aus.

In seinem natürlichen Zustand befindet sich unser Verstand in stetigem Austausch mit dem Geist der Liebe. Aber wie die Liebe so hat auch der Schatten seine Botschafter in uns, und zwar in Gestalt von Gedanken, die uns immer wieder zu einer lieblosen Sicht der Dinge verleiten wollen. „Er hat gesagt, dass er mich einstellt, und jetzt tut er es nicht – so ein Mistkerl.“ „Ihre Intrigen finde ich widerlich, ich kann sie nicht ausstehen.“ „Iss ruhig den ganzen Kuchen, egal was der Arzt sagt.“ „Es merkt doch keiner, wenn du dieses Geld für dich behältst.“ Die Welt ist von Angstgedanken beherrscht und scheint unseren Schattenüberzeugungen ständig Recht zu geben.

Ohne Gebet oder Meditation kann es sein, dass uns die Erfahrung der Liebe zwischen Schöpfer und Geschöpf fehlt, und dann kann es leicht passieren, dass wir ohne Liebe wahrnehmen, das heißt in unsere eigene innere Schattenzone geraten. Und immer wenn der Schatten sich einmischt, geht es hässlich zu, ob wir Schuldgefühle auf andere projizieren, jemandem realen Schaden zufügen oder uns einem von Sucht und Selbsthass angetriebenen Verhalten hingeben, das vor allem uns selbst schadet.

Das sollte uns jedoch nicht überraschen. Ist es nicht vielfach so, dass wir uns gleich am Morgen der Finsternis aussetzen? Wir schalten den Computer ein oder lesen die Zeitung oder wenden uns gleich den Radio- oder Fernsehnachrichten zu. Wir öffnen uns weit für Angstgedanken aus aller Welt. In einer Phase besonderer Aufnahmefähigkeit überschwemmen wir unseren Geist mit all dem von Ängsten bestimmten Denken, das unsere Kultur so weitgehend beherrscht. Es ist doch kein Wunder, dass wir vom Schatten aus agieren, wenn wir uns ständig seine Auswüchse zu Gemüte führen. Und natürlich können wir dann nur noch deprimiert, unglücklich und irgendwie von der Rolle sein, wir werden zynisch. Angstdenken beherrscht die Welt, und im Reich der Sterblichkeit ist es nun einmal so, dass die Angst zuerst und am lautesten spricht. Das Dunkle zu analysieren, ist nicht so wichtig; Licht machen, darauf kommt es an. Wer sich nicht in den Fängen des Schattens befinden möchte, der suche das Licht.

Die Stimme der Liebe wird auch „die leise innere Stimme" genannt. Es ist die Stimme des Erleuchters. Schon fünf Minuten ernsthafter Meditation am Morgen können dafür sorgen, dass unser Denken den ganzen Tag hindurch vom Erleuchter geleitet wird. Wenn mehr Menschen dem Heiligen auch in ihrem Alltag Raum gäben – wie viel besser würde es der Welt gehen! Oft wird unsere Betriebsamkeit uns zum Hindernis, weil wir es kaum noch schaffen, lange genug innezuhalten, um die Ätherkräfte der spirituellen Ebene einzuatmen. Wenn wir am Morgen aus dem Haus stürmen und für die Liebe vielleicht gerade einmal ein Kopfnicken übrig haben, wie können wir dann erwarten, dass unser Tag von Dunkelheit und Angst frei bleibt?

Wenn wir Tempo herausnehmen und uns entschleunigen, werden wir wohl auch mehr Wert auf Stille legen. In unserer heutigen Lebensweise machen sich Schattengedanken deshalb so leicht breit, weil es einfach zu laut zugeht. Zu viel Fernsehen, zu viel Computer, zu viele Außenreize – all das dämpft das Licht, das nur in einem geruhsam betrachtenden Denken leuchtet. Stille ist eine Haltung, die wir erst langsam aufbauen müssen, dann bietet sie uns einen Raum, in dem wir die vom Schatten-Ich ins Spiel gebrachten Energien leichter transformieren können.

Ein gutes Mittel für die Verstärkung des Lichts ist auch der vertraute Umgang mit anderen in einem heiligen Raum. Wenn Menschen sich aus Liebe und Hingabe zu einer spirituellen oder religiösen Gemeinschaft zusammenfinden, entsteht und wächst ein Feld der Liebe, das alle Mitglieder der Gruppe auf eine höhere Schwingungsebene hebt. In der Kirche oder Synagoge, bei Zusammenkünften von Zwölf-Schritte-Gruppen oder Gruppenmeditationen irgendeiner Art ist es ganz natürlich, dass man in erster Linie auf das Herz hört. Das Schatten-Ich scheint dann kaum eine Rolle zu spielen, es findet hier keine Auslöser und zeigt sich nicht. Der Schatten ist nicht verschwunden, und man kann immer wieder in ihn abgleiten, aber das gemeinschaftliche Streben nach dem Licht schwächt ihn.

In der Gemeinschaft mit Menschen, die auf ihr Herz hören möchten, die in jeder Situation wissen wollen, worin das liebevolle Handeln besteht, die ein ethisches Leben führen und die Stimme Gottes hören möchten, fällt es uns leichter, ebenfalls so zu leben. Das ist überall so, wo wir nach neuen und besseren Gewohnheiten streben: Unter Gleichgesinnten geht es leichter. Wenn Sie sich spirituelle Praxis zur Gewohnheit machen, verbinden und verbünden Sie sich mit dem Licht Ihres wahren Wesens. Wenn Sie das unterlassen, dürfen Sie sich nicht wundern, dass Sie vielleicht Dinge sagen oder tun, die Sie später zu bedauern haben.

Die Zahl der Schattengedanken, die uns täglich in den Sinn kommen, ist astronomisch. Wir geben uns Mühe, wir versuchen gut zu sein, aber unser Gehirn ist ständig in Aktion, und es besteht immer dieser Hang zu Gedanken, die aus Angst gespeist sind. Doch auch der Erleuchter ist immer zur Stelle. Und er ist von Gott eingesetzt, uns die Hilfen zu geben, die wir benötigen.

Einmal vertraute ich meinem Therapeuten an, ich befände mich in einer ausgesprochen negativen Verfassung, einer Art Selbstekel.

Er fragte: „Was haben Sie denn gegen sich vorzubringen."

Ich sagte: „Ich hasse mich, weil ich so negativ bin." Ich bemerkte den Widersinn dieser Worte durchaus, aber ich fand daran nichts Lustiges. Oder vielleicht doch.

Er schlug mir vor, etwas auszuprobieren. „Bleiben Sie im Strom der Dankbarkeit", sagte er. „Wenn solche Gedanken kommen, dann zählen Sie einfach alles auf, was in Ihrem Leben dankenswert ist."

Ich tat es und stellte fest, dass diese Übung von beträchtlicher Wirkung ist. Ich mochte mich stundenlang in negativen Gedanken gesuhlt haben, doch sobald ich in den Fluss der Dankbarkeit kam, schwand mein Schatten wie ein Gespenst im Morgengrauen. Und genau so ist es: Der Schatten ist nichts Reales, es scheint nur so. Kaum fällt Licht auf ihn, ist er weg. Dann war also nicht meine Negativität das eigentliche Problem, sondern das Fehlen des Positiven! Wenn ich Dankbarkeit einließ, konnte die Schattengestalt des Selbsthasses nicht länger existieren. Wo Liebe ist, verschwindet die Angst.

Aber unterschätzen wir die Macht des Schattens nicht. Es genügt nicht, dann und wann zu meditieren, es sollte uns zur täglichen Gewohnheit werden. Wenn Sie sich von einer Sucht befreien, genügt es nicht, ab und zu an einem Gruppentreffen teilzunehmen; tun Sie es möglichst jeden Tag. Und es genügt nicht, nur einigen Menschen zu verzeihen; nur Liebe ist real, und deshalb ist es so wichtig, allen Menschen zu verzeihen. Was ich irgendeinem Menschen vorenthalte, das gewähre ich mir selbst nicht. Es genügt nicht, nur da zu lieben, wo es leicht ist; setzen wir alles daran, unsere Liebesbereitschaft auch dahin auszuweiten, wo Liebe schwierig erscheint.

Die Schatten, die heute in unserem direkten Umfeld, aber auch überall auf der Welt lauern, verlangen nichts Geringeres als „Erleuchtung“, wenn wir sie verbannen möchten. Jeder kann das Licht vermehren, indem er seine Liebe vermehrt. Wir lieben unsere Kinder, aber es genügt heute nicht mehr, nur unsere eigenen Kinder zu lieben. Wir müssen auch die Kinder am anderen Ende der Stadt und am anderen Ende der Welt lieben. Die zu lieben, mit denen wir einig sind und die uns gut behandeln, fällt nicht schwer. Jetzt kommt es darauf an, auch die zu lieben, die nicht mit uns übereinstimmen und uns vielleicht ungerecht behandelt haben. Wir bilden unsere Liebesfähigkeit aus wie unsere Muskeln: durch Übung.

Nur eines kann unser niederes Ich, unser Schatten-Ich, überwinden, und das ist unser höheres Ich. Es weilt in der Höchsten Liebe überhaupt, der Liebe zu unserem Schöpfer. In ihm ist keine Finsternis, kein Leid, keine Angst. So wenig es sich empfiehlt, die Kraft des Schattens zu unterschätzen, ebenso wenig realistisch ist es, die Macht Gottes zu unterschätzen. Das Beten ist nicht lediglich eine symbolische Handlung, sondern eine Kraft. Meditation ist nicht einfach eine Übung zur Entspannung; sie harmonisiert die Energien des Universums. Vergebung erleichtert uns nicht nur, sondern verwandelt buchstäblich unser Herz. Alles, was von Gott kommt, ist Kraft, die uns befreit.

Für den Schatten ist das Licht der Feind. Für das Licht ist der Schatten nichts. Er existiert einfach nicht.

Der Schatten steht nicht still

Bewusstsein ist dynamische, schöpferische Energie. Es ist nie untätig, es steht nicht still. Es schlägt immer irgendeine Richtung ein, es dehnt sich ständig aus. Liebe ist etwas, das auf sich selbst aufbaut. Angst ist etwas, das auf sich selbst aufbaut. Und der Schatten ist ein unausweichlicher Drang in Richtung Leid und Schmerz.

Wie kann etwas, das pure Illusion ist und gar nicht als etwas Eigenes existiert, so agieren, wie es agiert? Nun, Angst als solche ist nichts Reales, aber die Kraft des Denkens, das sie hervorbringt, ist durchaus real. Angst ist wie ein Sprengkörper, aber das Denken ist das Geschoss, das sie transportiert. Unser Geist wurde als eine Leitbahn des Göttlichen erschaffen und soll Liebesimpulse transportieren, aber der freie Wille erlaubt uns, den Geist auch anders zu benutzen, wenn wir wollen.

Unser Geist verbreitet entweder Liebe oder projiziert Angst, und unterbewusst ist er darauf aus, den einmal eingeschlagenen Weg beizubehalten. In der Gestalt des Schattens wendet Ihr eigener Geist sich gegen Sie. Wie Luzifer vor seinem Fall der schönste aller Engel war und wie eine Krebszelle vor ihrer Entartung ganz normal funktionierte, so ist der Schatten Ihr eigenes Denken, das die falsche Richtung eingeschlagen hat. Ihr Schatten ist als Selbstliebe verkleideter Selbsthass. Ihr Schatten ist so intelligent wie Sie, nur hat er Ihre Intelligenz vereinnahmt und in den Dienst der Angst gestellt. Er besitzt auch alle Attribute des Lebens, da er sich an Ihr Leben geheftet hat. Und wie alles Lebendige möchte er sich selbst erhalten.

Besonders aktiv wird der Schatten, wenn Liebe aufkommt, denn jetzt muss er aufpassen, dass er nicht abgeschoben wird. Er weiß, dass Liebe sein einziger wirklicher Feind ist. Wenn er Liebe wittert, wenn er das Aufglühen des Lichts in Ihnen spürt, läuft er buchstäblich um sein Leben. Auf jede erdenkliche Art wird er das Gute in Ihnen zu entwerten, zu unterdrücken, zu widerlegen versuchen. Er weiß, dass er erledigt ist, sollten Sie sich an das Licht Ihres wahren Ich erinnern. Also kämpft er.

Daher der berühmte Ausspruch: „Liebe bringt alles an die Oberfläche, was nicht Liebe ist." Vielleicht ist Ihnen schon aufgefallen, dass manchmal die seltsamsten Missgeschicke passieren, wenn gerade etwas Lichtes zu dämmern beginnt. Sie treffen jemanden, bei dem Sie eine tiefe Seelenverwandtschaft spüren – Vorsicht, es könnte sein, dass sie in der Gegenwart dieses Menschen etwas ganz Dummes tun. Oder es bietet sich Ihnen die einmalige Chance, Ihre Träume zu verwirklichen – Vorsicht, gerade jetzt könnte es sein, dass Sie die Gelegenheit selbst sabotieren. Das ist der Schatten, der böse Zwilling Ihres besseren Ich.

Angst wird, solange wir uns nicht bewusst von ihr weg und in Richtung Liebe bewegen, immer eine zerstörerische Kraft sein, die keine Gefangenen macht. Sie verfügt über einen immensen Handlungsspielraum. Vielleicht lässt sie Sie nur etwas sagen, was zwar dumm, aber harmlos ist; aber sie vermag Sie durchaus auch zu Aktionen zu verleiten, mit denen Sie sich Ihr Leben ruinieren können. Unterschätzen wir also nicht ihre Kraft, und machen wir uns nichts vor: Sie ist tückisch. Der Schatten tobt sich aus, und ob das mit plötzlicher Wucht oder eher stetig und auf kleiner Flamme geschieht, die Zielrichtung ist immer Leid und Schmerz.

Bei den Anonymen Alkoholikern heißt es, Alkoholismus sei eine „unaufhaltsam fortschreitende" Krankheit. Das bedeutet, dass sie nicht stagniert. Wer heute alkoholsüchtig ist, wird es morgen in noch größerem Maße sein, wenn er nichts dagegen unternimmt. Die Sucht zielt letztlich auf Zerstörung, auf Tod. Wie bei jeder Sucht geht es hier nicht einfach um den „Stoff", in diesem Fall Alkohol. Wir haben es vielmehr mit dem Wirken dunkler Energien zu tun, mit einer Schattenkraft, die Körper und Seele heimsucht. Und die Gemeinschaft der AA hat deshalb eine so stolze Erfolgsbilanz, weil hier kein Zweifel daran gelassen wird, dass Rettung nur durch spirituelle Erfahrung möglich ist: Nur Gott ist stark genug, um den Schatten in all seinen Formen zu besiegen.

Jesus sagt, wir sollten getrost sein, da er die Welt „überwunden" hat. Das ist eine interessante Wortwahl. Er sagt nicht, er habe die Welt „in Ordnung gebracht". Er überwand die Kräfte der Finsternis, als er sich zu einer höheren Ebene des Bewusstseins aufschwang, auf der ihm kein niederes Denken Grenzen setzen konnte. Und genau dazu fordert uns der Schatten auf: so hoch hinauf zum Licht zu streben, zur einzig vernünftigen, nämlich liebevollen Sicht der Dinge, dass er selbst außer Kraft gesetzt wird.

Der kollektive Schatten

Wir erkennen den Schatten in seiner individuellen Form: Jemand ist verärgert, herrschsüchtig, unehrlich, gewalttätig und so weiter. Es kann aber auch sehr wichtig sein, den kollektiven Schatten irgendeiner Gruppierung zu erkennen. Gruppen, zum Beispiel die Bevölkerung eines Landes, bestehen aus Individuen, und es ist nicht verwunderlich, dass sich die persönlichen Eigenheiten jedes Einzelnen im kollektiven Verhalten niederschlagen. Schwieriger ist es dagegen zu erkennen, wie sich die Energie der Liebe oder Angst in einer Gruppierung aufbaut. Die Energien von zwei oder mehr Menschen, die gleich denken, summieren sich nämlich nicht einfach, sie multiplizieren sich.

Nehmen wir Terrorismus als Beispiel. Eine pathologische Ideologie kann sich wie Krebs in ganzen Bevölkerungsteilen ausbreiten. Und wenn genügend Menschen auf das destruktive Denken dieser Ideologie eingeschwenkt sind, kann die Gesamtenergie wirklich verheerend werden. Das ist so, weil die Durchschlagskraft des Terrorismus eigentlich nicht in seiner Ideologie selbst liegt, sondern in der Überzeugung, mit der sich die Menschen ihr anschließen. Terroristen sind *überzeugt*, und darin liegt ihre Macht. Wir haben nur eine Möglichkeit, ihrem Zerstörungswillen zu begegnen, und die liegt darin, mit der gleichen Überzeugung zu lieben, mit der sie hassen. Sie hassen mit Überzeugung und erzeugen dadurch immer mehr Hass, und wenn wir mit noch mehr Überzeugung lieben, werden wir dadurch immer mehr Liebe ins Spiel bringen.

Kein Einzelner ist vollkommen, keine Gruppierung ist vollkommen. Der Schatten entzieht sich der bewussten Wahrnehmung eines Kollektivs ebenso wie der des Einzelnen, und er versucht sich als Licht auszugeben, obwohl er das Herz der Finsternis ist. Auch Ralph Waldo Emerson wusste, dass Patriotismus einen Schatten hat, der Nationalismus heißt: „Wenn sich ein ganzes Land in aus Leibeskräften brüllendem Patriotismus ergeht, fühle ich mich genötigt zu fragen, wie sauber wohl seine Hände sind und wie rein wohl sein Herz ist." Wenn eine Gruppe oder Menge eklatant gegen ihre eigenen Prinzipien verstößt, wird sie häufig gerade dann behaupten, sie stehe mit Begeisterung für diese Prinzipien ein. Der Schatten weiß seine Spuren wohl zu verwischen, er nimmt die Religion als Vorwand für seine Scheiterhaufen, er geht seinen imperialistischen Gelüsten unter dem Vorwand der Vaterlandsliebe nach.

Doch wie uns der kollektive Schatten zum Niederen tendieren lässt, so kann uns das kollektive Licht erhöhen. Beispiele für kollektive Lichtstrahlen sind: große Literatur, Volkstümliches wie etwa Märchen, Filme wie *Avatar* oder auch Bücher wie die *Harry-Potter*-Reihe; natürlich gehören auch religiöse und spirituelle Gruppenpraxis dazu.

In dem Film *Avatar* wird der kollektive Schatten des heutigen Amerika in seiner ganzen Breite vorgeführt. Wir sehen die bedrohliche Vermählung des Raubkapitalismus mit der ganzen Macht des amerikanischen Militarismus, einer intellektuellen Überheblichkeit, die spirituelle Prinzipien nicht einmal gelten lässt, einer arroganten Geringschätzung für die Unantastbarkeit der Umwelt und einer zutiefst imperialistischen Grundhaltung, die sich einfach nimmt, was sie möchte, und zwar aus dem einzigen Grund, dass sie es haben will. In diesem Passionsspiel eines Filmes steht Amerikas Schatten voll im Rampenlicht. Der Film, und das erhebt ihn über bloße Entrüstung, zeigt jedoch außerdem mit großer Deutlichkeit auf, dass da, wo Schatten ist, auch Licht sein muss.

Der Erleuchter steht immer bereit, um Alternativen zum Dunklen aufzuzeigen, er leitet liebende Herzen an die Stätten des Schattens, wie rote Blutkörperchen zu einer Wunde geleitet werden. Der Film zeigt Figuren, die das Schlimmste an uns verkörpern, aber, und das ist wichtig, es treten auch andere auf, die unsere beste Seite zeigen. In jedem Einzelnen und jeder Gruppe leben, als Bestandteil unserer Natur, auch gute Engel. Und sie sind ständig in Bewegung, ebenso wie das Dunkle. Und auf lange Sicht siegt das Licht. Wie Martin Luther King gesagt hat: „Der Bogen des moralischen Universums ist weit, aber er neigt sich in Richtung Gerechtigkeit." Wir mögen die Wahrheit vergessen, das Universum vergisst sie nie.

Dass jeder Einzelne und jede Gruppierung einen Schatten hat, bedeutet nicht, dass wir schlecht wären. Es bedeutet, dass wir Menschen sind. Es geht nicht darum, den Schatten zu hassen, schließlich besteht er ja nur aus unseren wunden Punkten, die geheilt werden müssen. Aber wir dürfen den Schatten auch nicht leugnen, denn Dunkles kann nur vergehen, wenn es ans Licht gebracht wird. Stellen wir uns also dem Schatten – als Einzelne und als Gruppen; das ist keineswegs ein Ausdruck von Selbsthass, es ist Selbstliebe. Das sind die wahren Sucher, die das Dunkle in sich annehmen und es der Kraft der Liebe übergeben; und die lieben ihr Land wirklich, die sich seine dunkle Seite eingestehen und sie der Kraft der Wahrheit übergeben.

Auch wenn wir uns in unserem Schatten verlaufen haben, gibt es immer diese Seite an uns, die es besser weiß. Und wenn eine Gruppierung auf Abwege gerät und geistig fehlgesteuert ist, gibt es immer Einzelne, die bei der Wahrheit bleiben – etwa Deutsche, die während der Nazizeit Juden versteckten und dabei ihr eigenes Leben aufs Spiel setzten, oder die Erdlinge in *Avatar*, die sich heldenhaft zur Verteidigung der Na'vi auf Pandora bereitfinden. Dass Liebe am Ende siegt, ist nicht nur ein durchgängiges Motiv der mythischen Überlieferung, sondern auch historisch belegt. Die Bedeutung des Zweiten Weltkriegs liegt nicht allein in dem von Hitler entfesselten Bösen, sondern mehr noch im Glanz und Opfermut derer, die ihn besiegten. Die archetypische Wahrheit, die *Avatar* erzählt, liegt nicht allein in der Gewalt, die dem Volk der Na'vi angetan wird, sondern auch im Ende dieser Gewalt. Und wenn wir einige der großen biblischen Geschichten betrachten, handeln sie nicht in erster Linie von Kreuzigung, sondern von Auferstehung, nicht von der ägyptischen Gefangenschaft des Volkes Israel, sondern vom Zug in die Freiheit des gelobten Landes. Für uns erscheint es in dieser Zeit der drohenden Schatten ratsam, uns zu erinnern, dass Schatten sehr wohl finster wirken, aber nichts sind gegen das wahre Licht.

Das ist nicht unbedingt leicht einzusehen, wenn alles darauf hinzudeuten scheint, dass der Schatten sowohl real als auch ausgesprochen beharrlich ist. Doch das Wunder der Lichtwerdung hat nichts mit rationalem Verständnis zu tun; es kommt buchstäblich „aus heiterem Himmel", den wir als vollendetes Symbol für das Reich der reinen Potenzialität verstehen. Wenn unsere Entscheidung für das Licht stärker ist als unsere Furcht vor dem Dunkel, steht dem endgültigen Durchbruch nichts mehr im Wege.

Dieses Licht ist nicht mit den Augen des Körpers wahrnehmbar. Es ist eine Realität, die ein anderes Sehen verlangt. Alles Sterbliche ist im gewöhnlichen Sinne real, aber nur die unsterbliche Liebe ist wirklich „Real". Albert Einstein hat über die stoffliche Welt gesagt: „Realität ist bloße Illusion, wenn auch eine sehr beharrliche."

Wenn wir uns ausschließlich mit dem Vergänglichen identifizieren, ist Angst wahrlich gerechtfertigt. Sobald wir jedoch unsere Wahrnehmung über diese Welt hinaus ausdehnen, sehen wir alles in einem anderen Licht, das Hoffnung macht. Wir sehen, dass alles von Natur aus so eingerichtet ist, dass sich die Liebe immer wieder durchsetzt. Der Schatten – unser Abstieg in die psychische Unterwelt all dessen, was an uns nicht heil ist – bleibt uns nicht erspart, aber genauso sicher ist unsere Befreiung. Der Erleuchter ist ewig gegenwärtig und nicht nur im Herzen des Einzelnen, sondern auch in der kollektiven Psyche aktiv. Wenn jemand demütig um Verzeihung bittet und wirklich Besserung gelobt, kann die Gnade fließen. Für Kollektive gilt das gleiche. Als Bundeskanzler Gerhard Schröder sich anlässlich des 60. Jahrestags des Warschauer Aufstands 2004 beim polnischen Volk für deutsche Gräueltaten während des Zweiten Weltkriegs entschuldigte oder als Papst Johannes Paul II. im Jahr 2000 sein großes „Mea Culpa" sprach und für die Inquisition und andere Entgleisungen der Kirche um Vergebung bat (einer der beteiligten Kardinäle gebrauchte während der Zeremonie die Worte „unser Gedächtnis ehrlich reinigen"), da wurde dem Licht aus dem Bewusstsein des Himmels der Weg geöffnet, und alte Schatten verschwanden.

Einzelne haben ihren Schicksalsweg und Kollektive ebenso. Manchmal tun wir zwei Schritte vor in die Liebe und dann einen zurück in den Schatten. Aber das Licht lockt uns am Ende doch viel mehr als der Schatten.

Gute Absichten genügen nicht

Der menschliche Verstand besitzt unverdientermaßen ein hohes Selbstwertgefühl. Er maßt sich an, einfach beschließen zu können, was er möchte, und es dann so auszuführen. Aber sehen Sie sich nur an, was er alles nicht kann: unnötige Leiden beenden,

Frieden in der Welt schaffen, für eine gesunde Umwelt sorgen. In einer Welt voller genialer Köpfe lockt uns der Schatten doch weiterhin in seine Fallen und lässt uns unklug handeln – wie kann das sein?

Es liegt unter anderem daran, dass die moderne Welt immer noch nicht die wahren Hintergründe des Schattens erkennt. Das Böse ist eine Energie, genauso wie Liebe. Es entsteht aus Angst, und Angst ist da, wo Lieblosigkeit herrscht. Wenn wir das Dunkle allein mit materiellen Mitteln zu beseitigen versuchen, gehen wir das Problem nur auf der Ebene der Wirkungen an, aber nicht von den Ursachen her. Man kann eine Warze oberflächlich entfernen, aber sie wird nachwachsen, wenn man sie nicht mit der Wurzel ausräumt. Und die Wurzeln des Bösen sind nicht materieller Natur.

Auch mentale Energie ist nicht materiell, aber sie ist keineswegs dasselbe wie spirituelle Energie. Viele überschätzen heute das, was vielfach „die Kraft der Intention" genannt wird. Gute Absichten genügen nicht, wie es auch in *Ein Kurs in Wundern* heißt. Für einen Alkoholiker wird die bloße Absicht, nicht mehr zu trinken, wenig ausrichten, und die bloße Absicht, ein besserer Ehepartner zu sein, reicht auch nicht aus, denn in beiden Fällen sind tatsächliche Verhaltensänderungen verlangt. Erkennbar notwendige Veränderungen sind nicht immer leicht zu erreichen. Die bloße Absicht, etwas besser zu machen, kann meist vom Schatten leicht ausgehebelt werden. Der Schatten setzt sich über die besten Absichten einfach hinweg. Nur Liebe kann sich gegen den Schatten durchsetzen.

Liebe ist Gott, und Gott ist Liebe. Ob wir uns Gott zuwenden und dabei auch das Wort „Gott" aussprechen oder einfach unseren Widerstand gegen die Liebe aufgeben – und darin ist Gott präsent, auch wenn er nicht direkt angesprochen wird –, die göttliche Kraft der Liebe ist das Einzige, was dem Bösen die Tür weisen kann. Wenn wir uns klarmachen, dass es kaum ein besseres Mittel gegen Terrorismus gibt, als den Hungernden der Welt zu essen zu geben, oder wenn wir unsere Charakterschwächen Gott zur Heilung überlassen und ihn darum bitten, diese zu beseitigen, dann beugen wir uns der Kraft der Liebe, ohne die wir die Macht der Angst nicht brechen können.

Der Schatten versteckt sich nicht in Ihrem Bewusstsein, sondern im Unbewussten. Etwas Dummes tun Sie sicher nicht *bewusst*. Sie sagen auch nicht bewusst etwas, was Ihren Ehepartner gegen Sie aufbringt. Sie nehmen sich ganz bestimmt nicht vor, sich bei der Hochzeit ihrer Tochter zu betrinken und das ganze schöne Fest zu ruinieren. „Da muss mich der Teufel geritten haben" – das ist nicht ganz so plump, wie es klingt. Über gute Absichten kann der Teufel nur lachen. Was er überhaupt nicht zum Lachen findet, sind Gebete, Wiedergutmachung, Vergebung und Liebe. Da geht er lieber.

Hier stellt sich die Frage nach der Religion. Wenn Religion das ist, was die Liebe Gottes vermittelt, wieso existiert dann immer noch so viel Böses in der Welt und sogar in der Religion selbst? Wie kann es sein, dass die Priesterschaft einer der größten institutionalisierten Religionen der Welt Pädophile in ihren Reihen hat? Die Antwort kann nur lauten, dass institutionalisierte Religion nicht unbedingt viel mit Gott zu tun hat. Der Schatten – als die energetische Gegenkraft Gottes – spielt sogar mit Vorliebe auf dem Feld der Religion. Er verwirrt gar zu gern, und was könnte verwirrender sein als eine offizielle Liebesbotschaft, unter deren Deckmantel krasse Lieblosigkeit ihr Unwesen treibt?

Wenn ein religiöser Mensch hasst, ist Gott nicht gegenwärtig. Wo ein Atheist liebt, da ist Gott. Laut *Ein Kurs in Wundern* bedeutet das Bibelwort „Gott lässt sich nicht spotten", dass es gar nicht erst möglich ist.

Aber achten wir darauf, dass wir das Kind nicht mit dem Bad ausschütten. Man nimmt an, dass „Religion" von dem lateinischen Verb *religare,* „zurückbinden", abgeleitet ist. Echte Religion, als organisierte Glaubensgemeinschaft oder universale Spiritualität, lässt uns an die Wahrheit unserer selbst anknüpfen, an die Liebe, die wir im Kern sind, an das heilende Mitgefühl. Der Schatten ist nur dadurch zu überwinden, dass wir unser wahres Ich werden, und alles, was uns dorthin bringt, ist in diesem Sinne Religion. Manche erfahren das in der Kirche, Synagoge, Moschee oder in einem sonstigen Heiligtum, andere im Rahmen einer spirituellen Praxis oder Psychotherapie. Manche erleben es in der Natur oder wenn sie ihr Neugeborenes zum ersten Mal im Arm halten. Es ist nicht wichtig, was uns zu dieser Erfahrung führt; entscheidend ist, was mit uns und in uns passiert, wenn wir sie machen. Etwas in uns ändert sich, wenn wir, und sei es auch nur für einen Augenblick, zum Kern dessen zurückfinden, was wir sind. Wir erhalten dann einen Geschmack davon, was in uns und in der Welt möglich ist. Es hebt den Schleier, der die Wirklichkeit der Liebe und das Ausmaß unserer wahren Kraft unkenntlich gemacht hat. Wenn wir wieder im Einklang mit unserem wahren Wesen sind, verfügen wir über die Kraft, den Schatten verschwinden zu lassen.

Nach *Ein Kurs in Wundern* sind Wunder der natürliche Ausdruck der Liebe. Wenn das Herz offen ist, kann das Licht die Finsternis vertreiben. Bis dahin wird der Schatten immer irgendwo in der Nähe herumgeistern, bis Angst ihm die nächste Chance bietet; sei es in einer Medizin ohne ganzheitliche Perspektive, einer Religion ohne echtes Engagement für Liebe, einer Therapie ohne Einbindung höherer Kräfte oder einer Beziehung, der die Dimension des Heiligen fehlt. Wenn wir dem Schatten diese Chance bieten, schleicht er sich im Dunklen an und treibt unseren Träumen einen Pflock ins Herz.

Bekenntnis und Sühne

Wir mögen über den Schatten noch so viel wissen, am Ende kommt es darauf an, ihn loszuwerden. Dazu müssen wir ihn erst einmal annehmen. Im jüdischen wie im christlichen Denken ist das Prinzip der Sühne das, womit das Problem des Schattens gelöst werden kann. Wenn wir uns zu unseren Sünden (im spirituellen Sinn ist besser von „Irrtümern" zu sprechen) bekennen und sie mit echter Reue Gott anvertrauen, so der Gedanke, werden wir von ihren spirituellen Folgen entbunden. Die aus Indien stammende Karma-Lehre handelt von Ursachen und Wirkungen oder Aktionen und Reaktionen.

Das Prinzip der Sühne besagt, dass schlechtes Karma in einem Augenblick der Gnade verbrannt wird. Sühne ist eine Art kosmischer Resetknopf, der Schattengedanken löscht und vollkommene Liebe an ihre Stelle setzt.

Kirchliche Beichte, bei der man seine Sünden bekennt und Gott um Vergebung bittet, ist ebenfalls eine Sühne-Erfahrung. In der jüdischen Tradition ist Jom Kippur, der Versöhnungstag, der heiligste Tag des Jahres. Man bekennt alle Sünden des vergangenen Jahres und bittet um Vergebung, und zuletzt bittet man Gott um die Gunst, für ein weiteres Jahr im Buch des Lebens stehen zu dürfen. Bei den Anonymen Alkoholikern wird der

Süchtige zu einer furchtlosen moralischen Bestandsaufnahme angehalten, in deren Verlauf man alle seine Charakterschwächen benennt und Gott bittet, bei ihrer Überwindung zu helfen. All das sind Beispiele für einen spirituellen Prozess, in dessen Verlauf der Schatten ans Licht gebracht und dann durch die Kraft der Sühne transformiert wird.

Sühne und Aussöhnung sind notwendig, sonst gäbe es sie nicht. Wir sind Menschen, und folglich haben wir alle unsere Wunden und sind der Schattenseite des menschlichen Daseins ausgesetzt. Ja, wir alle sind Gestrauchelte, aber wir verfügen auch über die Mittel, uns wieder aufzurichten. Dazu müssen wir uns aber der Kraft zuwenden, die unsere Flügel wiederherstellt. Wir müssen das Dunkle in uns ans Licht bringen und in der ständigen Bereitschaft bleiben, es Gott zu übergeben.

Nehmen wir an, ich hätte eingesehen, dass ich eine schwierige Situation in meinem Leben durch eigene Irrtümer oder Schwächen selbst herbeigeführt habe. Vielleicht war ich in einer Beziehung zu beherrschend und habe dadurch einen Konflikt mit einer Freundin oder einem Mitglied der Familie heraufbeschworen. Sühne verlangt von mir, dass ich diesen Anteil meines Schattens – den Wunsch nach Kontrolle – erkenne und Gott bitte, ihn zu tilgen.

Wie wir bereits gesehen haben, genügt es nicht zu sagen: „Gut, ich werde jetzt versuchen, nicht mehr zu kontrollieren." Das ist sicher ein guter Vorsatz, der schon einiges zur Verhaltensänderung beiträgt. Aber wenn es sich um einen echten Wesenszug handelt, ein Schattengesicht, das Sie von einer Ihrer schlechtesten Seiten zeigt, ist es ein tief in Ihrem Verhaltensrepertoire verankertes Muster. Hier genügt der bloße Entschluss, sich zu ändern, nicht. In solchen Fällen hat sich der Schatten längst über Ihre persönliche

Entscheidungsfähigkeit hinweggesetzt. Wenn sich eine Schattenpersona einmal ausgeformt hat – der Zyniker, der Eifersüchtige, der Wütende –, ist Sühne zur Heilung erforderlich. Falls bereits Schaden angerichtet wurde, bekennen Sie sich zu Ihrer Verantwortung dafür und bitten Sie Gott, Ihr Herz zu ändern.

Ganz wesentlich ist dabei, dass wir uns die eigenen Gedanken und Handlungen wirklich genau ansehen, vor allem natürlich da, wo sie unangemessen waren. Dabei befassen wir uns nicht nur mit unserem persönlichen Schatten, sondern auch mit dem kollektiven Schatten. Mit dem Bemühen, Fehler bei anderen zu beheben und sie zu verändern, werden wir am Ende keine bessere Welt erschaffen; viel wichtiger ist die Bereitschaft, uns selbst zu bessern. Da jedes Bewusstsein mit jedem anderen verbunden ist, geht von unserer Fähigkeit, uns selbst zum Positiven zu wandeln ein bessernder Einfluss auf die ganze Welt aus. Sie ist in einem sehr realen Sinne sogar das Einzige, was diesen Einfluss auszuüben vermag.

Das beginnt vielleicht mit leichten Gewissensbissen. Ein schlechtes Gewissen, eine gewisse Scham sind durchaus gesund, ein flüchtiges Unbehagen, das nicht vom Schatten, sondern aus dem Licht kommt. Nur ein gewissenloser Mensch empfindet keine Reue. Etwas in uns weiß normalerweise, wann wir einen Fehler gemacht haben.

Zur Sühne gehören Mut, Mitgefühl und Ehrlichkeit sich selbst gegenüber: „Ich spreche das an. Ich erkenne es als meinen wunden Punkt. Ich sehe es mir an und bin bereit, mich zu ändern.“ In schwierigen Situationen neigen wir dazu, die Schuld an einem Problem anderen zuzuschieben. Aber der wahre Sucher sagt: „Was habe *ich* falsch gemacht? Welchen Anteil habe *ich* an diesem Desaster?“

Solange wir uns nicht ansehen, wo wir unehrlich, grob, unnachsichtig, verächtlich, habgierig, herrschsüchtig und so weiter waren, lässt sich an den Dingen nichts ändern. Wenn wir den Schatten unter Verschluss halten und so tun, als gäbe es ihn nicht, sind wir nur ein beziehungsloses Bruchstück unserer selbst. Wir haben keinerlei Einfluss auf das, was wir uns gar nicht erst ansehen. Worum es sich auch handeln mag, es wird wie ein emotionaler Terrorist in unserer Psyche agieren, der uns jederzeit überfallen kann. Es wird sich in dieser oder jener Situation als Schrei der Psyche bemerkbar machen, den wir nicht mehr überhören können. Die Natur hat es so eingerichtet, dass wir schließlich nicht mehr anders können, als uns die Dinge anzusehen. Wenn uns eine persönliche Katastrophe trifft und wir wissen, dass wir sie selbst herbeigeführt haben – das lässt uns aufhorchen.

Der Schatten lauert in unserer Psyche wie eine Reihe von Tretminen. Sie sehen sich ganz obenauf, Sie haben alles beisammen, Ihre Termine, Ihre Organisation, Ihren Businessplan, Ihr Geld, einfach alles – und dann stellen Sie etwas an, was Ihnen alles versaut. Niemand sonst – *Sie*. Und jetzt wird Ihnen endlich klar, dass Sie an dieser Seite Ihrer Persönlichkeit wohl mal arbeiten müssen, sonst wird es vermutlich wieder so kommen.

Ich habe mal eine Frau gefragt, ob sie gerade in einer Beziehung sei. Sie antwortete: „In einer Beziehung kann ich mich nicht ausstehen. Deswegen vermeide ich das lieber." Damit kann sich manch einer identifizieren, wenn auch auf unterschiedlichen Gebieten. Wir sagen uns: „So weit lasse ich es gar nicht erst kommen. Ich lasse Beziehungen oder geschäftliche Chancen (oder was auch immer) gar nicht erst an mich heran, solange ich das in mir nicht bereinigt habe, was es doch nur wieder sabotieren würde."

Sich selbst völlig entblößt und ungeschminkt zu sehen, verlangt Mut, aber wer Freiheit und Frieden will, kommt nicht daran vorbei. Gaukeln wir also niemandem den schnellen und leichten Weg ins Glück vor. Sicher, auf Erleuchtung folgt Freude, aber bis dahin kann es eine Weile dauern. Davor steht der Schatten, und mit dem müssen wir uns zuerst auseinandersetzen.

Nehmen wir uns also die Zeit, unsere Schwachstellen, unsere Schatten, zu betrachten, denn sonst bleibt alles, wie es ist. Das kann streckenweise hart sein. Die Heilung vollzieht sich über eine Art Entgiftung. Manchmal müssen wir uns richtig durchbeißen, wenn unangenehme Gefühle hochkommen, die angeschaut werden wollen. Etwas steigt aus dem Schatten auf, und wir bekommen die Chance, es zu sehen, und der Gedanke, dass wir auch *so* sein können, entsetzt uns. Doch wir bleiben an dieser Stelle nicht ohne die Hilfe des Erleuchters. Wir haben die Wahl, das Dunkle in uns zu übergeben und um seine Heilung zu bitten. Gott nimmt uns nichts ab, was wir ihm nicht bewusst übergeben, denn damit würde er unseren freien Willen außer Kraft setzen. Aber was wir in dem Wunsch nach Wiedergutmachung ausliefern, wird verwandelt.

Das ist eine manchmal schmerzhafte, aber unvermeidliche innere Auseinandersetzung. Seelischer Schmerz ist wie körperlicher Schmerz ein wichtiges Signal. Wenn Sie sich etwas gebrochen hätten und es täte nicht weh, woher sollten Sie dann wissen, dass die Knochen gerichtet und geschient werden müssen? Durch physischen Schmerz sagt der Körper: „Sieh es dir an. Kümmere dich darum. Versorge es." Bei psychischen Schmerzen ist es das Gleiche. Da müssen wir uns fragen: „Ich muss mich irgendwie um diesen Schmerz kümmern. Weshalb ist er da? Was will die Situation mir sagen? Welchem Teil meiner selbst muss ich mich zuwenden?“ Wenn Sie mit einem verrenkten Knie zum Arzt gehen, wird er nicht den Ellbogen untersuchen. Das ist mit Gott nicht anders. Man muss die Wunde versorgen. Und sowohl der menschliche als auch der göttliche Arzt möchten Sie nicht verurteilen, sondern heilen.

Unseren Schatten ins Auge fassen, das tun wir oft nicht gern, weil wir uns die Peinlichkeit und Scham ersparen möchten, die mit dem Eingeständnis unserer Fehler einhergehen könnten. Wenn wir zu genau hinsehen, werden wir möglicherweise bloßgestellt. Und vielleicht fürchten wir uns auch selbst vor dem, was wir da womöglich zu sehen bekommen. Aber es gibt nur eines, was wirklich zu fürchten ist, nämlich nicht hinzusehen. Verleugnung des Schattens, das ist es, was ihm Nahrung gibt.

Anfangs sagen Sie vielleicht: „Ich will nicht hinsehen, sicher werde ich mich selbst hassen.“ Aber schließlich sehen Sie es ein: „Nein, ich muss hinsehen, wie will ich meinen Schatten sonst Gott übergeben?“ Und wenn Sie es tun, geschieht etwas Unerwartetes und Wunderbares. So war es bei mir. Eines Tages habe ich etwas an mir entdeckt, dem ich immer ausgewichen war, weil da zu viel Schmerz zu lauern schien. Als ich dann doch hinsah, erwartete mich stattdessen eine Überraschung. Ich empfand keineswegs Selbsthass, sondern eine Woge von Mitgefühl mit mir selbst. Mir wurde klar, wie groß der Schmerz gewesen sein muss, um einen Abwehrmechanismus wie diesen überhaupt aufzubauen.

Wir alle tragen unsere Narben, nur ist es so, dass sie sich für andere nicht als Narben darstellen. Sie sehen Charakterfehler. Wenn ein dreijähriges Kind weint und schreit, reagieren wir wahrscheinlich ungefähr so: „Ach, der süße kleine Knirps ist ja so müde.“ Aber wenn Sie mit vierzig so weinen und schreien, werden die Leute sagen: „Der ist ja furchtbar", selbst wenn Ihr Schmerz vielleicht ganz direkt mit einem Kindheitstrauma zusammenhängt.

Ihre Charakterfehler zeigen nicht, dass Sie schlecht sind, sondern dass Sie verletzt sind. Es spielt aber keine Rolle mehr, wie es zu der Verletzung kam – Sie sind jetzt verantwortlich dafür. Sie sind der einzige Mensch, der sie ans Licht bringen und freisetzen kann. Letztlich ist es unwichtig, woher Ihre Charakterschwächen kommen, jetzt haben Sie sie jedenfalls. Sie werden Ihr Leben nicht mit einem Schild um den Hals verbringen wollen, auf dem steht: „Es ist nicht meine Schuld. Ich hatte schwierige Eltern." Sie finden aus Ihrem Labyrinth nur heraus, wenn Sie sich selbst als für diese Schwächen zuständig erklären.

Ihre Charakterschwächen – das ist Ihre Art, sich Steine in den Weg zu legen oder sich und andere zu verletzen. Deshalb müssen sie betrachtet werden. Sie können an Ihrer Erfahrung nur dann etwas ändern, wenn Sie sich vollständig dafür verantwortlich fühlen. Und sobald Sie sich wirklich in Augenschein nehmen, kann die Heilung beginnen. Sie haben die Augen geöffnet, und jetzt erkennen Sie. „Ich sehe, dass ich das getan habe. Es wird mir klar, ich gebe es zu. Ich bekenne meine Fehler, ich bin bereit, Wiedergutmachung zu leisten und mich zu bessern. Ich bete darum, dass ich jetzt ein besserer Mensch werde."

An Tagen, an denen Ihr Handeln vom Schatten bestimmt war, sind Sie bestimmt nicht morgens mit dem Gedanken aufgewacht: „Heute werde ich mich mal so richtig danebenbenehmen." Als Sie zu dieser Besprechung gingen, haben Sie sich nicht gesagt: „Ich werde etwas sagen und tun, was alle gegen mich aufbringt." Nein, bei solchen Anlässen wussten Sie zunächst gar nicht, was Sie da taten. Es war der Schatten, der Sie dazu veranlasste. Der

Schatten stieß Sie ins Dunkle, und Sie sahen das Licht nicht mehr. Und so nahm das Leid seinen Lauf.

Der Schatten lässt uns Dummheiten machen, und dann zieht er auch noch gnadenlos über uns her. Anders als Gott kennt der Schatten kein Erbarmen. Was der Schatten hier erschafft, ist eine wahre Hölle, doch die Liebe befreit uns daraus. Wenn wir uns davon abwenden und das Bessere suchen, finden wir Freiheit von den untauglichen Mustern und allem, was sie in Gang gesetzt haben. Das ist das Wunder der persönlichen Wandlung. Wenn wir die unter falschen Voraussetzungen getroffenen früheren Entscheidungen Gott übergeben, können wir mit den Worten aus *Ein Kurs in Wundern* sagen: „Ich werde mich nicht schuldig fühlen, denn der heilige Geist wird alle Folgen meiner falschen Entscheidungen aufheben, sofern ich ihn lasse." Sobald Sie aufrichtig und demütig nach Besserung streben, sind Sie aus dem Sog des karmischen Strudels Ihres Schattendramas befreit.

Sobald wir uns eingestehen, was wir als Schatten sind, können wir den Weg zurück ins Licht fortsetzen. Unsere wunden Punkte beschönigen oder so tun, als gäbe es sie nicht, oder die Schuld daran anderen geben – all das heilt uns nicht. Was uns heilt, ist das Wissen, dass alle Schatten, die unser Licht verdunkeln, ihren Sitz in unserem eigenen Geist haben. Uns obliegt es, ihr Vorhandensein einzugestehen, um uns dann Gott zu öffnen, damit er ihnen heimleuchten kann. Er hat das schon immer zuverlässig getan und wird es weiterhin tun.

Verzeihen

Jemand hat Sie vor 15 Jahren gekränkt, und Sie wärmen heute noch bei jeder Gelegenheit wieder auf, was dieser Mensch Ihnen angetan hat. Wenn andererseits Sie jemandem vor 15 Jahren etwas angetan haben, würde eine ehrliche Betrachtung vielleicht zeigen, dass Sie seitdem keinen Gedanken mehr daran verschwendet haben. Sehen, was andere uns antun, da sind wir groß, aber wenn es darum geht, was wir anderen antun, schauen wir nicht so genau hin.

Der Schatten scheut sich überhaupt nicht, den Schatten ins Auge zu fassen – solange es der Schatten anderer ist. „Der da handelt aus seinem Schatten heraus, die da handelt aus ihrem Schatten heraus, und überhaupt agieren alle aus ihren Schatten heraus. Aber ich? Wo soll da ein Schatten sein?“ Menschen, die meinen, dass sie alles geregelt bekommen, richten mehr Schaden an als andere, die erkennen mussten, dass es bei ihnen wohl nicht der Fall ist. Wer einen tiefen Blick in den Schatten geworfen hat, weiß, dass er keine Kleinigkeit, kein Schönheitsfehler ist. Der Schatten ist die kosmische Gegenkraft des Guten in der Welt und nimmt jede sich bietende Chance wahr, um dem menschlichen Herzen übel mitzuspielen. Und nichts bietet ihm eine bessere Gelegenheit als die Einbildung, unsere Probleme lägen bei den anderen.

Die Projektion von Schuld auf andere ist in dieser Welt der Sterblichkeit gang und gäbe. Von frühester Kindheit an wachsen wir in ein Glaubenssystem hinein, das unser Gefühl von Getrenntheit immer stärker werden lässt. „Ich bin in meinem Körper, du bist in deinem, und Gott ist ganz woanders.“ Unsere zersplitterte Wahrnehmung geht ganz überwiegend auf dieses Gefühl der Trennung zurück.

Wenn ich mich von Gott getrennt fühle, bin ich von meinem Ursprung getrennt und so traumatisiert wie ein Neugeborenes, das seiner Mutter entrissen wird. Das Trauma zieht Angst nach sich, die von jetzt an wahrscheinlich immer dann ausgelöst wird, wenn ich das Gefühl bekomme, dass mir durch Leute oder Umstände etwas genommen wird, was ich brauche – auch dann, wenn es gar nicht so ist. Mein Schatten wird sich hier vermutlich als Verfolgungswahn und seelisches Klammern manifestieren.

Wenn ich vom Rest der Welt getrennt bin, fühle ich mich machtlos, da ich so klein bin und die Welt so groß ist. Ich sehe mich als schwach, wo ich doch in Wirklichkeit, als Kind Gottes, über unerschöpfliche Kraftvorräte verfüge. Mein Schatten wird mich wohl verleiten, mich kleiner zu machen, als ich bin; ich werde verängstigt sein und meinen Stärken nicht vertrauen.

Wenn ich von anderen getrennt bin, fühle ich mich von der Erfahrung der Liebe und Einheit abgeschnitten, die doch eigentlich mein Geburtsrecht als Mensch darstellt. Unter diesen Umständen muss ich statt der Freude, die mir die Gesellschaft anderer eigentlich bedeuten sollte, eine tiefe existenzielle Einsamkeit empfinden. Mein Schatten manifestiert sich dann wahrscheinlich als extreme Anhänglichkeit oder übertriebene Distanziertheit, als Überlegenheitsgefühl oder Minderwertigkeitskomplex, als manipulatives Verhalten, als chronische Abwehrhaltung, als Dominanzgebaren oder Kontrollwahn.

Und alle genannten Formen der Trennung begleitet ein Gefühl des Getrenntseins von mir selbst – das ist der Ansatz, aus dem alle Formen des Schattens hervorgehen. Wenn ich von mir selbst getrennt bin, bin ich von der Liebe getrennt, denn mein wahres Ich ist Liebe. Mein Schatten wird dann allerlei Erscheinungsformen annehmen, die wie Nichtliebe mir selbst und anderen gegenüber aussehen, vom Drogenmissbrauch bis zur Gewalttätigkeit.

Da alle Schattenmanifestationen in Gedanken der Trennung wurzeln, wissen wir auch, wie das Schattenproblem letztlich zu lösen ist: Wir müssen den irrtümlichen Gedanken überwinden, wir seien von unserem Schöpfer, von anderen Menschen, ja von allem Geschaffenen getrennt. Die Aussöhnung des denkenden Geistes mit dem spirituellen Bewusstsein, die Rückkehr der Seele zum göttlichen Erkennen, das ist der Moment, in dem das Licht einströmt und alle Dunkelheit vertreibt.

Und was sehen wir in diesem Licht, wenn sich unser Denken auf die Wahrheit besonnen hat? Wir sehen, dass wir eins mit allen anderen sind und dass wir alle die Saat des Göttlichen tragen. Wir sind von Gott und als Gottes Ebenbild erschaffen. Alles in seiner Schöpfung ist vollkommen, folglich sind auch wir vollkommen. Die Barmherzigkeit, die Gott allen erweist, steht uns auch von anderen und von uns selbst zu. Wenn uns das wieder bewusst geworden ist, wenn wir von dem Wahn befreit sind, dass unser Schatten uns Grenzen setzt, ist die Fülle der Gnade und Vergebung eine ganz natürliche Folge.

Welche Gestalt oder Form Ihr Schatten annimmt, ist nicht so wichtig. Alle Schatten entstehen aus einem einzigen Grund: Es gibt einen Augenblick, in dem sich die Liebe davonstiehlt. So jedenfalls kam es Ihnen vor. Der Grund, sei es mütterliche Vernachlässigung oder väterlicher Zorn oder was auch immer, ist unerheblich. Jedenfalls verloren Sie im Augenblick des Urtraumas die Liebe Gottes aus den Augen. Sie wurden vorübergehend „wahnsinnig". Und in jeder Situation, die jetzt diese Traumaerfahrung wieder auslöst, werden Sie erneut wahnsinnig.

Wie gesagt, der Auslöser des Traumas ist zweitrangig und der ganze Verlauf des Dramas ebenfalls. Wichtig ist jetzt nur, dass Ihr Geist wiederhergestellt wird. Sie müssen *jetzt* wieder Anschluss an die Liebe finden, Ihr Wahnsinn muss *jetzt* geheilt werden, und Sie müssen sich und anderen *jetzt* verzeihen.

Verzeihen heißt nicht, dass Sie das Dunkle sehen und ihm dann Amnestie gewähren. Es heißt, dass Sie das Dunkle sehen und sich dann entscheiden, es zu übersehen. Sie übersehen es nicht, weil sie es verleugnen, sondern weil Sie jetzt wissen, dass der Schatten nicht *real* ist. Was nicht vorhanden ist, kann man schlecht leugnen.

Wenn Sie ständig Zuwendung brauchen, ist das nicht Ihr wahres Ich. Wenn Sie sich abreagieren, ist das nicht Ihr wahres Ich. Wenn Sie zornig sind, ist das nicht Ihr wahres Ich. Ihr wahres Ich ist göttlich, liebevoll und unwandelbar. Es kann wohl vorübergehend hinter Schattenschleiern verborgen und unsichtbar sein, aber es ist von Gott erschaffen und kann nicht rückgängig gemacht werden. Es bleibt immer vorhanden.

Der Schatten ist bloß ein eingebildetes Ich, die Maske eines Schwindlers. Er hat in der sterblichen Welt sehr real erscheinende Auswirkungen, sei es als Selbstsabotage oder Ablehnung anderer, aber Verzeihen bedeutet, dass Sie Ihre Wahrnehmung vom Realen zum „wirklich Wirklichen" über die begrenzte Dunkelheit hinaus ins zeitlose Licht ausdehnen. Haben Sie es einmal an sich selbst oder anderen gesehen, können Sie es von da an bewusst herbeirufen. Wenn wir heil werden, haben wir das Gefühl, dass uns verziehen ist. Heilung geschieht da, wo Mitgefühl ist. Wenn Sie wirklich möchten, dass jemand sich ändert, wird Ihre Fähigkeit zu sehen, wie vollkommen dieser Mensch bereits ist, Wunder wirken.

Wenn der Schatten angegriffen wird, weicht er keinen Fußbreit, aber Vergebung lässt ihn heilen. Wenn wir beschuldigt werden, nehmen wir unsere Schattenmaske nicht ab; das geschieht nur, wenn jemand sagt oder uns zu verstehen gibt: „Ich weiß, dass du in Wirklichkeit nicht so bist." Selbst wenn wir blind in unserer eigenen Dunkelheit herumtappen: Wenn jemand da ist, der an das Licht in uns glaubt, wird wunderbare Heilung möglich. Auch wir können lernen, in anderen das Licht ihres wahren Wesens zu sehen, ob sie es zeigen oder nicht. Und dann sind wir es, die bei ihnen Wunder bewirken.

Das Verzeihen selbst ist zwar ein Akt, aber es entspringt einer Haltung. Wenn es schwierig ist, jemandem zu verzeihen, der uns gekränkt hat, kommt es darauf an, unsere Wahrnehmung neu auszurichten, und dazu hilft uns das beharrliche Bemühen, nicht nur das Dunkle in diesem Menschen zu sehen, sondern auch das Licht.

Wenn wir Licht bringen wollen, kommt der spirituellen Praxis entscheidende Bedeutung zu, denn wer nicht in sich selbst Frieden gestiftet hat, wird es auch anderswo nicht können. In einer Welt, die uns ständig glauben machen möchte, wir seien, was wir nicht sind, und wir seien nicht, was wir sind, müssen wir unser Denken und unsere Einstellung trainieren. Liebe denkt ganz anders, als die Welt es gemeinhin tut, und das macht es so wichtig, immer wieder an das Licht erinnert zu werden. Wie man am Morgen duscht, um alles Gestrige abzuwaschen, so widmet man sich der spirituellen Praxis, um Herz und Geist von allem gestrigen Denken zu reinigen.

Die Welt verleitet uns eher zu Angstgedanken als zu Gedanken der Liebe – Angriff, Verteidigung, Ärger, Verurteilung und so weiter. Sie scheint uns ständig einreden zu wollen, der Schatten sei real und das Licht nicht. „Das ist ein Blödmann, den trifft die Schuld." Oder eben: „Ich bin ein Blödmann, mich trifft die Schuld." Doch Selbstbeschuldigung ist am Ende nicht weniger verwerflich als die Projektion der Schuld auf andere.

Wahres Verzeihen weiß, dass niemand wirklich schuldig ist. In den Augen Gottes sind wir alle unschuldig. Real ist das Licht, der Schatten ist es nicht.

„Widerstrebet nicht der Liebe"

Der Buddha fand unter dem Bodhi-Baum Erleuchtung und bahnte den Weg für ein mitfühlendes Leben; Moses streckte die Hand aus und teilte das Meer; Jesus erwachte zu neuem Leben und erhob sich über den Tod. Man sollte meinen, dass wir die Worte solcher Menschen sehr ernst nehmen, dass wir stets die Umsetzung ihrer Botschaft im Sinn haben, dass wir unser Herz öffnen, dass wir ebenfalls einige Wasser teilen und uns über ein paar unserer Illusionen erheben.

Milliarden von Menschen bekennen sich zu den Religionen der Welt, und doch gibt es da einen Evolutionsschritt, den wir bisher noch nicht getan haben. Alle Lichtwesen und Liebesbotschaften der Geschichte ändern offenbar nichts Entscheidendes an der Herrschaft des Schattens. Die großen erleuchteten Meister und Lehrer gehen uns in der Evolution voran, die haben das göttliche Licht, das in uns allen wohnt, zu ihrer Wirklichkeit gemacht. Jede Religion ist ein Zugang zu diesem Licht – nur dass der Zugang besser genutzt werden könnte.

Weshalb ist das so? Wenn der Schatten uns derart zusetzt, weshalb wenden wir uns dann nicht ernsthafter dem Licht zu?

In meinem Buch *Rückkehr zur Liebe* gibt es einen Abschnitt, der offenbar viele besonders angesprochen hat. Der Grund, so glaube ich, liegt in diesem Satz: *Unser Licht, nicht unsere Dunkelheit, erschreckt uns am meisten.*

Dieser Satz löst offenbar bei vielen Menschen ein großes Aha-Erlebnis aus. Unser Problem, wenn wir ehrlich sind, besteht weniger darin, dass uns der Schatten gefangen hält, als vielmehr in unserer Lichtscheu. Wir widersetzen uns dem Durchbruch in unser besseres Ich. Damit müssen wir uns befassen, denn solange unsere Ausweichmuster nicht hinterfragt werden, können wir auch nichts gegen sie unternehmen. Wir entkommen dem Schatten nur dadurch, dass wir aus ihm herauswachsen und ihn dann ablegen wie alte Kleidung, um die spirituellen Giganten zu werden, für die wir bestimmt sind.

Der Schatten, so unangenehm er sein mag, ist trotzdem eine Komfortzone. Solange wir schwach bleiben, kann niemand erwarten, dass wir uns unserer Stärken bedienen. Und wir brauchen für niemanden zu leuchten, solange wir in unserer Dunkelheit verweilen. Unsere Scheu vor dem Licht ist eine emotionale Gewohnheit. Vielleicht warten wir darauf, dass das Licht auch auf uns fällt, doch solange es nicht *aus* uns leuchtet, kann es nicht *auf* uns fallen.

Irgendwo in der Tiefe wissen wir: *Nicht unsere Unzulänglichkeit fürchten wir am meisten. Unsere tiefste Furcht ist, dass wir über unermessliche Kräfte verfügen.* Wir stehen als Einzelne und als Menschheit vor einem gewaltigen Schritt nach vorn und ins Licht. Trotzdem zögern wir noch. Mit einem letzten „Soll ich oder soll ich nicht" versuchen wir uns noch vorzugaukeln, wir hätten die Wahl.

Wenn Sie nicht clean werden und enthaltsam bleiben, sterben Sie vielleicht an Ihrer Sucht. Wenn Sie nicht verzeihen, werden

Sie wohl bitter und hart werden. Wenn wir die Heiligkeit der Natur nicht sehen wollen, vielleicht zerstören wir dann die Erde. Und wenn wir nicht endlich Frieden schließen, jagen wir womöglich die ganze Welt in die Luft.

Der Schatten findet das alles ganz in Ordnung und bedient sich aus dem klassischen Repertoire des berechnenden Wahnsinns. „Jetzt trink noch einen, was macht das schon?“ „Vergiss nie, wie weh das getan hat.“ „Die Armen werden immer auf unserer Seite sein.“ „Der Erde passiert schon nichts, keine Sorge.“ Und als Zugabe noch etwas speziell für diese Zeit: „Was, sollen wir diese Terroristen vielleicht auch noch mit Samthandschuhen anfassen?“

Es kommt etwas Magisches in Gang, wenn Sie einfach Nein sagen. „Nein, ich will nicht mehr schwach sein. Nein, ich will mich nicht mehr idiotisch aufführen. Nein, ich will nicht mehr für meine Schwächen bekannt sei. Nein, ich will meine Talente nicht mehr verschwenden. Nein, ich will mein Licht nicht mehr unter den Scheffel stellen.“

Und genauso magisch kann unser Ja wirken. „Ja, ich entscheide mich für Liebe, und ich entscheide mich jeden Tag wieder neu.“ „Ja, ich verschreibe mich dem Licht, und ich fasse jetzt schon den Entschluss, ihm zu dienen.“ In „heiliger Vermählung“ mit dem göttlichen Geliebten verpflichte ich mich nicht nur den höheren Möglichkeiten und der höheren Sicht der Dinge, sondern – und das ist genauso wichtig – sage mich von allem anderen los. Sicher, man kann zynisch werden, man kann bitter werden, man kann sich einfach mittreiben lassen. Aber Sie schlagen diesen Weg nicht mehr ein, und darauf kommt es an.

Wir fragen uns, weshalb ausgerechnet wir hochintelligent, großartig, begabt und fabelhaft sein sollten. Aber warum sollten ausgerechnet Sie es nicht sein? Sie sind ein Kind Gottes. Wenn Sie sich kleinmachen, hat die Welt nichts davon. Sich kleiner machen, damit die anderen ringsum nicht verunsichert werden, das hat überhaupt nichts Erleuchtetes. Wir werden geboren, um die Herrlichkeit Gottes, die in uns ist, sichtbar werden zu lassen – und nicht nur in einigen von uns, nein, in allen. Wenn wir unser eigenes Licht leuchten lassen, geben wir, ohne es zu wissen, anderen die Erlaubnis, es ebenfalls zu tun. Da wir von unserer eigenen Angst befreit sind, werden in unserer Gegenwart auch andere frei.

Wir haben den Punkt erreicht, an dem sich die Menschheit für die eine oder die andere Richtung entscheiden muss – Angst oder Liebe. Wir gehen in Richtung Dunkelheit oder in Richtung Licht. Was auf dem Pfad der Angst zu erwarten ist, wissen wir. Wenn Angriffsüberlegungen einen gewissen Punkt überschreiten und vielleicht weltweit ein paar Hundert Atombomben hochgehen – dann endlich hätte der Wahnsinn des Schattens sein Ziel erreicht. Dann wäre endlich alles dunkel.

Und der Pfad der Liebe? Wie würde eine Welt des Lichts aussehen, sofern die Augen des Körpers sie überhaupt wahrnehmen können?

Ich hatte einmal einen Traum, den ich nie vergessen werde. Ich betrat einen Raum, der etwas von einem großen Restaurant hatte. Alle im Raum drehten sich um und begrüßten jeden neu Eintreffenden begeistert. Mitten im Raum befand sich ein großer funkelnder Springbrunnen, und rings herum an den Wänden saßen die Leute in so etwas wie Logen, die wie große weiße Schwäne aussahen. Sonst war alles in Blau, Grün und Türkis gehalten. Die Menschen an den Tischen waren ganz in ihre munteren Gespräche vertieft. Es war eine Atmosphäre, wie man sie sich froher und gelöster kaum vorstellen kann.

Beim Aufwachen dachte ich zuerst, dass es nur der Himmel gewesen sein konnte. Und so sah ich es auch weiterhin, bis ich einmal in *Ein Kurs in Wundern* las, was die Zeile „Himmel und Erde werden vergehen“ bedeutet, nämlich dass Himmel und Erde nicht mehr als zwei gesonderte Zustände bestehen bleiben. Der Traum zeigte also nicht, wie es im Himmel aussieht, sondern wie es auf der Erde aussehen wird. Wie unsere Vorläufer in der Evolution, die Meister, werden wir auf der Erde leben und die Gedanken des Himmels denken. Wir werden auf der Erde die Freuden des Himmels erleben. Es wird keine durch und durch angsterfüllte Erde mehr sein, das Licht in uns wird so hell leuchten, dass alles Finstere verschwindet.

Die meisten von uns, denke ich, glauben tief im Inneren, dass wir höher hinaus *können*, um die Menschen zu werden, als die wir gemeint sind. Wir können unser göttliches Potenzial verwirklichen. Wir können den Schatten mit leidenschaftlicher Bejahung des Lichts vertreiben. Wir können eine Spezies von so lichtvollem Bewusstsein werden, dass in unserer Gegenwart alles Dunkle wie von selbst verfliegt.

Wir können es. Und es ist kein Traum. Wenn dann jeder jederzeit Liebe statt Angst wählt, geben wir der großen Woge der Liebe Schwung, die auch jetzt schon über die Erde rauscht. Es wird Zeit – für die Neugeborenen und das Aufblühen neuer Liebe, für die Herrlichkeit der Natur und die Wunder der Tierwelt, im Namen der göttlichen Barmherzigkeit und des Wohls unserer Enkel, zu Ehren des Morgenrots und zur Bewahrung des Sonnenuntergangs.

Der Schatteneffekt-Test

„Erst mit dem Mut, die Dinge ohne Selbsttäuschung und Einbildung genau so zu sehen, wie sie sind, beginnt im Lauf der Dinge ein Licht aufzuscheinen, in dem man den Weg zum Erfolg erkennen kann.“

I Ging

1. Wie lange mühen Sie sich schon mit den gleichen Themen in den Bereichen Beruf, Gesundheit, intime Beziehungen oder Geld ab?

   A. Weniger als ein Jahr
   B. Ein bis drei Jahre
   C. Über fünf Jahre
   D. Über zehn Jahre

2. Wie oft haben Sie im Verlauf der letzten zwölf Monate etwas Wichtiges verlegt, ein Strafmandat bekommen, einen Unfall gehabt oder etwas Wertvolles zerstört?

   A. Gar nicht
   B. Ein- bis zweimal
   C. Mehr als fünfmal
   D. Mehr als zehnmal

3. Wie oft erleben Sie sich als gekünstelt oder unecht, wie oft betreiben Sie großen Aufwand, um den Leuten ein bestimmtes Bild von sich zu vermitteln?

   A. Ständig
   B. Gelegentlich
   C. Fast nie
   D. Nie

4. Wenn man Ihre Freunde, Kollegen oder Familienmitglieder interviewen würde, was würden sie sagen, wie oft Sie sich beklagen?

   A. Selten oder nie
   B. Vielleicht einmal am Tag
   C. Häufig
   D. Ständig

5. Wie oft haben Sie in den vergangenen zwölf Monaten etwas gesagt oder getan, das Sie dann – entweder sofort oder später – bedauerten?

   A. Nie
   B. Ein- oder zweimal
   C. Mehr als fünfmal
   D. Mehr als zehnmal

6. Welches der nachfolgend genannten Gefühle tritt bei Ihnen am ehesten ein, wenn Sie ein angestrebtes Ziel erreicht haben – Ihr Wunschgewicht oder Schuldenfreiheit oder endlich einmal Ordnung im heimischen Büro?

   A. Froh, dass Sie es geschafft haben, aber nicht ohne Bedenken, dass der alte Schlendrian wieder einkehren könnte
   B. Anspruchsberechtigt – Ihr Einsatz verdient Belohnung
   C. Begeistert vom Erfolg und entschlossen, den Stand zu halten
   D. Verärgert, dass Sie überhaupt den ganzen Aufwand auf sich nehmen mussten

7. Wie oft fühlen Sie sich unzulänglich, nicht gut genug, ungeliebt, wertlos?

   A. Ständig
   B. Gelegentlich
   C. Fast nie
   D. Nie

8. Sind Sie bereit, Ihre Wahrheit offen auszusprechen, auch wenn Sie der Meinung anderer widerspricht. Stufen Sie sich auf einer Skala von 1 bis 10 ein.

   A. 8-10: Ich bin äußerst bereit, meine Wahrheit auszusprechen.
   B. 7-7: Ich bin meistens bereit, meine Wahrheit auszusprechen.
   C. 3-5: Ich bin manchmal bereit, meine Wahrheit auszusprechen.
   D. 1-2: Ich bin fast nie bereit, meine Wahrheit auszusprechen.

9. Worum geht es gerade vorwiegend in Ihrem Leben?

   A. Im Beruf vorankommen, die Gesundheit verbessern, Vermögen bilden oder Beziehungen vertiefen
   B. Angespannte Beziehungen in den Griff bekommen, bei der Arbeit und zu Hause „Brände löschen"
   C. In einem überschaubaren Zeitrahmen messbare Fortschritte in Richtung von Zielsetzungen zu machen
   D. Drohende Katastrophen auf den Gebieten Finanzen, Beziehungen, Gesundheit oder Karriere abwenden

10. Wie oft können Sie sich darauf verlassen, dass Sie sich selbst oder anderen gegenüber Wort halten und Ihre Versprechen einlösen?

    A. In weniger als 10 Prozent der Fälle
    B. In weniger als 25 Prozent der Fälle
    C. In ungefähr 50 Prozent der Fälle
    D. Meistens

11. Wie viel Zeit verbringen sie pro Tag mit unnützem Geschwätz, sei es, dass Sie selbst über Bekannte tratschen oder Boulevardblätter lesen oder sich Klatschsendungen im Fernsehen anschauen?

    A. Gar keine
    B. Weniger als eine Stunde pro Tag
    C. Mehr als eine Stunde pro Tag
    D. Mehr als drei Stunden pro Tag

12. Welche der folgenden Aussagen würde Ihr Leben treffend beschreiben?

    A. Meistens laufen die Dinge ziemlich gut für mich.
    B. Ich habe viele Begabungen, nutze sie aber nicht in vollem Umfang.
    C. Ich bin vom Pech verfolgt und gerate laufend in Schwierigkeiten.
    D. Ich muss mich sehr anstrengen, um auch nur den momentanen Zustand aufrechtzuerhalten.

13. Wie lange verbringen Sie jeden Tag damit, auf Ihre langfristigen Ziele hinzuarbeiten?

    A. Gar nicht
    B. Weniger als zwanzig Minuten am Tag
    C. Eine Stunde oder mehr pro Tag
    D. Ich habe keine langfristigen Ziele.

14. Wir oft fühlen Sie sich im persönlichen wie im beruflichen Umfeld schlecht behandelt, falsch verstanden oder ausgenutzt?

    A. Jeden Tag
    B. Häufig
    C. Gelegentlich
    D. Selten oder nie

15. Wie reagieren Sie am ehesten, wenn Sie um etwas gebeten werden, wozu Sie keine Lust haben?

    A. Sie sagen mit gutem Gewissen Nein.
    B. Sie sagen Nein, bekommen aber Gewissensbisse.
    C. Sie sagen Ja, aber tun es dann nicht.
    D. Sie sagen ja und tun es, aber sehr unwillig.

16. Stellen Sie sich Ihr Leben als ein Haus mit vielen Zimmern vor. Manche gefallen Ihnen, für manche schämen Sie sich. Wie viele Menschen lassen Sie alle Ihre Zimmer sehen?

    A. Keinen
    B. Nur einen Menschen, der mir besonders viel bedeutet – zum Beispiel den Ehepartner, die Geliebte, den besten Freund, ein Elternteil

C. Eine Handvoll Leute, die ich gut kenne
D. In meinem Leben gibt es viele Menschen, die mich gut genug kennen.

17. Was tun Sie am ehesten, wenn jemand oder etwas Sie kränkt?

A. Sie behalten es für sich.
B. Sie denken darüber nach, verzeihen und gehen weiter.
C. Sie bringen die Sache ganz direkt zur Sprache.
D. Sie reden mit jedermann darüber, nur nicht mit dem, den es betrifft.

18. Wenn Sie den Impuls verspüren, etwas in Ihrem Leben zu verbessern, oder sogar eine Idee dazu haben, was tun Sie dann?

A. Sie gehen gar nicht erst darauf ein.
B. Sie tun ein paar Schritte in diese Richtung, aber bringen selten etwas zum Abschluss.
C. Sie sagen sich: „Irgendwann werde ich mich damit befassen."
D. Sie errichten umgehend ein stützendes Gerüst, um sicherzustellen, dass Sie auch wirklich tätig werden.

19. Was haben Sie gemacht, als Sie das letzte Mal überraschend etwas mehr Freizeit für sich zur Verfügung hatten?

A. Sie haben sie mit Katalogshopping, Fernsehen oder Internetsurfen vergeudet.
B. Sie haben die Zeit genutzt, um ein wichtiges Projekt voranzubringen.

C. Sie haben sich entspannt und erholt – ein Schläfchen gemacht, meditiert, ein gutes Buch gelesen.

D. Ihr Leben ist so hektisch, Sie wissen schon gar nicht mehr, wann Sie einmal länger frei hatten.

20. Wie reagieren Sie, wenn Sie einen Fehler machen?

A. Sie sind nachsichtig mit sich und nehmen sich vor, in Zukunft anders vorzugehen.

B. Sie rücken die Dinge ins rechte Licht und erkennen an, dass Sie doch einiges richtig gemacht haben.

C. Ihre Selbstkritik zieht Sie immer weiter nach unten.

D. Sie deuten Ihren Patzer als Beweis für Ihre Inkompetenz – und versuchen es nicht noch einmal.

Ermittlung Ihrer Punktzahl

Markieren Sie bei jeder Frage den Punktwert der von Ihnen gewählten Antwort.

Frage	Antwort A	B	C	D	Frage	Antwort A	B	C	D
1	1	3	5	8	**11**	0	3	5	8
2	1	3	5	8	**12**	0	3	5	3
3	5	3	1	0	**13**	5	3	0	5
4	0	1	3	5	**14**	5	3	1	0
5	0	1	3	5	**15**	0	3	3	5

Frage	Antwort A	B	C	D	Frage	Antwort A	B	C	D
6	0	5	0	3	**16**	5	3	1	0
7	5	3	1	0	**17**	5	0	1	5
8	0	1	3	5	**18**	5	3	3	0
9	0	3	0	5	**19**	5	0	0	3
10	8	5	3	1	**20**	0	0	5	5

Addieren Sie Ihre Punkte.

Gesamtpunktzahl: ____

Auswertung

3 bis 37 Punkte: Sie befinden sich in einer neutralen Zone, und das bedeutet, dass Sie (derzeit) nicht von Überzeugungen und Verletzungen bedrängt werden, die Anlass zu destruktiven Schattenverhaltensweisen geben. Sie besitzen ein hohes Maß an Selbstachtung, Sie handeln Ihren Wertvorstellungen entsprechend, und alles spricht dafür, dass Sie große Fortschritte in Richtung Ihrer langfristigen Ziele machen. Setzen Sie auch in Zukunft auf die Liebe, hören Sie weiterhin auf sich.

38 bis 75 Punkte: Auch wenn Sie zurzeit vielleicht nicht die volle Last des Schattens spüren, so treiben Sie wahrscheinlich eine Menge Aufwand, um all das zu verdrängen und unsichtbar zu machen, was Ihnen an sich selbst und an Ihrem Leben nicht gefällt. Sie könnten die Energie, mit der Sie sich dagegen stemmen, dass die Dinge außer Kontrolle geraten – bei der Arbeit, zu Hause oder in Bezug auf Ihre Gesundheit und Ihr Wohlbefinden –, besser nutzen, wenn Sie damit auf Ihre Ziele und die Erfüllung Ihrer Wünsche hinarbeiten.

76 bis 112 Punkte: Entweder wenden Sie viel Zeit und Energie auf, um dafür zu sorgen, dass andere eine gute Meinung von Ihnen haben, oder Sie haben, was Ihre Lebensumstände angeht, resigniert. Das ist die Handschrift des Schattens. Er wirkt lähmend und hält Sie davon ab, konkrete Schritte in Richtung Besserung zu unternehmen. Wenn Ihr inneres Chaos sich selbst überlassen bleibt, könnten Sie auf einen Kollisionskurs geraten, auf dem großer Schaden droht. Das Gute an jedem Akt der Selbstsabotage ist allerdings darin zu sehen, dass Ihnen die Chance geboten wird, sich auf das für Sie wirklich Wichtige zu besinnen. Öffnen Sie Ihr Herz und erkunden Sie den Schatten, dann werden Sie sehen, dass Ihr tiefster Schmerz, sobald er verstanden und integriert ist, Sie zu Ihrer höchsten Bestimmung führen möchte.

Über die Autoren

DEEPAK CHOPRA ist Autor von über 50 Büchern, die in 35 Sprachen übersetzt wurden und von denen etliche auf der Bestsellerliste der *New York Times* in den Kategorien Fiction und Nonfiction erschienen. Hier einige seiner bekannteren Titel: *Die sieben geistigen Gesetze des Erfolgs; Die göttliche Kraft; Wünsche erfüllen, Träume leben; Das Buch der Geheimnisse; Buddha; Der dritte Jesus; Jesus; Das Tor zum vollkommenen Glück.*

Chopras „Wellness Radio" sendet jede Woche zu Themen wie Erfolg, Liebe, Sexualität, Beziehungen, Wellness und Spiritualität. Er schreibt als Kolumnist für die Zeitungen *San Francisco Chronicle* und *Washington Post* und liefert regelmäßig Beiträge für Oprah.com, Intent.com und *The Huffington Post.*

Dr. Chopra ist Fellow des American College of Physicians, Mitglied der American Association of Clinical Endocrinologists, Lehrbeauftragter der Kellogg School of Management und leitender Wissenschaftler der Gallup Organization. Das Magazin *Time* bezeichnete ihn als den „poetischen Propheten der alternativen Medizin" und zählt ihn zu den hundert führenden Leitfiguren des Jahrhunderts.

Mehr erfahren Sie auf seiner Website **www.deepakchopra.com**

DEBBIE FORD hat als international hoch geschätzte Lehrerin und Sprecherin, als Transformationscoach, Filmemacherin und Bestsellerautorin Zehntausende Menschen angeleitet, Liebe und Vertrauen zu entwickeln und sich mit allem anzunehmen, was sie sind.

Sie gehört zu den Wegbereitern für die Integration der Schattenarbeit in die moderne psychologische und spirituelle Praxis. Sie ist ausführende Produzentin des Films *The Shadow Effect*, einer packenden Dokumentation von transformierender, suggestiver Bildkraft, die in die Arbeit und das Denken von Deepak Chopra, Marianne Williamson und anderen provokativen Denkern und beliebten Lehrern einführt. Der Film ist bei renommierten Festivals aufgeführt und als einer der wichtigsten des Jahrzehnts eingestuft worden. Debbies Buch *The Dark Side of the Light Chasers* (*Die dunkle Seite der Lichtjäger*) brachte es bis auf Platz eins der Bestsellerliste der *New York Times*. Außerdem veröffentlichte sie *Das Geheimnis des Schattens* sowie *Why Good People Do Bad Things*. Sie erarbeitete den auf der ganzen Welt bekannten „Shadow Process Workshop".

Debbie ist Gründerin des Ford Institute for Transformational Training, einer persönlichen und beruflichen Schulungseinrichtung, die Einzelpersonen und Organisationen Bildungsprogramme der seelischen und spirituellen Entwicklung anbietet. Grundlage dieser Programme sind ihre Arbeiten über den Schatten und ihre Bücher *Trennung als Chance, The Right Questions, The Best Year of Your Life* und *The 21-Day Consciousness Cleanse*. Ihr leidenschaftliches Engagement für Erziehung und Bildung bewog sie und die weltumspannende Gemeinschaft der von ihr ausgebildeten Coaches außerdem zur Gründung der nicht kommerziellen Organisation The Collective Heart, die sich die Transformation des Bildungswesens überall auf der Welt zum Ziel setzt.

Besuchen Sie Debbie auf ihrer Website **www.DebbieFord.com**

MARIANNE WILLIAMSON genießt weltweit höchstes Ansehen als spirituelle Lehrerin. Ihr neuestes Buch, *The Age of Miracles* (*Lebensmitte*), brachte es auf Platz zwei der Bestsellerliste der *New York Times*. Vier ihrer weiteren neun Bücher, darunter *A Return to Love* (*Rückkehr zur Liebe*), schafften es sogar auf den ersten Platz. *Rückkehr zur Liebe* gilt als Pflichtlektüre auf dem Gebiet der neuen Spiritualität. Ein Abschnitt dieses Buchs beginnt mit einem Satz, der vielfach irrtümlich Nelson Mandela zugeschrieben wird, da er ihn in seiner Ansprache zur Amtseinführung zitierte: „*Unser Licht, nicht unsere Dunkelheit, erschreckt uns am meisten.*" Viele sehen diese Worte als eine Art Hymne der neuen Generation von Suchern.

Hier noch einige weitere Buchtitel: *Die Wiederentdeckung des Weiblichen; Illuminata; Das Geschenk der Wandlung* sowie *Everyday Grace; Healing the Soul of America* und *Emma and Mommy Talk to God*.

Sie ist gern gesehener Gast bei Fernsehsendungen wie „The Oprah Winfrey Show", „Larry King Live", „Good Morning America" und „Charlie Rose".

Marianne stammt aus Houston in Texas. 1989 gründete sie das Projekt „Angel Food", das Aidskranke in der Gegend von Los Angeles mit Essen auf Rädern versorgt. Heute werden auf diesem Wege jeden Tag über tausend Menschen verpflegt. Außerdem hat Marianne „The Peace Alliance" mitbegründet, eine Basisbewegung, die sich für die Schaffung eines Friedensministeriums in den Vereinigten Staaten engagiert.

Im Dezember 2006 ergab eine *Newsweek*-Umfrage, dass Marianne zu den 50 einflussreichsten Persönlichkeiten der Nachkriegsgeneration gezählt wird. Das Magazin *Time* schrieb: „Wer eine nicht strikt an das Christentum gebundene Beziehung zu Gott sucht, wendet sich dem Yoga, der Kabbala und Marianne Williamson zu."

Mehr erfahren Sie auf ihrer Website **www.marianne.com**

Schattenarbeit interaktiv

Eine bildgewaltige Dokumentation, die unter die Haut geht: 2 DVDs, die Ihr Leben von Grund auf verändern werden!

Die „dunkle Seite“ umarmen: Deepak Chopra, Debbie Ford, Marianne Williamson und andere Experten lassen die im Schatten gebundene Kraft auf eindrucksvolle Weise lebendig werden.

Im interaktiven Teil stellt Debbie Ford acht ihrer wirksamsten Methoden vor. Jeder kann sofort mit der eigenen Praxis beginnen und den Schatteneffekt nutzen, um echter, freier und glücklicher leben zu können.

Debbie Ford: **The Shadow Effect – Der Film**
2 DVDs (DVD 1: 70 Min., DVD 2: 110 Min.)
Besondere interaktive Edition
Sprache: deutsch + englische Originalfassung
ISBN 978-3-89901-381-8

Filme, die Ihr Leben bereichern TAO CINEMATHEK